GUOJI JIAOYU ZHENGCE
YU JINGJI XINGSHI
NIANDU BAOGAO

教育规划与战略研究年度报告系列

国际教育政策
与经济形势年度报告

（2015年）

王燕　主编　　张智　陈贵宝　副主编

教育科学出版社
·北京·

目　　录

导　论

教育、经济与技能：国际趋势

　　本书采用跨学科研究的范式，从经济发展及其对劳动力的需求入手，分析近年来，尤其是 2008 年全球金融危机以来各国教育改革与创新的经验。研究采用文献法、访谈法、案例分析法等多种方法收集并分析数据，以美国、德国、俄罗斯、韩国、印度、澳大利亚、阿根廷、巴西、南非等国家为对象，收集各国相关政策文件，访谈政府部门官员或研究机构的专家，并对各国与经济发展、产业结构调整以及劳动力培养相关的政策进行分析，在此基础上，提炼国际教育、经济与技能发展趋势，以期对我国教育改革有所启示。综观各国经济与教育发展的经验，发现有以下共同趋势。

一、注重"技能立国"的顶层设计与规划

　　许多国家都认识到，技能是未来国家的立国之本，技能型劳动力则是未来经济和社会繁荣的基础，是提高企业生产力和建立包容性社会的支撑，鉴于此，各国纷纷在国家层面制订"技能立国"的战略或计划，并通过建立相应的机构或完善相关机制予以落实。

　　国家规划是顶层设计的基础。澳大利亚 2000 年发布的《面向未来：1988—2003 年国家发展战略》报告明确提出为应对迅速变化的劳动力市场，以知识和技能武装澳大利亚人，建设国家技术储备库，提升国家竞争力。澳大利亚技能署曾指出，到 2015 年，为了满足产业发展需要以及填补退休劳动人口空缺，澳大利亚需要额外增加 240 万持有三级及以上资格

3

证书的劳动人口，到 2025 年这一数字是 520 万。为此，澳大利亚联邦政府从人力资源需求的长远发展出发提出了职业教育发展目标：到 2020 年，使 20—64 岁的澳大利亚人口中有一半以上具有职业教育三级或以上等级的资格证书；到 2020 年，使完成高等职业教育资格认证（职业教育专科文凭和高级职业教育专科文凭）的人数翻倍。

在顶层设计中，制度工具的设计至关重要。阿根廷 2005 年颁布的《职业技术教育法》提出了三个工具，在尊重各省标准和地区差异的基础上，在全国范围内规范职业技术教育，从而为不断提高教育质量打下基础。这三个工具为：职业技术教育机构联邦注册、学位和证书国家总目、经不同培训获得学位和证书的统筹。《职业技术教育法》确立了职业技术教育管理制度，明确了联邦教育委员会、国家技术教育协会、不同省份的教育厅以及联邦职业技术教育委员会的职责。联邦职业技术教育委员会于 2005 年 11 月正式成立，由全国 24 个司法管辖区小组构成。每个小组由该委员会的 1 位委员（由相关部长特别指定，代表该部）以及中级技术教育、高级技术教育、职业培训 3 方面各 1 位负责人或协调人组成。

巴西政府于 2011 年实施国家普及技术教育与就业计划。该计划由巴西教育部组织实施，各州参与，总体目标是：扩大职业技术教育供给（包括基础设施）；改革并扩大国家和各州职业技术教育网络（包括在 2014 年投资建设 208 所新学校，容纳 60 万名学生就读）；通过职业资格培训和继续教育，扩大工人的受教育机会；增加教学资源配置，提高中学教育质量。2012 年，国家普及技术教育与就业计划受益学生为 250 万，2014 年中期为 727 万，2015 年至 2018 年，受益学生规模将达到 1200 万。

印度于 2009 年启动国家技能开发行动计划。该计划是在印度总理的倡导下由劳动与就业部组织制定的技能开发方面的主导政策，其总目标是打造一支掌握先进的知识和技能、具有国际认可的资格证书和能够找到体面工作的劳动力队伍，以保证印度在不断变化的全球劳动力市场中具有竞争优势。该计划以提高劳动生产力为目的，促进青年、妇女、残疾人口和弱势群体参与就业，各部门联合改革现有的教育培训体系。国家技能开发行动计划提出，到 2022 年，要由 20 个国家政府部门、组织和机构实施职业技能培训项目，全国累计培训 5 亿技术人才。与此同时，设立国家技能开发公司，通过 21 个部门技能委员会为技能开发活动提供资金、设备等支持。

二、打破传统的教育就业转换路径

在迅速变化的经济环境中，从小学到大学再到工作单位的传统路径难以适应劳动力市场的人才需求。在这种情况下，韩国等国家出台政策，改变小学—中学—大学的传统教育就业路径，鼓励先工作再学习、边工作边学习等新的做法，对于某些阶段的教育还提出明确的工作经历要求。

在韩国，大约 80% 的高中学生毕业后上大学，高等教育毛入学率很高，但这也带来大学毕业生就业困难的问题。金融危机后，政府制定了"先工作后学习"的政策，出台《高中毕业生先就业后升学及开放式雇佣强化方案》。根据这一政策，学生高中毕业后，可以先工作，有了工作经验再走进大学读书；或者是走进大学时，边工作边学习。

三、打破普通教育与职业教育之间的壁垒

传统的普通教育与职业教育都难以适应新形势下劳动力市场对于人才的需求，由此，普通教育职业化、职业教育普通化成为共同的趋势。美国、印度、巴西等国家都采取措施，加强普通教育与职业教育之间的融通，实现教育与就业之间更为灵活的转换。

美国于 20 世纪 60 年代末出现生涯学院（Career Academy），即设置在普通高中里的职业教育项目，其目的是使高中毕业生同时做好接受高等教育和进入职场的准备。新时代的需要使生涯学院内涵得以扩大，生涯学院目前成为美国高中职业教育的主要模式。2013 年美国大约有 4800 所高中开设了至少 1 项生涯学院项目，全国共有 7000 多个生涯学院项目，10—12 年级的学生中 10% 的人注册了生涯学院项目。奥巴马政府在 2013 财年

提出拨款 10 亿美元,来建设更多高质量的生涯学院。[①] 生涯学院被证明是成功有效的模式,成为美国大力推广的一种高中教育模式。

印度在 20 世纪 80 年代就推行中等教育职业化。1985 年,印度政府在"七五"规划报告中指出,高级中等教育职业化是解决印度人力资源供需矛盾的有效手段,全国必须予以高度重视。1986 年,印度政府在《国家教育政策》及其实施细则中重申了中等教育职业化的重要性,指出在教育重建中引入系统的、得到良好规划以及严格实施的职业教育课程计划是至关重要的,在高中阶段将采取措施为学生提供涉及几个职业领域且不针对某个特定职业的普通职业课程。同时,印度还采取措施保证职业学校毕业的大部分学生能够找到工作或自谋职业。

巴西 2011 年启动的国家普及技术教育与就业计划设立了"巴西专业化"项目,该项目旨在整合中学的技术教育与学术教育,联邦政府给予各州经费支持,帮助各州建设基础设施、培训教师、提高管理能力以及改进教学实践。

四、开发国家能力标准与国家职业资格框架

改变教育与就业的传统路径和融通职业教育与普通教育对技能或学习的认证提出了新的要求。自 20 世纪 90 年代以来,韩国、南非、德国、印度等国家都陆续制定、开发并完善国家能力标准与国家职业资格框架,以适应改革后的教育模式。

韩国自 1996 年 2 月提出在教育改革中重构连接教育和劳动力市场的资格体系。2001 年 12 月,韩国引入国家能力标准和国家资格框架概念,此后韩国政府开始开发相应的标准与资格框架,到目前为止,已经开发777 个领域的国家能力标准,依据该标准,韩国将开发课程模块,改变职业学校和技术学院的教学内容。这将是韩国职业教育领域未来的主要变

---

① Obama B H. Expanding successful career and technical education through Career Academies [EB/OL]. [2015-12-08]. http://www2. ed. gov/about/offices/list/ovae/pi/cte/transforming-career-technical-education-expanding. pdf.

革。教育标准考查的是"你知道什么"，而国家能力标准评价的是"你能做什么"。开发国家能力标准的意义在于减少对传统教育的依赖，打破教育标准，不再使衡量一个人的能力的标准局限于其受教育程度。

南非于 1995 年着手开发国家资格框架。国家资格框架将南非国民教育体系分为三个级别。第一级别为普通教育与培训，从学前班一直到 9 年级。第二级别为继续教育与培训。学生完成 9 年义务教育（达到国家资格框架 1 级）后面临 3 种不同选择：一是升入普通学术性学校，继续完成 10—12 年级的学习，对应国家资格框架中的 2—4 级；二是进入普通职业性学校学习；三是直接接受职业训练，在校外工作场所进行具体学习。3 种选择殊途同归，学生通过 3 种途径都可以取得国家资格框架的 4 级水平。第三级别为高等教育与培训。国家资格框架是一种依照行业标准对学习者专业水平进行考查的评价制度，主要规范职业教育的资格标准和质量保障，适用于包括职业教育、普通教育在内的所有教育系统。国家资格框架将教育和培训纳入同一学制体系，有效整合了教育和培训两大领域。

德国于 2006 年启动了国家资格框架的开发工作，联邦教育与科研部和各州文教部长常设会议达成协议，共同开发国家资格框架，构建以学习结果为导向的、涵盖各级各类教育的总体国家资格框架。2013 年 5 月，德国宣布正式实施国家资格框架，国家资格框架的目标是：增加德国资格的透明性，提高德国资格在欧洲其他地方的认可度；增强资格间的等同和差异的可视性，促进不同资格间的互认；强化资格的能力导向；加强资格获得过程的学习结果导向；增加接受非正规和非正式学习结果鉴定和认定的机会，促进终身学习等。"能力"是德国国家资格框架的核心概念。在德国国家资格框架的语境下，"能力"是一个综合概念，指运用知识、技能的能力和准备程度以及在工作或学习情境里具有的与个人、社会和方法有关的能力，以经过深思熟虑的方式及对个人和社会负责的态度行事和表现自己的能力。德国国家资格框架由此将认知、情感和动机等要素包含在能力范畴之内，把学生的综合行动能力以及参与和反思能力作为培养目标，从而架起了职业教育与普通教育之间的桥梁。

2012 年印度颁布国家职业资格框架。该框架由印度人力资源发展部组织制定与颁布，在全国技术学校、工程学院、理工学院和其他大学、学院以及正规教育培训机构实施。印度国家职业资格框架是一个以教育和能力为基础的全国性技能框架，在职业技术教育和培训体系内，将普通教育和职业教育通过多种方式衔接起来，使得某一特定层次的学习者能够进入更高层次的技能培训机构学习。在教育和培训系统内，无论学生处于哪一层级，都有可能在此框架内往上升级。国家职业资格框架将不同水平的知识和技能及各种资格联系起来，知识和技能水平取决于学习者的学习成果，而这些学习成果可以通过各种正规或非正规教育培训途径获得。职业资格根据特定领域学习单元的职业标准而定，这使得学习者、教育培训机构和用人单位很容易理解特定职业技能与资格之间的等价转换关系。印度国家职业资格框架的颁布，使得职业技术教育和培训体系、普通教育体系以及劳动力市场之间出现了多样化的准入途径和退出机制，在职业技术教育和培训体系内实现了教育的连续性（纵向流动），在职业技术教育和培训体系与普通教育体系之间实现了转移（横向流动），建立了与行业及用人单位之间的紧密联系。此外，该框架也非常注重印度标准与国际标准的接轨，培养符合国际标准的技术人才。

五、发展中等后与高等职业教育机构

随着教育与经济的发展，传统的中等职业教育不能满足劳动力市场对高技能人才的需求，应用技术大学或理工学院应运而生。德国、俄罗斯、南非等国都建设并发展中等后或高等职业教育机构，为劳动力市场提供高水平的专门人才，适应、引领产业结构的调整，促进地区经济的发展。

德国 1968 年颁布《联邦共和国各州统一专科学校协定》，合并原有的技术学校和专科学校，创办现代高等职业技术学校，这些学校统称为应用技术大学。应用技术大学被定位为"与综合大学具有同等价值，但是属于另一种类型的高等教育"。此后，综合大学和应用技术大学成为德国高等教育体系内部特色鲜明的两大机构类型，综合大学主要定位于培养学术型人才，而应用技术大学定位于培养高层次应用型人才。1993—2012 年，德国应用技术大学的数量从 125 所增加到 214 所，远远多于其他类型大学的增长数量。2013 年，应用技术大学注册在校生共 82.8 万人，约占德国大学在校生总数的 1/3。20 世纪 80 年代以来，德国应用技术大学的毕业生就业率一直略高于综合大学的毕业生。

俄罗斯的做法是培养应用型学士。俄罗斯联邦政府于 2009 年颁布《关于在中等和高等职业学校开展应用型学士实验的命令》，于 2009—2014 年在中等职业学校和高等职业学校开展应用型学士培养实验。此后，《2020 年前俄罗斯联邦社会经济发展长期构想》正式提到"应用型学士"一词，并提出将创建应用型学士培养体系，以培养实践型高技能人才为目标，培养掌握现代生产技术及了解新的劳动组织形式和方法的高技能人才。俄罗斯将应用型学士培养体系视为符合经济创新发展、现代社会需求以及公民需求的普及优质教育的路径之一。应用型学士培养项目招收的是 11 年制普通中学毕业生，其学习期限与普通学士一样为 4 年。鉴于初等和中等职业学校生源减少，应用型学士培养以现有职业学校为依托，主要选定两条培养路径，一种是在综合性大学，另一种是在中等职业教育机构。承担应用型学士培养任务的院校由俄罗斯联邦教育科学部通过竞赛选拔。2010 年，俄罗斯确定在 30 所院校开展应用型学士培养试点工作，其中包括 7 所大学和 23 所中等职业学校。此后，开展应用型学士培养的院校逐年增加，2012 年，应用型学士培养实验进一步扩展，共有 49 所学校落实应用型学士培养计划，包括 16 所大学、33 所初等和中等职业学校。在此基础上，新的《俄罗斯联邦教育法》将应用型学士培养纳入高等教育培养体系，规定"具有中等普通教育学历的人群，可纳入学士（学术型、应用型）以及专业培养项目。而拥有任何层次的高等教育经历的人群可参加硕士培养项目"。

南非为了提高教育培训与经济发展的适切性，也采取措施增加中等后层次的职业教育机会。按照先前的规划，在教育层次上，继续教育与培训学院和普通中等学校同级。在 2008 年的继续教育与培训学院规划中以及

2010 年的继续教育与培训峰会上，南非高等教育与培训部一再强调在继续教育与培训学院职能多样化的背景下，鼓励继续教育与培训学院在大学的指导下开设中等后的各类职教项目，并且在原先国家职教证书 2—4 级的基础上增设中等后层次的国家职教证书 5 级，并将其纳入国家资格框架。与此同时，高等教育与培训部还在《中学后教育与培训白皮书》中将继续教育与培训学院更名为"技术与职业教育和培训学院"。

六、学校与企业行业合作建设产业教育体系

以能力与学习结果为导向的教育培训的一个共同特点是：在教育与培训过程中，学校与企业密切合作，建立产业教育体系，培养高技能人才。在很多情况下，行业在技能型人才的培养中发挥着引领作用。韩国、美国、俄罗斯、德国、澳大利亚等国都是如此。

韩国的师傅职业高中计划要求师傅职业高中与龙头企业合作，建立就业网络。师傅职业高中和企业建立合作体系，签订协议。截至 2013 年 2 月，28 个师傅职业高中与 1928 家企业签订了协议，在教育、技术支持和就业方面建立合作网络。2010 年，三星电子与某职业高中签订合作备忘录，录用了 113 名学生；2011 年，现代汽车与某职业高中签订合作备忘录，计划在 10 年内招聘该校 1000 名学生。

1994 年，美国联邦政府颁布《学校通向就业机会法》，其重点内容也是加强校企合作。该法的目的是提升学生的就业前景，提高高中学生的学业成绩，从而使从学校毕业的学生能够顺利地向职场过渡，提高进入中等后教育的学生的比例，从而增加高技能人力资源。该法鼓励学校教授学生必要的工作技能，要求行业部门"延伸"学习机会，提供合作学习课程，向高中生提供实习职位。该法执行期间对各项监测指标的统计结果显示，参与项目的学校和大学没有达到预期的目标，然而为学生提供工作学习机会的雇主数量有了大幅增长。2009 年开始实施的贸易调整辅助社区学院和职业培训奖励计划预计通过总预算为 15 亿美元的 4 轮资金投入达到强化学生的职业培训、提高其职业技能并创造就业机会的目的。时任美国教

育部长邓肯（A. Duncan）在第三轮资助启动时指出，要让美国经济持续增长，最好的投资之一就是让所有美国学生具备所需的技能，第三轮资助在之前资助的基础上继续加强机构与雇主的合作，进一步让学生获得在当前和未来的高需求领域找到工作所必需的技能和证书。2014 年 4 月，美国发布了第四轮资助计划，提供 4.5 亿美元用于扩大社区学院和雇主在就业培训上的合作。

促进企业参与各种层次的职业教育是俄罗斯相关法律的重要内容。2007 年颁布的《关于修改雇主参与制定和落实职业教育领域的国家政策的立法的决定》，为工商业界代表提供了参与职业教育事务的权利，包括制定联邦教育标准，制定专业培养名录，以及对职业教育机构进行认证。在此情况下，雇主有责任为教育机构购置现代设备，提供信息和教育技术支持，组织生产教学实践。俄罗斯国家杜马正在制定促进校企合作的相关法令，拟向参与教学过程和向学校提供物质支持的企业提供优惠。优惠包括税收优惠以及教育机构和不同所有制企业共同开展合同制职业定向培养，组织顶岗实习和定岗生产性学习等。

行业协会与企业在产业教育体系中发挥着主导作用。德国《联邦职业教育法》将行业协会定位为企业教育的"主管机构"，从法律上赋予它们行政管理职能。这些行业协会主要包括工业协会、工商业联合会、农业协会、律师协会、专利律师协会和公证员协会、经济审计员协会和税务咨询员协会、医生协会、牙医协会、兽医协会以及药剂师协会，它们负责管理相应行业的职业教育与培训。行业协会履行下列职能：管理双元制培训企业与学生签署的培训合同；对实施双元制培训的企业的资质和企业培训教师的资格进行认证；举办学徒制学生中期考试、结业考试和发放职业资格证书；监管和管理职业预备教育、双元制企业教育和转岗培训；通过培训顾问向企业和双元制学生提供咨询和指导；监督和评价双元制学生在欧盟其他国家完成的职业教育。企业负责学徒制学生在企业接受的教育与培训，一些缺乏培训设施的中小企业则建立企业联合培训中心，共享培训资源。

行业组织在澳大利亚的国家职业教育体系中也扮演着核心角色。一方面，行业组织直接参与制定职业教育政策，行业技能委员会、行业协会、工会和雇主组织与政府合作，确保职教政策能够针对雇主、雇员及国家经济的需求。另一方面，行业组织直接负责开发并修订能力标准，为各行业能力标准的制定提供咨询、指导并最后签署能力标准，使其与具体职业岗位要求一致。同时，行业组织、企业也直接开展职业教育培训。有的公司、企业开展员工在职培训，也为在校学生提供实习岗位和学徒岗位，同时，还积极提供设备及最新技术给职业院校，以保证院校的培训能够跟随最新行业发展动态，保证学员能够在毕业后直接上岗，实现良好对接。这种行业企业主导的办学体制，使澳大利亚职业教育培训对行业企业人才需求保持较高的灵敏度。

七、采用立法形式确立职业教育规则

为了明确教育与产业/企业之间的关系，以及相关部门的职责分工，美国、德国、阿根廷等国都先后出台法律，确立职业教育与培训的规则，并随着经济与教育的发展对法律进行修订。

美国于 1963 年出台《职业教育法》。1982 年，美国年平均失业率达到 9.7%，并在 1983 年上半年超过了 10.0%。为了降低失业率和应对经济发展的需要，联邦政府在 1984 年出台了《卡尔·D. 伯金斯职业与技术教育法》（以下简称伯金斯法），提出为未来的全球经济竞争培养兼具学术和职业技能的劳动力队伍，使劳动者能够在全球市场上具备竞争力；使职业技术教育能够给学生提供更多的选择，让他们具备学校和职场都需要的技能；使职业技术教育将课堂教学、操作实习和岗位培训相结合，满足学生对不同的学习方式的需要；使职业技术教育为学生进入中等后教育或职场做好双重准备。伯金斯法的主要内容包括：扩大职业教育的对象范围；整合学术课程和职业与技术课程，加强职业教育中的学术课程；实行高中 2 年加高中后 2 年的职业教育"2+2 模式"。伯金斯法分别于 1990 年、1998 年、2006 年经过 3 次修订，推动了美国的职业教育改革。

德国多年来通过修订职业教育相关法律，建立并完善产业教育体系。

2005 年，德国颁布新的《联邦职业教育法》，将 1969 年颁布的《职业教育法》和 1981 年颁布的配套法《联邦职业教育促进法》予以合并、增删和修订。2007 年，德国再次修订《联邦职业教育法》。《联邦职业教育法》并不是一部调整学校职业教育的法律，而是一部规范产业教育体系的法律，与州颁布的学校教育法律一起，形成州主导学校职业教育与联邦主导产业教育，产教合作培养高素质技术工人的双元职业教育格局。产业教育体系中存在多元利益主体，德国通过法律建立产业教育体系，以严格的职业标准保证质量。行业企业在产业教育体系中发挥主导作用，职业教育研究机构为产业教育的实施提供智力支撑。

长期以来，阿根廷缺少强化和改善职业技术教育的政策和策略，且对职业技术教育投入不足，因此，阿根廷政府为促进职业技术教育发展，于2005 年颁布《职业技术教育法》。该法目的在于：承认职业技术教育（作为国家教育体系的一种模式）的专业性，以及职业技术教育在促进经济社会发展方面的战略意义，确立全国范围内统一且相联系的标准；确保各省份职业技术教育政策和策略统筹一致，建立一套协调国家级、省级和行业机构职业技术教育的管理模式，改善并调整职业技术教育制度模式和运行模式。

八、多层次、多渠道、多模式投入职业教育

在由多部门、多机构合作的教育体系中，经费来源往往是多层次、多渠道、多模式并行。韩国、澳大利亚、巴西、美国等国的经验表明，以需求为导向的多样化的经费投入方式以及严格的问责机制，能够有效地促进教育部门与产业部门协同发展。

近年来，中等职业教育与培训成为韩国教育科技部的"1 号"政策。政府在该领域投入了大量经费，2010 年 1560 万美元，2011 年 5790 万美元，2012 年、2013 年 6000 万到 7000 万美元。与此同时，韩国对中等教育体系进行重新改组：增加师傅职业高中数量，将综合高中改成普通高中。

从 2004 年到 2008 年，即便在 GDP（国内生产总值）增速进入下行通

道的情况下，澳大利亚职业教育经费投入的增速仍然普遍高于 GDP 增速。即便是在金融危机前后，联邦政府的职业教育经费投入仍然持续增加，2007 年增长率超过 17.00%。在 2008 年金融危机期间，联邦政府和州政府职业教育经费投入的增长率均保持在 3.22%（当年全国 GDP 增速为3.73%）；同年，随着参与职业教育的人数增多，职业教育的学费收入增长率超过 9.00%。职业教育领域稳定且不断递增的经费投入，体现了澳大利亚对通过职业教育促进经济增长和支持产业转型的信心，同时也使得澳大利亚职业教育的发展具备了良好的条件。

巴西职业技术教育的经费也是来自政府、特殊的税收以及私人投入等多种渠道。2012 年，联邦政府职业技术教育的投入是 50 亿雷亚尔。巴西长期以来征收特殊的税费用于职业技术教育，2.5% 的工资税由国家学徒服务社掌握，2010 年该收入为 120 亿雷亚尔，其中 2/5 用于学习服务，从2014 年开始，该收入的 2/3 要用于学生免费学习。另外，巴西高中阶段职业技术教育生均支出为普通教育学生的 3 倍。

需求驱动是有效利用资金发展职业教育的一个重要原则。澳大利亚政府为了使资金投入能够向技能短缺的岗位倾斜，采取了一系列措施。首先，完善学徒制，实现学徒制在全国的一致性，减少学徒州际流动的障碍，降低企业成本。其次，将产业需求置于培训的中心。澳大利亚通过立法，扩大澳大利亚技能署的职能，设立澳大利亚劳动生产局，该机构以产业为导向并与产业部门合作，针对各部门、各领域、各产业的发展需要，制定实现共赢的劳动力发展策略。再次，加强行业技能委员会的职能。此外，提出新的资助模式——国家劳动力发展基金（联邦政府投入 5.58 亿澳元），巩固政府和产业的合作关系，由劳动生产局确定资助重点，企业与政府共同分担员工培训费用，由此使产业需求成为培训的驱动力。

大量的资金投入往往建立在严格的投入机制设计的基础上。澳大利亚设立国家培训补助。国家培训补助是指联邦政府在向各州和领地拨款 17.5亿澳元改革经费的同时，要求各州和领地政府出台配套补助政策，用于资助所有处于工作年龄（17—64 岁）且没有三级或以上水平资格证书的公民接受职业教育与技能培训。联邦政府进一步要求各州做到：（1）保证每个未获得过三级资格证书且满足相应准入条件的人都可以接受政府资助的培训，直至获得三级证书；（2）若部分专业的一、二级证书相应的课程是三级证书课程的一部分，同样也享受国家资助；（3）若公民在获得三级证书前，需要进行基础技能如语言、计算机和识字的训练，政府也需要予以资助。具体的资助额度在各州因课程而异，部分课程的政府资助金额或可高达每位学生 7800 澳元，困难群体将获得国家培训补助之外的培训资助。

美国在增加职业教育投入的同时，也完善了与投入相配套的问责机制。美国 2012 年发布的《投资美国的未来——职业技术教育改革蓝图》（以下简称职业教育改革蓝图）规定了州政府获得联邦政府资金的条件，主要包括：将职业教育的统计数据纳入州的长期数据系统；将职业技术课程学分纳入学业成绩；完善职业咨询制度；减少职业教育转型的政策障碍。州政府只有满足了以上条件，才能获得联邦政府的资金。职业教育改革蓝图还强调，加强问责制度，跟踪收集、分析和评价学生学习结果和受雇情况，对保证职业教育项目的质量而言至关重要。政府资金应当分配给有明确评价指标的项目，并奖励那些成绩突出的项目以及缩小了不同学生群体间成绩差异的项目。职业教育改革蓝图提出的主要策略包括：（1）资金分配由公式拨款转变为州内竞争。这给州政府以更大的自主权和灵活性，保障所投资的项目符合劳动力市场和地区经济优先发展项目的需求。（2）各州在评价标准中采用统一的定义，这些定义要与已有的中小学教育法律、高等教育法律和劳动力投入法律相一致，这样有利于对全国的数据进行比较和分析，从而为联邦和州政府决策提供更有效的参考。此外，在统计数据方面，各州应当把职业教育数据与长期纵向的数据系统合并，而且按照性别、种族、民族、社会经济地位、是否残疾、母语是否英语等将项目的统计数据进行分解细化。申请项目的联盟和地方政府应当拿出缩小差异的改进计划。（3）奖励高质量项目。州政府要建立相应标准，包括提高学生成绩和缩小学生成绩差距。用州内绩效基金给达到标准的项目以绩效奖励。

九、创新学习组织方式与机构设置方式

经济与社会的迅速变化，以及信息技术带来的知识传播方式的变化，使得传统的学习组织方式与教育机构设置方式无法满足劳动力市场对人才的需求。鉴于此，韩国、美国、俄罗斯等国都改变以往的机构设置方式，发展新型的、多样化的职业教育与培训组织，以适应经济发展的需求。

韩国从 2008 年开始探索创建新的职业教育机构。政府选取了一小部分职业教育条件较好的专业高中，作为师傅职业高中。师傅职业高中的课程基于特定产业的协议，根据产业需求定制，目的是传授给学生劳动力市场上需要的核心技能。师傅职业高中的建立旨在满足产业需求，实行订单式教育，为企业培养年轻学徒，学生在校可以规划职业生涯和未来发展。师傅职业高中贯彻落实"先工作后学习"政策，以改变劳动力供给不平衡状况。韩国的高等职业教育机构包括职业学院、技术学院、企业大学和工艺大学等多种类型。

美国的生涯学院是开设在普通高中里的职业教育项目，如同"校中校"。生涯学院是以一个行业领域（如医疗、商业、金融或工程）为主题，如"电气学院""计算机学院"等，兼设大学预备课程和职业技术类课程的一种教育模式，其目的在于帮助高中毕业生同时做好升入大学和进入职场两手准备。在校高中生自愿申请进入该项目，并完成项目课程和接受项目考核。教师团队由各科教师组成，由一位教师担任协调人。该团队的教师特别是职业类课程的教师会得到相应的专业发展培训。生涯学院之所以能够对学生学业成绩和就业产生积极影响，其四个设计要素被认为起到了重要作用，并且是其有别于其他职业教育项目的独特之处，即"小型学习共同体""以职业为主题的大学预备课程设计""推动雇主、高等教育机构和社区间合作的顾问委员会""工作本位的综合学习内容设计"。有关研究显示，这种"校中校"的小型学习团体及个别化指导提高了项目的有效性，特别是对学习困难的学生，这样的设计确实提高了他们的学术课程成绩并且帮助他们做好了就业准备。

俄罗斯 20 世纪 80 年代到 2005 年的职业教育现代化政策促进了职业教育对经济和社会需求做出灵活反应的机制的建立，多样化的学校模式形成。1990 年的《关于高等职业学校的临时规定》就赋予高等职业学校培养中等层次专业人员的职能。同时，中等层次的职业学院按照 1989 年《关于中等职业学校的临时规定》的要求，开始培养初级工程师以及法律和经济专业硕士的教学计划。中等职业学校的另一个发展趋势是向专业型大学靠拢，这类大学在人才培养方面比职业学院和技校更加宽泛，甚至可以开展初等职业学校的工作。1992 年以后，俄罗斯职业教育的一体化常常以两个甚至三个层次的职业学校的合作为基础，如"职业学校—大学""职业学校—职业学院—大学""职业实科学校—职业学院""职业实科学校—职业学院—大学"，一所学校甚至同时开展两个或者三个层次的教学。创建多层次职业教育机构，可以有效使用现有的师资资源，以及资金和物质资源，在进行资源整合的基础上保证了人才培养质量。新的职业教育机构对年轻人的吸引力明显增强，使职业教育的社会地位逐渐提升，也进一步增加了职业教育机构对企业的吸引力。

十、扶持弱势群体

在经济危机中，弱势群体往往是最易受失业冲击的人，其教育与培训状况与其在劳动力市场的就业状况直接相关。一个惠及全民的培训系统需要对弱势群体给予特殊关注。因此，职业教育的改革中往往涉及扶持弱势群体的政策，通过资助补贴或特别项目，为弱势群体接受职业教育与培训创造条件。

美国 1990 年修订的伯金斯第二法，强调了职业教育项目要重视那些处于危机状态的"特殊人群"，如残疾人、贫困家庭的人、单亲家长、准备从事非传统职业者、英语能力不足者，特别是妇女和女孩，要求地方资金要着重资助这类人群，并且预留出相应比例的资金。

巴西的国家普及技术教育与就业计划实施了一个新的项目，为公立中学低收入家庭学生提供免费的技术教育课程，以及为社会弱势群体提供培训和证书继续教育课程。因为公立中学技术教育是免费的，这个项目同时还可以对学生的课程资料、交通膳食提供补贴。接受该项目支持的学生可以接受联邦和各州中学或者国家学徒服务社提供的课程。

韩国学生资助基金给来自贫困家庭而成绩优异的学生提供奖学金，从而形成了一个多样化的国家奖学金体系。2007 年韩国国家奖学金支出 979 亿韩元，2011 年增至 5218 亿韩元。同时，韩国逐渐降低学生贷款利率，减轻学生经济负担，使他们在校可以安心学习。2009 年 1 月，韩国学生贷款利率为 7.3%，2 月为 5.8%；2010 年 1 月为 5.7%，2 月为 5.2%；2011 年 1 月为 4.9%，2 月为 4.9%。

提高弱势群体的劳动力市场参与度也至关重要。澳大利亚联邦政府为弱势群体制定了相应的政策，以帮助他们完成职业教育与培训，获得工作必需的职业资格证。联邦政府通过财政激励，针对弱势群体对各州和领地提出专项完成的目标，如提高土著居民的参与率和完成率，提高残疾人、偏远地区居民、社会经济水平低人口、长期失业者、过早辍学者、单亲或年轻父母、年老工人的学习成果等。为实现弱势群体的技能目标，各州和领地可制定相应政策，但必须包括培训方和企业合作，如：与当地雇主合作制订弱势群体学生的就业计划；整合培训，如将技能课程和语言、识字训练相联系；为学生提供专业人员和支持项目；为指定的弱势学生群体培训工作人员和开发教学资源。

第一部分
分析篇

美国：职业教育政策法规的变迁

何　美

美国自第二次世界大战（以下简称"二战"）至今，经济发展经历了不同的阶段，产业结构和劳动力市场需求也发生了相应的转变。为了适应经济发展，应对人才培养需求的变化，联邦政府出台了多项政策以促进技能培养和改善职业与生涯教育质量。联邦政府对教育进行大力投入的同时开展对政策有效性和影响力的评估和研究，对我国的政策制定和改革实践具有借鉴意义。本文对美国职业教育主要政策法规的内容进行了简要阐述，分析了政策法规对教育结构和教育质量产生的影响，梳理和总结了重要的经验，最后以生涯学院教育模式为例分析了政策落实情况。本文采用了文献法、访谈法。研究发现美国以"伯金斯"系列法令为主的教育政策针对职业教育与技能培训中的高级技能培养、中等与高等教育衔接、校企合作教育、普通教育与职业教育融合等关键问题制定了行之有效的具体措施，投入了大量经费，对优质的、能够自我改进的教育项目给予了充分支持，并通过加强问责和竞争机制保障了政策落实和经费的有效使用。未来美国将继续发挥地方政府、学校和企业在职业教育中的重要作用，鼓励制度和机制创新，通过在课程设置、学分制度、评价标准等方面的改革推动职业教育的发展和职业教育体系的完善。

一、经济与教育发展

（一）产业结构变化推动人才战略变革

20世纪后半段美国经济发展迅速，人口老龄化和科技产业迅猛发展使劳动力需求发生变化，生活方式和工作方式的变化也对教育和培训提出更高的要求。

"二战"之后美国经济进入后工业化时期，总体上呈现出第一产业和第二产业产值占 GDP 的比重持续下降，第三产业产值占 GDP 的比重不断升高的趋势。美国的产业政策也逐步从支持传统制造业转向支持高技术产业，并进而转向对新能源等新兴产业的支持。① 相应地，美国制造业岗位大量减少，服务业就业人数大量增加，就业结构发生巨大变化。

2008 年全面爆发的金融危机使美国的经济遭到重创，美国的失业率也在 2010 年达到继 1982 年以来的又一高峰（失业率统计见图 1）。2008 年金融危机造成了美国失业人数急剧增加。2014 年 1 月发布的一项调查研究表明，2008—2014 年，美国 16—24 岁青年的失业率始终居高不下，远远高于全部人口的失业率。当前，美国全部人口的平均失业率为 7.3%，16—24 岁青年失业率为 15.0%。美国一年内在失业人口上损失的税收达250 亿美元。②

图 1　美国 1949—2012 年间失业率统计

资料来源：美国劳工统计局网站。

根据 2008 年的经济形势和对其后 5—10 年经济发展的预测，美国经济顾问委员会在 2009 年 6 月发布了《为明日之就业培养劳动者》的报告，

---

① 董艳玲．美国产业结构的变动趋势［N］．学习时报，2010-12-20（2）．

② Allison T. In this together：the hidden cost of young adult unemployment［J］．Young Invincibles，2014，27（6）：12-15.

该报告提出了未来最有可能增加的岗位所需要的技能、当时中等后教育体系的价值和缺陷以及一个更为有效的教育与培训体系的主要特征。总体上看，就业市场会呈现四个转变。

第一个转变是：医疗保健将成为就业机会增长最快的行业。随着政府启动医疗服务电子化工程，健康记录和医疗信息技术人员的需求会扩大，而护士、实验室研究员和物理治疗师等专业人员也会继续处于紧缺状态。预计从 2000 年至 2016 年，该行业岗位将增长 48%。

第二个转变是：制造业在整个就业市场的占比将继续下降，但其中部分领域如航空航天和制药业的岗位有望增加。

第三个转变是：由于奥巴马政府的经济刺激计划将基础设施建设作为重点领域之一，建筑业将出现复兴，对电工、水管工等技术工人的需求也会随之增长。

第四个转变是：清洁能源和环境工程有关的行业将出现就业增长。预计从 2000 年到 2016 年，与环境有关的行业岗位将增长 52%，特别是对有专门技能的人才需求将大幅增加。

由此，美国需要更多掌握高技术、能够应对复杂多变的任务的工人。研究者认为未来的毕业生要掌握进行非常规分析、互动、认知、手工和操作工具的技能，而且，对自我的认知、管理和控制能力也是保证学生毕业后能够继续进行有效学习和在现代社会环境中取得成功的重要能力。雇佣者认为，进入职场所必需的能力包括专业精神、团队合作能力、口头交流能力、批判性思考能力和解决问题的能力。

（二）经济复苏需要更为完善的中等后教育与培训体系

中等后教育对于人才准备起着关键作用。"当前人口调查"（Current Population Survey）的数据调查和分析显示，中等后教育与培训对于提供具备高阶分析能力和交流能力的劳动力发挥了重要作用。有关调查显示，接受了两年或四年大学教育的毕业生比高中毕业生能更好地面对劳动力市场的挑战。对劳动力市场的预测指出，未来增长最快的岗位将要求受雇佣者具备中等后教育水平。因此，政策应当扩大中等后受教育机会。[①]

美国在中等教育和高等教育阶段都开设职业教育课程。中等教育阶段提供职业课程的机构有三类：

综合高中（占 89.2%），以学术课程为主，同时提供各类职业课程；

职业高中（占 4.6%），以职业课程为重点，也提供高中全套必需的学术类课程；

地区性的职业教育中心或职业学校（占 6.2%），半日制，学生可在"家庭高中"学习学术课程。[②]

高等教育阶段的职业教育主要由社区学院实施。社区学院可以授予副学士学位，也可以与四年制大学联合授予学士学位。

职业教育由州政府和地方政府共同管理，以地方政府管理为主。政府的主要职责一是制定法案，提出职业教育改进举措，二是制定相关政策。

社区学院的经费主要来自州政府税收（见图 2）。社区学院获得经费的数量与学生数量和开设的课程有关。一些社区学院还会得到当地实业的支持。实业要求社区学院为他们培养急需的技术人才和管理人才，因此会投资改善学院设备，提供奖学金、实习场所和相关费用。

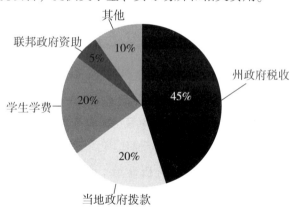

图 2 美国社区学院的主要经费来源及占比

---

① 王薇. 美国产业转型带动人才战略变革 [N]. 经济参考报，2009-10-09（8）.

② 任长松. 美国高中职业教育：直面就业市场的新挑战 [N]. 中国教育报，2005-10-14（6）.

美国经济顾问委员会在《为明日之就业培养劳动者》报告中指出，若要应对未来劳动力市场的需求，就要建立一个更为有效的中等后教育与培训体系。建设这样一个体系，需要做好以下几点。

第一，建立从早期教育、初等教育到中等教育的有力的教育体系，为之后的教育奠定坚实的基础。除了高质量教学和高标准要求，中等教育还要与之后的教育培训实现有效合理的衔接和自然过渡。

第二，改革中等后教育课程。中等后教育培训要确保灵活性和广泛性，以便各种程度和有各种需求的学生都能寻得合适的课程。此外，其课程和实习设置要与当地劳动力需求情况和其他劳动力市场因素相符。

第三，为所有学生获得工作技能提供及时和适当的经济资助。联邦政府每年投入 210 亿美元作为奖学金、70 亿美元以抵免所得税、670 亿美元作为学生贷款，鼓励人们参加中等后教育和培训项目。

第四，加强问责。获得联邦资助的项目和机构应当持续不断地自我改进，并对教育和培训结果负责。

二、对美国现代职业教育产生重大影响的教育政策

（一）20 世纪 80 年代以后的职业教育政策

美国是较早重视职业教育的国家之一。1944 年以来美国出台了多项法令来保证职业教育与培训的开展：

1944 年的《退伍军人权利法案》；

1958 年的《国防教育法》；

1963 年的《职业教育法》；

1984 年的《卡尔·D. 伯金斯职业与技术教育法》（伯金斯法）；

1990 年修订的《卡尔·D. 伯金斯职业与技术教育法》（伯金斯第二法）；

1994 年的《学校通向就业机会法》；

1998 年修订的《卡尔·D. 伯金斯职业与技术教育法》（伯金斯第三法）；

2006 年修订的《卡尔·D. 伯金斯职业与技术教育法》（伯金斯第四法）。

1. 伯金斯法：应对劳动力市场的高技能要求

1982 年，美国年平均失业率达到 9.7%，1983 年上半年超过了 10.0%。为了降低失业率和应对经济发展的需要，联邦政府在 1984 年出台了《卡尔·D. 伯金斯职业与技术教育法》，并在二十几年间 3 次修订该法案。

当时，劳动力市场的雇主普遍反映员工缺乏解决实际问题的能力和高级技能，学校输送的毕业生综合素质不高。此外，法案制定者认为改革职业教育有四个重要原因：（1）应当为未来的全球经济竞争培养兼具学术和职业技能的劳动力队伍，使劳动力能够在全球市场上具备竞争力；（2）职业教育应当让学生有更多的选择，让他们具备学校和职场都需要的技能；（3）职业教育要将课堂教学、操作实习和岗位培训相结合，要满足学生对不同的学习方式的需要；（4）职业教育要为学生进入中等后教育或职场做好双重准备。

伯金斯法的主要内容包括：扩大职业教育的对象范围；整合学术课程和职业与技术课程，加强职业教育中的学术课程；实行高中 2 年加高中后 2 年的职业教育"2+2 模式"。

1990 年，伯金斯法经过第一次修订（即伯金斯法第二法），强调职业教育项目要重视那些处于危机状态的"特殊人群"，如残疾人、贫困家庭的人、单亲家长、准备从事非传统职业者、英语能力不足者，特别是妇女和女孩，要求地方资金要着重资助这类人群，并且预留出相应比例的资金。

2. 技术准备计划：加强中等教育与高等教育之间的衔接

技术准备计划由 1990 年伯金斯第二法提出，在 1994 年的《学校通向就业机会法》中得以修订，并在 1998 年伯金斯第三法中得到了进一步加强。因此，该计划贯串了 21 世纪前后十年美国各项职业教育改革重大政策，引起了极大的关注。技术准备计划的目的是加强普通教育与职业教育的融合，以及通过开发衔接良好的课程体系加强高中教育与高中后教育的衔接。

技术准备计划提出了高中最后 2 年加至少 2 年中等后教育的"2+2"

职业教育模式，技术准备计划就是为各州开发和实施这类项目提供支持。学生可以选择是否参与这类职业教育项目，选择参加并完成学习的学生可以获得副学士学位或者两年学习证书。这类项目包括 7 个模块：（1）参与项目的中等教育和中等后教育机构签署协议；（2）"2+2""3+2"或"4+2"的项目设计；（3）专门开发的技术准备课程；（4）对参与该项目的教师的在职培训；（5）对有关咨询人员的培训；（6）保证特殊人群可以参与并完成整个项目；（7）预备服务，如应聘、职业生涯指导、行业测试等。

然而，技术准备计划的最终实施情况并不理想。一是真正实施这类项目的学校不多。1990/1991 学年，只有 7% 的学校提供了符合标准的技术准备项目。到 2000 年，开展了技术准备教育的高中仅占 37.13%。[①] 2001年，根据各州的汇报，只有 7 个州要求地方将技术准备项目作为学区级教育项目来实施。二是大部分学校仅选择实施该计划中的个别模块，如在职教师培训。结果，技术准备计划的内容与学校里一般的职业教育有很大程度的重合，没有显示其效力。

技术准备计划没有使学生的学业状况有太大的改观。进入中等后教育阶段继续学习的学生比例达不到预期目标（见表 1）。达到学术成绩标准的学生比例也没有增长（见表 2）。

表 1　参与技术准备项目的学生中继续接受中等后教育的学生比例

单位：%

年份	计划目标	实际结果
2003	—	58
2004	87	66
2005	87	86

资料来源：美国教育部网站。

① 唐梅．美国"大学与职业过渡行动"计划探究［J］．世界教育信息，2010（5）：61-64.

表2　参与技术准备项目的学生中达到学术成绩标准的学生比例

单位:%

年份	计划目标	实际结果
2001	—	79
2002	—	71
2003	—	79
2004	76	75
2005	77	77

资料来源：美国教育部网站。

从 2002 财年开始，技术准备项目获得的财政拨款逐年减少，直到 2011 财年被全部取消（见表3）。

表3　2001—2011 年技术准备项目获得的财政拨款

单位：美元

年份	拨款
2011	0
2010	102923000
2009	102923000
2008	102922965
2007	104752880
2006	105811680
2005	104753880
2004	106664942
2003	107298000
2002	108000000
2001	106000000

资料来源：美国教育部网站。

3. 《学校通向就业机会法》：推动校企合作

1994 年美国联邦政府颁布《学校通向就业机会法》。该法的目的是提升学生的就业前景，提高高中学生的学业成绩，从而使学校毕业的学生能够顺利地向职场过渡，并且提高进入中等后教育的学生的比例，从而增加高技能的人力资源。

此时，美国的职业教育被认为缺少一种将学校教育与劳动力市场密切联系起来的连贯一致的体系。《学校通向就业机会法》提出改革不能仅提出新的项目，而应着力建立这样一种体系，并建立一种连接中学职业教育和中等后职业教育的结构，这种结构提供的学习应当从初中起始，在高中得以巩固，并且在中等后教育培训中得以延续。该法提出了改革的三条途径：（1）学校本位的学习，以高学术课程标准为目标；（2）工作本位的学习，以企业认可的资格证书为结果；（3）通过生涯专业（career major）或应用和经验学习，连接学校本位的学习和工作本位的学习。

《学校通向就业机会法》的重点内容是加强校企合作。例如，鼓励学校教授给学生必要的工作技能，要求行业部门"延伸"学习机会，提供合作学习课程，向高中生提供实习岗位。该法执行期间对各项监测指标的统计结果显示，参与项目的学校和大学没有达到预期的目标，然而为学生提供工作学习机会的雇主数量有了大幅增长。虽然有关调查认为实施生涯项目的高中的数量会持续增加，但大多数高中并没有落实这类项目（见表4）。

表4　1996—1998 年实施"学校通向就业"核心内容的高中学校的比例

单位:%

年份	比例
1996	25
1997	25
1998	27

资料来源：美国教育部网站。

1996—1999 年与高中签署合作协议的大学数量不但没有增加，反而减少（见表5）。对此，有关调查研究推测原因在于全国"学校通向就业"办公室没有协调并帮助高中和大学建立联系，也没有在这一方面给予经费支持。

表5　1996—1999 年与高中签署合作协议的大学的比例

单位：%

年份	比例
1996	21
1997	18
1998	20
1999	19

资料来源：美国教育部网站。

1996—1999 年为学生提供工作本位的学习经历的雇主数量迅速增长（见表6）。调查研究认为，这得益于全国"学校通向就业"办公室在资源和技术支持方面对雇佣方和中介组织进行了大量投入。

表6　1996—1999 年为学生提供工作本位的学习经历的雇主数量

单位：个

年份	数量
1996	59000
1997	136000
1998	109251
1999	154543

资料来源：美国教育部网站。

有学者认为，建立一个中等教育与中等后教育之间的连贯一致的体系所需要的时间要远远长于《学校通向就业机会法》所规定的时间。2000年《学校通向就业机会法》的经费资助结束，该法也于 2001 年 10 月 1 日退出了历史舞台。尽管如此，该法的确使"为所有人提供职业教育，让所有人建设职业教育"的全民职教理念在美国产生重大且长远的影响。为职业教育项目提供工作本位的学习机会的雇主在该法实施期间达到了空前的规模，全国 20 人以上的公司中超过 1/4 的公司参与了职业教育项目。①

（二）世纪之交的职业教育改革

1998 年，伯金斯法经历第二次修订（即伯金斯第三法）。相比之前，伯金斯法第三法坚持了普职融合、扩大职业教育内涵以及加强中等教育与中等后教育衔接的思路，主要变化体现在：（1）更加强调学术课程；（2）资金使用更具弹性；（3）更多资金直接投入地方；（4）建立问责制度；（5）与劳工部的《劳动力投入法》相协调。

在伯金斯第三法颁布之前，经费由联邦根据各州人口情况分配到州，州主要根据各学校的低收入家庭学生的数量，将经费分配到地方的中学和中等后教育机构，中学和中等后教育机构获得经费的比例由各州自行决定。伯金斯第三法要求部分经费由联邦直接下拨到学区、学校及中等后教育机构，从而对学校和学生产生更直接的影响。

伯金斯第三法实施不久，美国教育部就启动了对美国职业教育的全面评价工作，希望通过调查研究为未来的法令修改提供依据。该评价项目（National Assessment of Vocational Education，NAVE）历时三年多，有以下重要发现。

第一，职业教育对大多数中等教育和中等后教育的学生短期和中期内提高收入有重要作用，对经济上处于弱势地位的群体提高收入也有作用。

第二，在世纪之交，美国进行的教育改革使得几乎所有中学生都有机会接受职业教育（见表7）。参与职业教育课程的中学生参与了更多的学术课程，他们的学业成绩也得到了提高。相比以前的学生和当时只学习学术课程或只学习职业教育课程的学生，这些同时学习学术课程和职业教育

---

① Hughes K L, Bailey T R, Mechur M J. School-to-work：making a difference in education［R/OL］.［2014-03-11］. http：//www.tc.columbia.edu/iee/papers/stw.pdf.

课程的学生成绩更好，且对升入大学和进入职场都做了更好的准备。

表 7　2008 年美国提供职业准备教育的高中比例

单位：%

职业准备教育类型	普通高中	职业/技术高中	其他专门学校	全部高中
职业/技术教育课程	93.6	100.0	55.1	82.7
工学结合或校外实习	70.6	79.0	51.1	65.4
专业化的生涯学院	26.7	61.2	13.2	24.1

资料来源：https：//nces. ed. gov/surveys/ctes/tables/h01. asp。

第三，教育改革对高中教育产生了积极影响，但若没有政策、课程和教师培训的改革，中等职业教育本身很难对学术成绩或大学入学率产生广泛影响。通过立法推动普职融合的教育改革进展缓慢。

伯金斯第三法希望同时达到促进就业、升学、终身发展，提高技术水平和教育效率等多个目标。然而，美国学者认为正因如此，该法没有给出清晰的投入重点，从而减小了在任何方向上取得稳步提升的可能性。[①]

三、金融危机以来的职业教育政策

金融危机以来，美国人才培养的主要方向是增加高教育水平和高收入水平的劳动力数量。因为许多研究结果证实，高教育水平人才失业的可能性更小，获得的薪水也较高，因此，奥巴马政府采取了多项措施来加强中等后教育和培训。

面对劳动力市场对人才的高要求，奥巴马提出，要帮助每个美国公民获得至少一年的中等后教育，使美国到 2020 年成为世界上大学毕业率最

①　Department of Education. Programs evaluation plan，National Assessment of Vocational Education
［DB/OL］.［2013-12-01］. http：//www2. ed. gov/rschstat/eval/sectech/nave/evalplan/index. html.

高的国家。① 2008 年金融危机之后，美国采取了大量的紧急措施来刺激经济复苏，同时也出台了一系列政策和规划促进整个国家经济的长远发展。2009 年，奥巴马总统签署《美国复苏和再投资法》。该法案旨在刺激经济，支持创造就业机会并投资关键领域，包括投资最有可能提高学生成绩和学校系统能力并且提高生产力和效率的创新战略。

《美国复苏和再投资法》的总体目标是在短期内刺激经济，重点包括投资学校建设、提高学生成绩、驱动改革、提高儿童和青年的成绩，从而保证国家的长期健康发展。《美国复苏和再投资法》向美国教育部提供约 100 亿美元，用于为各州提供应急教育经费。《美国复苏和再投资法》颁布后，教育部迅速向各州支出大量资金，应对预算短缺。

（一）贸易调整辅助社区学院和职业培训奖励计划

贸易调整辅助社区学院和职业培训奖励计划从 2009 年开始实施，预计通过四轮资金投入达到强化职业培训、发展职业技能并创造就业机会的目的。2013 年，美国教育部长邓肯在第三轮资助启动时指出，要让美国经济持续增长，最好的投资之一就是让所有美国学生具备劳动力市场所需的技能，第三轮资助将在之前资助的基础上继续加强机构与雇主的合作，进一步让学生获得在当前和未来的高需求领域找到工作所必需的技能和证书。

第三轮贸易调整辅助社区学院和职业培训奖励计划有三大目标。

一是投资创新的、基于证据（evidence-based）的培训，促进培训机构与雇主和雇佣机构形成强有力的伙伴关系。强有力的伙伴关系和工作本位的培训将保证课程和培训能够符合行业对从业人员的实践能力要求。

二是鼓励社区学院更好地跟踪毕业生的就业和收入情况，以此作为改进其培训项目的工具，并且建立就业情况计分卡来帮助未来的学生选择合适的培训项目。

---

① White House. Building American skills through community colleges［EB/OL］.［2014-03-20］. http://www.whitehouse.gov/issues/education/higher-education/building-american-skills-through-community-colleges.

三是使用先进的在线和基于信息技术的工作培训工具。利用该计划资金开发的课程材料将通过开放教育资源平台提供给公众，并允许使用者对教学资源进行修改、更新和建设。与此同时，要求受资助的项目提供评估报告，总结哪些策略能够最有效地帮助学生获得技能以及在工作中取得成功。

2014 年 4 月 16 日，贸易调整辅助社区学院和职业培训奖励计划第四轮资助计划发布，第四轮资助计划将提供 4.5 亿美元用于加强社区学院和雇主在就业培训上的合作（见表 8）。

表 8　贸易调整辅助社区学院和职业培训奖励计划四轮计划投入情况

批次	时间	投入金额（万美元）	资助重点
第一轮	2011 年 4 月	50000	为由于失业而需要转行的人提供培训
第二轮	2012 年 5 月	50000	在社区学院与企业间建立和扩大新型合作关系，培训企业所需要的技能人才
第三轮	2013 年 4 月	47450	在社区学院与企业间建立和扩大新型合作关系，培训企业所需要的技能人才
第四轮	2014 年 4 月	45000	扩大社区学院与雇主在就业培训上的合作

资料来源：美国劳工部网站。

（二）职业教育改革蓝图

为了确保教育系统提供高质量的就业训练机会，从而提高劳动力技能、加速商业发展、鼓励新兴投资、增加就业机会、强化创新能力、促进经济增长，2012 年 4 月，美国教育部发布了《投资美国的未来——职业技术教育改革蓝图》，提出了未来职业教育发展的主要方向。职业教育改革蓝图以一致、合作、问责和创新为核心原则，提出了美国职业教育系统性改革的主要思路。

1. 职业教育目标与劳动力市场需求更加紧密地结合

职业教育要保证其教授的技能反映劳动力市场的实际需求，确保接受了职业教育和培训的毕业生掌握了 21 世纪就业所必需的技能，能够适应经济和社会的快速变化发展，满足劳动力市场需要。因此，职业教育项目要设计严谨、联系实际并且以成果为导向。有关策略包括：

改革课程，建立跨越中等和中等后教育的现代化、结构化的课程体系，学生毕业可以获得一份职业资格证书以及一份中等后教育证书或学位。中学教师和大学教师合作教授整合的学术、职业和技术内容，从而让学生更好地掌握教材内容并了解知识在行业中的实际应用。

改革学分制度，地方教育机构、中等后教育机构、雇主要形成合作机制，为学生提供工作本位的学习机会，通过双学分制度帮助学生更加快速地完成学习。

充分利用信息技术，增加学生获得高质量学习的途径，特别是为农村和偏远地区的学生提供条件。

州政府发挥更积极的作用，联邦政府授权各州政府确定哪些高增长行业的高需求职业是职业教育项目的焦点。各州政府应当协调教育部门同劳动力和经济发展部门共同识别本州哪些工业快速发展且有劳动力需要。州政府应当建立起有效的信息平台，将用工需求信息及时传递给当地的职业教育管理者，确保教育与劳动力市场的需求相适应，与当地经济增长的优先项目相结合。学生及家长也要共享这些信息，熟悉职业教育项目并做出明智的选择。

2. 加强中等和高等教育机构、雇主、工业伙伴之间的合作

贸易调整辅助社区学院和职业培训奖励计划和伯金斯法的有关基金都要求申请基金的职业教育项目有企业参与项目建设。只有由地方教育部门、高等教育机构和工业伙伴组成的联盟才能向州政府申请资金。联盟的其他伙伴可以是雇主、工业协会、劳动组织、公立和私立劳动力实体、企业组织和其他机构。鼓励联盟内的重要利益相关方合作，以便创造高质量的职业教育项目。

职业教育改革蓝图认为，多方合作可以带来多种益处，使职业教育呈现新的面貌。例如，学术课程、职业生涯课程和技术课程的内容可以更紧密地关联，从而更加符合劳动力市场的需求。学生可以在高中课程、学徒课程和工业培训中获得大学的学分，并且更加清楚大学课程的要求，为接受中等后教育做更好的准备。各方的合作还可以使资源得到更有效的利用。此外，这种工作本位的学习机会能够为学生获得证书和资格证做好准备，帮助他们在高需求和高增长的岗位上获得聘用。相关策略包括：

仅允许各方通过合作共同申请政府资金。这种合作可以根据地域、行业或其他考虑形成。

通过在资金申请方案中要求配套投入，进一步督促持续性合作。

3. 强化基于标准的问责和奖励

职业教育改革蓝图提出了一个问责和奖励的结构化体系。这一体系的建立基于三个目的：一是使职业教育项目符合当地经济发展的需要；二是让学生取得更好的成绩并且缩小学生间的差距；三是建立一种结果本位的（result-based）文化，从而推进整个职业教育体系的系统性变革。

职业教育改革蓝图认为，加强问责制度，跟踪收集、分析和评价学生学习结果和受雇情况，对保证职业教育项目的质量至关重要。政府资金应当分配给有明确评价指标的项目，并奖励那些成绩突出的项目以及缩小了不同学生群体间成绩差距的项目。主要策略包括：

资金分配由公式拨款转变为州内竞争。这给州政府以更大的自主权和灵活性，能够保障所投资的项目符合劳动力市场和地区经济优先发展的需求。为了保证申请资金的项目有公平的竞争机会，州政府应当为有关项目提供前期的技术支持。

各州在评价标准中采用统一的定义，这些定义要与已有的中小学教育法律、高等教育法律和劳动力投入法律相一致。这样有利于对全国的数据进行比较和分析，从而为联邦和州政府决策提供更有效的参考。此外，在统计数据方面，各州应当把职业教育数据与长期纵向的数据系统合并，而且按照性别、种族、民族、社会经济地位、是否残疾、母语是否英语等将项目的统计数据进行分解细化。申请项目的联盟和地方政府应当拿出缩小差距的改进计划。

奖励高质量项目。州政府要建立相应标准，包括提高学生成绩和缩小学生成绩差距的标准，用州内绩效基金给达到标准的项目以绩效奖励。

4. 增加对地方项目实施和创新的支持

职业教育改革蓝图强调，州政府要在系统性改革中发挥更实际的作用，支持地方职业教育改革实践。而且，联邦、州和地方政府要形成合力，鼓励和支持创新项目，并将优秀的成果加以传播和推广。主要策略包括：

规定州政府获得联邦政府资金的条件，包括将职业教育的统计数据纳入州的长期数据系统、将职业技术课程学分纳入学业成绩、完善职业咨询制度、减少职业教育转型的政策障碍。

州政府只有满足了以上条件，才能获得联邦政府的资金。

为地方创新提供竞争性资金——职业教育创新和转型资金。这项基金强调认识和开发创新项目和实践，并帮助地方进行有关测试和评价，甄选和推广那些被证明有效的创新实践、教育项目和策略。引入基于证据的实践（evidence-based practices）和经过了检验的方法（tested approaches），是保障创新项目开发和推广的有效途径。

为州层面的系统改革提供竞争性资源。上述职业教育创新和转型资金也将部分地用于奖励州层面的创新政策和实践，例如扩大职业教育机会、增加州政府投入和显著提高教育水平的行动。

四、新型职业教育模式——生涯学院

职业教育改革蓝图指明了美国职业教育的改革方向。在过去几年的职业教育探索中，美国总结了部分行之有效的新型职业教育模式，并予以完善和推广。生涯学院即其中一种被检验为成功有效的模式，成为美国大力推广的一种高中教育模式。

（一）生涯学院概览

生涯学院是设置在普通高中里的职业教育项目，其目的在于使高中毕业生同时做好接受高等教育和进入职场两种准备。生涯学院出现于 20 世纪 60 年代末，然而新时代的需要使其内涵得以扩大，目前生涯学院成为美国高中职业教育的主要模式。2013 年美国大约有 4800 所高中开设了至少 1 项生涯学院项目，全国共有 7000 多个生涯学院项目①，10—12 年级的学生中 10% 的人注册了生涯学院项目②。奥巴马政府在 2013 财年提出拨款 10 亿美元的竞争基金，来建设更多高质量的生涯学院。③

生涯学院有几个特点。

第一，以高中教育为基础。生涯学院是设在普通高中里的职业教育项目，如同"校中校"，是以一个行业领域（如医疗、商业、金融或工程）为主题，如"电气学院""计算机学院"等，兼设大学预备课程和职业技术类课程的一种教育模式。其目的在于帮助高中毕业生同时做好升入大学和进入职场的准备。在校高中生自愿申请进入该项目，并完成项目课程和接受项目考核。教师团队由各科教师组成，由一位教师担任协调人。该团队的教师特别是职业类课程的教师会得到相应的专业发展培训和行业培训。

第二，学术课程与职业技术课程相联系。工作本位的学习将课堂内的学习活动与在当地企业的实习结合起来，有关的职业培训和就业技能训练也会贯串在学术课程当中。

第三，结合地方需要。生涯学院课程通常根据当地的行业发展情况来决定。当地企业应当参与到学院的建设当中。

---

① Boyd A W，Gladden M. USA today［N/OL］.［2013-12-11］. http：//www.usatoday.com/story/money/business/2013/05/27/career-academies-find-seat-in-schools/2364421/.

② Stern D，Dayton C，Raby M. Career Academies：a proven strategy to prepare high school students for college and careers［R］. Berkeley：University of Californian，2010.

③ Obama B H. Expanding successful career and technical education through Career Academies［EB/OL］.［2015-12-08］. http：//www2. ed. gov/about/offices/list/ovae/pi/cte/transforming-career-technical-education-expanding. pdf.

第四，高中、用人单位和中等后教育机构的多方面合作。用人单位、中等后教育机构以及学区管理部门不但要为学生提供实习和现场学习的机会，提供一定的经费支持，而且要派出代表参与学院活动，包括为课程设计提出建议、担任课堂中的演讲嘉宾、指导学生的实习等。

第五，企业参与学院建设。地方企业主在生涯学院中起到至关重要的作用，他们要为学生提供职业指导和提供工作本位的学习机会。通常企业要在第一年提供一位专业指导员，并且最后一年提供就业咨询。以加利福尼亚州为例，参与该项目的企业的职责包括：（1）成为指导筹划委员会成员；（2）向二年级学生讲解他们的企业、工作和培训；（3）接待外出学习的学生，提供跟踪指导；（4）志愿成为一年级学生的专业指导员；（5）成为学生暑期实习的管理员。[①]

（二）生涯学院的影响

生涯学院的成果得到了学校和社会的普遍认可。研究者对其进行了30多年的跟踪研究和评估，得出了积极肯定的结论。[②] 有关的项目评估结果显示，生涯学院降低了高中辍学率，也为社会输送了更多的技能熟练的毕业生。参加生涯学院的高中生比没有参加的学生毕业后的收入平均高出11个百分点。此外，跟踪研究显示，对于低收入家庭的学生来说，生涯学院不仅提高了他们的高中毕业率，也提高了他们的大学入学率和毕业率。[③]

生涯学院之所以能够对学生学业成绩和就业产生积极影响，其四个设计要素被认为起到了重要作用，并且是其有别于其他职业教育项目的独特之处，即"小型学习共同体""以职业为主题的大学预备课程设计""推动雇主、高等教育机构和社区间合作的顾问委员会""工作本位的综合学习内容设计"。

---

① Career Academy Support Network. Planning guide for Career Academies ［R/OL］. ［2013-11-05］. http：//files. eric. ed. gov/fulltext/ED473608. pdf.

② Stern D, Dayton C, Raby M. Career Academies：a proven strategy to prepare high school students for college and careers ［R］. Berkeley：University of Californian, 2010.

③ Maxwell N L. Step to college：moving from the high school Career Academy through the four-year university ［J］. Evaluation Review, 2001, 25 （6）：619-654.

有关研究显示，这种"校中校"的小型学习团体及个别化指导提高了学院项目的有效性，特别是对学习困难的学生，这样的设计确实提高了他们的学术课程成绩并且帮助他们做好了就业准备。"顾问委员会"建立了一种各利益相关团体的人员切实参与项目建设的机制，为不同机构间的合作奠定了基础。生涯学院的"工作本位的综合学习内容"不仅让学生更加了解职业生涯的要求、获得校外的学习经验，也为雇主提供了结构化的、明确的参与高中教育的指南。

（三）生涯学院的启示

1. 建立保障长效合作的制度机制

中等学校与高等院校及企业的有效合作是美国职业教育改革的重点之一。生涯学院的经验在于加强顶层设计，由政策指导合作的形式、资金的筹集和分配。政策规定只有高中、高等教育机构和企业合作建设的学院项目才能得到联邦和州政府的资助，并且要求学院设置"顾问委员会"，建立了各方人员参与合作的固定的组织形式，保证了各方常规化参与学院项目建设。

2. 建立全国统一标准

为了保证生涯学院项目的有力实施和项目质量，美国职业与技术教育协会、中学重建中心和全国生涯学院联合会等 10 家机构共同开发了全国生涯学院执行标准（National Standards of Practice for Career Academies）。该标准分为 10 个部分：（1）任务与目标；（2）学院设计；（3）学院所在社区和高中；（4）教职工；（5）专业发展与继续学习；（6）管理与领导；（7）教学；（8）雇主、中等后教育机构和社区的参与；（9）学生评价；（10）持续完善。该标准广泛应用于资助申请、项目评估、学术研究等工作。

3. 建立灵活的课程体系与学分制度

学院模式的灵活性赋予了学生和家长更多的自主权。学生可以选择是否就读生涯学院，也可以选择中途离开生涯学院。即便完成了生涯学院所设计的专业课程，学生在升入大学或进入职场时仍然可以选择与其所学课程不同的专业或行业。

4. 为教师专业发展提供充足的资源

职业课程与学术课程的整合对教师个人的能力提出更高的要求，因而需要充分的教师专业发展活动。生涯学院为教师集体的学习、备课和研讨提供了比一般高中更多的时间和更大的空间，更加有利于教师个人的专业成长和专业共同体的培育。这种对教师和专业共同体的支持离不开生涯学院项目在个体培训、团体活动及教学任务之间进行的系统组织与协调。

生涯学院顺应了美国近年高中重建运动的历史潮流，也逐渐成为美国高中改革的重要组成部分。许多参与课程改革的学校将改革实践放到其学院项目中。鉴于生涯学院对高中教育和中等后教育与就业的积极作用，以及其高度的可复制性，有关高中改革的政策评估也将生涯学院作为成功模式加以推介。

德国：从传统到现代的变革①

张　智　李建忠

本文重点研究 2008 年金融危机以来德国的职业教育政策，采用文献法、访谈法收集数据并进行分析。文章论述了"二战"后德国经济发展与产业结构升级所带来的对技能人才的需求，以及失业与劳动人口下降等引发教育改革的因素，重点分析了德国近年来的一项重要改革措施——德国国家资格框架的设计与实施，以及与之相辅相成的一系列职业教育与产业部门的改革。

一、经济与教育发展

"二战"后，德国通过加强劳动力的职业教育和培训，充分挖掘人力资源潜力，实现了经济的复苏和腾飞。德国的传统优势产业集中于汽车制造、化工、机械和装备制造等。根据经济合作与发展组织的统计，2008年德国加工制造业产值占国内生产总值的比重为 23.1%，远高于美国（13.3%）、英国（12.3%）和法国（11.9%）等其他主要发达国家。② 德国自然资源较为贫乏，除硬煤、褐煤和盐的储量丰富外，在原料供应和能源方面很大程度上依赖进口，但德国是典型的人力资源强国。受全球经济

---

① "二战"后，德国分裂为德意志联邦共和国和德意志民主共和国，后者实行社会主义制度和计划经济体制。1990 年 10 月 3 日，德意志民主共和国正式并入德意志联邦共和国，两德统一。本报告所指德国在 1990 年之前为德意志联邦共和国。

② 魏爱苗 . 德国注重传统和特色产业发展 [J]. 中国中小企业，2012（5）：70-71.

和金融危机影响，德国 2009 年国内生产总值下滑，但很快就实现强劲复苏。2012 年 5 月，德国失业率为 6.7%。2013 年德国国内生产总值 27376 亿欧元，人均国内生产总值 32280 欧元，国民总收入 21188 亿欧元。德国经济的发展与其极其重视劳动力的教育和培训密切相关。

（一）"二战"后德国实现了经济的快速发展和产业结构升级

"二战"后德国经济迅速恢复。"二战"后，德国大规模发展以内需为主导的恢复性产业，主要包括能源工业、钢铁工业、建筑业、化学工业和汽车工业等，这些产业迅速带动了国内经济的增长，钢铁工业和建筑业对经济发展的作用尤其显著。[①] 20 世纪 60—70 年代，得益于马歇尔计划等诸多有利因素，德国经济实现高速增长。1949—1964 年间，德国社会生产总值从 818 亿马克增加到 4125 亿马克。此后，德国经济仍保持较高速度增长，社会生产总值从 1970 年的 6790 亿马克上升到 1989 年的 22490 亿马克，年平均增长 9.08%。[②] 两德统一前，联邦德国在经济发展方面已经达到相当高的水平。

德国经济发展与产业结构的优化与升级是同步进行的。在发展过程中，德国实现了由粗放型向集约型的转变，社会形态也由工业社会向后工业社会转变。1960 年，德国三大产业结构比重依次为 5.6%、53.5% 和 40.9%，第二产业在三大产业中占有明显的优势，德国社会属于典型的工业社会。随着经济社会的发展，1975 年前后，德国产业结构出现了转折性变化，第二产业比重开始下降，第三产业比重逐步超过第二产业。1975 年联邦德国国内生产总值中，第一产业占 2.9%，第二产业占 47.7%，第三产业占 49.4%。1980 年，三大产业在联邦德国国内生产总值中的比重分别为 2.2%、44.8% 和 53.0%，第三产业所占比重超过了第一产业和第二产业的总和。在统一后的 1993 年，德国三大产业在国内生产总值中所

---

① 韩永文. 德国的产业结构变化、支柱产业和产业政策 [J]. 宏观经济研究，1995（11）：66-71.

② 朱正圻. 联邦德国的发展道路 [M]. 北京：中国社会科学出版社，1988：248.

占比重分别为 1.1%、36.4% 和 62.5%，产业结构继续向第三产业倾斜。①

同时，德国第二产业内部也发生了深刻的变化，主要表现为知识和技术密集型工业成为经济发展和新技术革命的支柱，而劳动密集型工业部门地位明显下降。例如，1950 年至 1986 年，德国第二产业中，技术含量和信息化程度高的电子、化工等部门产值占 GDP 比重的排名分别从第 9 位、第 5 位攀升到第 3 位、第 4 位，汽车制造业则上升到了首位；同期，相对粗放的钢铁和采煤产业则分别从第 2 位和第 3 位跌至第 7 位和第 9 位。②

随着产业结构的变化，德国就业结构也发生了相应变化。据统计，1960 年，德国三大产业就业人数比重分别为 13.7%、48.0% 和 38.3%；1970 年三大产业就业人数的比重分别为 8.5%、48.9% 和 42.6%。到 20 世纪 70 年代中期，上述状况出现了根本性变化。1975 年，三大产业就业人数比重分别为 7.2%、45.6% 和 47.2%；1980 年，三大产业就业人数比重分别为 5.5%、44.1% 和 50.4%；1990 年三大产业就业人数比重进一步调整为 3.6%、40.6% 和 55.8%。同时，曾经作为德国社会最大阶级群体的工人群体出现了剧烈收缩。据统计，1950 年联邦德国有工人 1196.7 万人，占从业总人数的 50.9%；1980 年下降到 1137.2 万人，占从业总人数的42.3%；1990 年下降到 1097.4 万人，占从业总人数的 37.4%。③ 这说明，德国社会已经进入普遍富裕的发展阶段，拥有较高收入的"中层"人群已经成为社会的主体人群。在一些学者眼中，收入和生活水平趋近正在使德国趋向于"单一阶级的社会"。④

（二）德国社会经济发展极大地增加了技术技能人才的需求量

科学技术的升级和知识经济的快速发展，使得德国劳动力市场对技能型人才的需求快速增加。德国信息经济的发展导致了对信息技术人才的需

---

① 丁纯. 德国经济增长方式的转变及其成因剖析 [J]. 德国研究，2000（3）：1-6.

② 同①。

③ 同①。

④ Tipton F B, Aldrich R. An economic and social history of Europe from 1939 to the present [M]. London：The Macmillan Press Ltd., 1987：143.

求持续增长，1997—2000 年间，德国就业市场对此类人才的需求年均增长率高达 9%，2000 年达到 79.4 万人，比 1999 年增加 3.3 万人，增长率达4%。① 进入 21 世纪以来，德国技能人才短缺问题像暗礁浮出水面。德国工商业联合会于 2005 年秋开展的一项企业问卷调查表明，德国有 16% 的企业存在职位空缺，其中，加工制造业和信息技术行业是"重灾区"，药材制造业有 30% 的企业抱怨招募合适的员工困难重重，机械制造和汽车产业 15% 的企业表示很难找到满意的候选人，64% 的信息技术企业存在职位空缺。技能人才短缺集中在信息技术、制药、机械制造和电子技术等行业领域的事实表明，德国主要缺少数学、信息技术和自然科学方面的技能人才。②

以应用技术大学为代表的本科层次职业教育迅速发展。伴随着经济社会发展对高层次技能人才需求的快速增加，德国高等教育规模也在迅速扩大。1961 年德国在校大学生 22.9 万人，1971 年为 44.6 万人，1981 年增至 88.0 万人，1988 年上升到 110.5 万人，20 多年内增加了近 4 倍。③1968 年，德联邦各州州长会议讨论通过了《联邦共和国各州统一专科学校协定》，提出合并原有的技术学校和专科学校，创办现代高等职业技术学校，这些学校统称为高等专科学校（后修改为"应用技术大学"，以下均称为应用技术大学）。应用技术大学被定位为"与综合大学具有同等价值，但是属于另一种类型的高等教育"。此后，综合大学和应用技术大学成为德国高等教育体系内部特色鲜明的两大机构类型，综合大学主要定位于培养学术性人才，应用技术大学定位于培养高层次应用型人才。1993—2012 年间，德国应用技术大学的数量从 125 所增加到 214 所，远远多于其他类型高校的增长数量。2013 年，应用技术大学注册在校生共 82.8 万人，

① 杨伟国，吴守祥. 德国技能人才短缺及其治理 [J]. 德国研究，2006 (2)：48-53.

② 同①。

③ Mitchell B R. International historical statistics Europe 1750-1988 [M]. London：Palgrave Macmillan，1998：793-807.

约占德国高校在校生总数的 1/3。①

20 世纪 80 年代以来，德国应用技术大学的毕业生就业率一直略高于综合大学的毕业生。2005 年大约 3/4 的应用技术大学毕业生在毕业后一年之内即找到稳定的正式工作，只有大约 6% 的毕业生是失业状态。2001 年毕业的应用技术大学毕业生在毕业 5 年后有 89% 都是工作状态，而 1997 年毕业的应用技术大学毕业生毕业 10 年之后有 91% 拥有稳定工作。② 这说明其人才培养符合社会和产业需求，人才培养质量受到雇主的普遍肯定。

（三）德国产业结构的转型减少了传统学徒制岗位的供给

随着经济的转型升级，德国原有的双元制职业教育体系也面临冲击。从 20 世纪 90 年代起，德国的经济及产业结构逐步转型，一些传统行业提供的培训机会逐渐减少，而许多新兴行业企业由于没有参与职业教育的传统，缺乏提供学徒培训的动机和意识，以至于培训市场出现了新兴行业培训供不应求的局面。此外，受到经济不景气的影响，传统企业也很难为年轻人提供更多的培训机会。据统计，2005 年双元制职业教育的注册人数比 1992 年下降了 8%。2011 年，德国提供学徒制培训机会的企业有 45.51 万家，比 2010 年减少 1.37 万家，参与双元制培训的企业数量降至 1999 年以来的最低水平，但与此同时，德国企业的数量则在稳步增加。

同时，发达国家普遍面临的适龄人口减少问题，也给双元制职业教育体系带来新的挑战。适龄人口的快速下降，使得双元制培训的闲置岗位已经超过未获岗位的申请者人数。2012 年，德国闲置培训岗位 33275 个，相较 2011 年闲置数增加了 12.1%，达到创纪录的新水平。单纯从数字上看，2012 年闲置岗位足够每个未获岗位的申请者获得 2 个岗位。③

（四）失业问题和劳动人口规模下降使德国更加重视职业教育

为缓解日益严峻的就业问题，德国政府选择加强双元制培训体系，扩

---

① 秦琳. 以应用性人才培养促进区域经济发展和国家竞争力提升：德国应用技术大学的经验［J］. 大学（学术版），2013（9）：60-66.

② Kerst C, Schramm M. Der absolventenjahrgang 2000/2001 fünf jahre nach dem hochschulabschluss: berufsverlauf und aktuelle situation［R］. Hannover: HIS, Forum Hochschule, 2008.

③ 数据来源于德国联邦教育与科研部官方网站。

大青年接受职业教育的机会。1990 年两德统一后，早已存在的经济衰退、体制僵化以及劳动市场失灵等多种问题，使德国遭遇前所未有的失业困境。信息技术革命的冲击导致一些老的产业被取代，德国传统工业的优势减弱，高科技产业，特别是微电子技术产业起步晚，投资力度远不及美国和日本，产业转型没有完全到位，无法形成针对全球化国际分工的充分优势。为了提高企业效率和创新能力，德国企业对雇员的资格认定和聘用要求不断提升。据有关机构 1990 年的研究报告，1985—2010 年间德国对高级资格工作（管理、研究开发、教学和各种咨询工作）的需求将从原来的28%增加到 2010 年的 39%左右；而简单工作或低级资格工作需求则将从原来的 27%减少到 18%。① 在这样的背景下，德国将完善职业教育体系，特别是职业继续教育培训体系，实现普职等值，吸纳低技能劳动者、高中和大学辍学者接受职业教育。

德国政府采取了大量措施促进产业和经济的发展。除进行税制改革，大幅降低企业税负，压缩财政支出，实施严格的财政政策，扶持新生企业以创造新的就业岗位外，还针对长期失业者开展转岗培训，提高劳动力供给与需求的结构匹配程度。具体措施既包括适应新技术的教育内容的改革，也包括确立教育资格认定制度。2004 年执政的社会民主党政府甚至起征培训税来迫使经济界创造更多的学徒机会。

经过不断努力，德国劳动力技术能力不断提升，以中小企业为主的实体经济发展迅速，就业状况不断稳定。进入 21 世纪以来，虽然德国失业率仍然在逐步提升，但主要原因还是 45 岁以上劳动力技术迁移能力较低。在 2008 年的金融危机中，欧洲各主要国家的失业率不断高企，而德国的失业率却在逐步走低，体现出德国实体经济的实力（见图 1）。2011 年，德国仅有 2.2%的大学毕业生没有就业，而在 2005 年，未就业的大学生比例为 3.6%，1997 年，这一比例高达 4.5%。②

---

① 李丽娜. 统一后德国的失业问题浅析 [J]. 湖北师范学院学报（哲学社会科学版），2003, 23（2）：116-122.

② 王梦洁. 德国研究：教育为就业保驾护航 [J]. 世界教育信息，2013（8）：75.

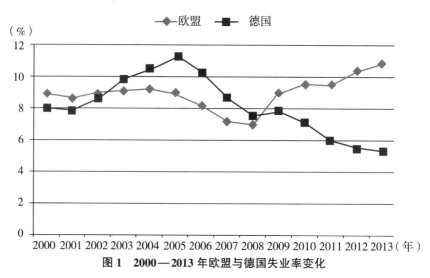

图1　2000—2013 年欧盟与德国失业率变化

资料来源：根据欧盟统计局网站数据整理。

二、金融危机以来的教育新政策

在欧盟推进开发欧洲终身学习资格框架（European Qualification Framework for Lifelong Learning，EQF）的进程中，德国启动了国家资格框架的开发工作，构建了以学习结果为导向的、涵盖各级各类教育的总体国家资格框架，以增强德国资格在欧洲的透明度和可比性，增强资格间的可渗透性，推动终身学习的发展。2012 年 12 月，德国向欧盟提交与欧洲终身学习资格框架对接的参照报告，标志着德国国家资格框架的设计和研制工作正式完成。2013 年 5 月，德国宣布正式实施国家资格框架。

（一）国家资格框架开发过程

德国国家资格框架（Deutscher Qualifikationsrahmen，DQR）的开发是一个较为缓慢的过程。2006 年德国启动资格框架的开发工作，联邦教育与科研部和各州文教部长常设会议达成协议，共同开发国家资格框架，以应对欧盟各国正在兴起的开发国家资格框架的浪潮。德国国家资格框架开发经历了三个阶段。

方案研制阶段（2007 年 3 月至 2009 年 2 月）：2007 年 3 月，德国召开资格框架开发工作启动会议，成立了联邦与州政府国家资格框架协调小组和工作小组。2009年2月，德国公布资格框架方案草案，就目标、指导方针、能力分类、术语、资格等级、学习结果描述和资格等级标准达成一致，随后开始测试工作。

方案测试阶段（2009年5月至2010年9月）：2009年5月至2010年9月，德国选择信息技术、钢铁、卫生和贸易四个行业作为资格框架的试点行业进行测试。职业教育与培训部门、继续教育与培训部门、普通教育部门、高等教育部门、工会和雇主等部门和组织的专家和代表等利益相关方广泛参与了这项测试工作。在对测试阶段的工作进行评估之后，德国对资格框架草案进行了修改和完善。

方案完善阶段（2010年10月至2012年12月）：2011年3月，资格框架工作小组通过了建立基于学习结果的总体国家资格框架的最终协议。2011年11月，通过非正规和非正式学习途径取得的资格纳入资格框架的建议被采纳。2012年1月，与职业教育有关的企业、行会等直接利益方同意将现有的职业教育与培训及高等教育的主要资格与资格框架等级联系起来。2012年12月，与欧洲终身学习资格框架对接的参照报告完成。

（二）国家资格框架结构要素及特色

参照报告的完成标志着德国国家资格框架达到了欧盟规定的与欧洲终身学习资格框架对接的10条标准，德国国家资格框架的开发与构建完成。德国国家资格框架的目标是：提高德国资格的透明性，促进德国资格在欧洲其他地方被承认；支持学习者和就业人员在德国和其他欧洲国家之间及在德国国内的流动；增强资格间的等同和差异的可视性，促进不同资格间的互认；提高资格的可信度；促进机会迁移和加强质量保障；强化资格的能力导向；加强资格的学习结果导向；增加接受非正规和非正式学习结果鉴定和认定的机会，促进人们参与终身学习。

德国采用了与欧洲终身学习资格框架完全一致的八级结构，强调以学习结果为导向，注重嵌入德国元素，以四维目标构建等级标准，展现职业资格类型的多样化，构建了有德国教育特色的国家资格框架。

1. 采用以学习结果为导向的理念

"学习结果"（learning outcomes）是欧洲终身学习资格框架的一个核心概念，它是指一个学习者在完成一个学习过程后知道什么、理解什么和能够做什么，学习结果从知识、技能和能力方面来定义。学习结果导向区别于传统教育过分强调学习年限等投入和过程要素，更加注重学习的产出和结果要素，形成从注重投入和过程变为更加注重产出和结果的新的学习范式，是现代教育理念和特征的具体体现。正如欧洲职业教育发展中心前主任所评价的：欧洲国家在制定其教育与培训体系总体目标并在定义和描述资格时，越来越多地涉及学习结果，不是强调奠定了资格基础的学习期限、地点和特别教学方法等投入要素，而是注重一个学习者在学习过程结束时知道什么和能够做什么。

德国国家资格框架对学习结果的定义是：学习者在完成一个学习过程时知道什么、理解什么、能做什么和准备做什么。德国国家资格框架认为，以学习结果和能力描述资格，可增进资格的可读性、可理解性、可比性和可评价性。在学习结果理念的引领下，德国着力推动各级各类教育改革。在普通教育领域，制定以能力为导向的教育标准。在职业教育领域，引入资格模块和学习领域概念，修订和完善以能力为基础的培训条例和学校职业教育框架课程，着力培养学生的综合专业行动能力。在高等教育领域，在博洛尼亚进程①的推动下，以模块形式构建课程。在继续教育领域，采用各种能力导向的方法构建教育标准。

2. 资格框架嵌入德国元素

欧洲终身学习资格框架以知识、技能和能力三个维度描述学习结果，而德国国家资格框架将"能力"作为学习结果的统称。"能力"是德国国家资格框架的核心概念。在德国国家资格框架语境下，"能力"是一个综

---

① 博洛尼亚进程（Bologna Process）是 29 个欧洲国家于 1999 年在意大利博洛尼亚提出的欧洲高等教育改革计划，该计划的目标是整合欧洲的高等教育资源，打通教育体制。

合概念，指运用知识、技能的能力和准备程度以及在工作或学习情境里具有的个人能力、社会能力和（或）方法能力，以经过深思熟虑的方式及对个人和社会负责的态度行事和表现自己的能力。在这个意义上，"能力"可理解为综合行动能力。

按照德国人对教育的理解，德国国家资格框架是基于一种宽泛的教育概念，德国国家资格框架仅凸显了"能力"的部分特征，而可靠性、精确度、耐力和注意力、跨文化和宗教理解力、积极的宽容和民主的行为模式以及规范、伦理和宗教反思能力等也都是行动能力的构成要素。因而，德国国家资格框架里"能力"的概念可与职业行动能力的概念联系起来，而职业行动能力是德国双元制体系里职业教育与培训的重要特征。德语国家一般对"能力"都有着宽泛的理解，将认知、情感和动机等成分要素考虑在能力范畴之内，把学生的成熟全面、综合行动能力以及参与和反思能力作为培养目标，从而架起了职业教育与普通教育之间的桥梁，减少二者的差别。

3. 以四维目标构建等级标准

德国国家资格框架等级标准由维度、次级维度和要素三个层级构成。维度包括专业能力和个人能力，专业能力分知识和技能两个次级维度，个人能力分社会能力和自主性两个次级维度，四个次级维度构成构建等级标准的四维目标。方法能力是一种跨部门能力，因而在德国国家资格框架矩阵（资格等级表）中未单独列出。知识用广度和深度来描述。知识的广度是指与某个资格相关的普通知识、职业岗位知识或技术知识包含的领域的数量，而知识的深度是指对一个普通知识领域、职业岗位知识或技术知识领域的渗透程度。技能包括工具性能力、系统性能力以及判断力。工具性能力是指有效运用思想、理论、方法、工具、技术和设备的应用性能力，而系统性能力旨在产生新的东西，它们以工具性能力为条件，需要具有评价复杂的关系和正确处理这些关系的能力。社会能力包括团队工作能力、领导能力、参与能力和表达能力，而自主性是指个体具有自主性责任/责任心、反思能力和学习能力。反思能力要求个人具有应对变化、从经验中学习及进行批判性思考和采取行动的能力。

每个次级维度包含若干关键要素，关键要素一般是等级标准所要求的最核心的知识点、技能点和能力点。例如六级资格（相当于专科和本科层次）等级标准的总体要求是具有规划、处理和评估综合技术任务和各种问题的能力，具有在一个科学学科或一个职业活动领域里分领域的自主过程管理的能力。这些结构性的要求具有复杂性和时常变化的特点。在知识方面的要求是：具有广泛和综合的知识，包括具有某个科学学科的基本科学原理和实际运用方面的知识以及对最重要理论和方法的批判性理解力，对应于德国高等教育资格框架一级资格（学士学位层次），或是具有广泛的和综合的职业知识，包括具有当前技术发展方面的知识；具有某个科学学科进一步的或是职业活动领域方面的知识，并且具有其他领域交叉点的相关知识。在技能方面的要求是：掌握某个科学学科、继续学习领域或职业活动领域里处理复杂问题的各种方法，制定新的解决方案，根据不同标准甚至在要求经常变化的情况下评估这种解决方案。在社会能力方面的要求是：承担与专家团队一起工作的责任，或表现出领导小组或组织的责任，向他人传授技术发展信息，以可预见的方式解决团队内的问题，向专家呈现论点及对复杂的专业问题的解决方案，同这些专家合作推动工作进一步发展。在自主性方面的要求是：定义、反思和评价学习和工作过程目标，自主地和持续地组织学习和工作过程。

4. 职业资格类型多样化

德国国家资格框架收录了包含学位资格和职业资格在内的 22 种资格类型。学位资格包括学士学位、硕士学位和博士学位三种，分别对应六级、七级和八级资格，其余为职业资格，包括从一级到七级的各级各类职业资格，职业资格成为德国国家资格框架的主体部分。

职业资格可分为非学位类职业资格和学位类职业资格两大类。非学位类职业资格是职业资格的主体，种类繁多，分布在不同资格等级，可分为以下几类。（1）预备职业培训证书，包括就业署职业预备培训计划证书、职前培训证书、青年入门培训证书等小类，属于资格框架中一级和二级资格，学历层次对应于国际教育标准分类（International Standard Classification of Education，ISCED）的初中阶段教育。（2）双元制职业教育与培训证书。双元制学徒培训是德国职业教育的一大特色，资格有 2 年制、3 年制和 3.5 年制三种类型，2 年制属于三级资格，而 3 年制和 3.5 年制属于四级资格，尽管三种类型属于资格框架中不同等级的资格，但它们在学历层次上都对应于国际教育标准分类的高中阶段教育。德国目前有 344 种得到国家承认的双元制培训职业资格，其中 2 年制 38 种，3 年制 253 种，3.5 年制 53 种。（3）全日制职业学校证书，分布在资格框架的二级、三级和四级资格中，学历上属于初中和高中阶段教育。（4）行业性职业资格，基本是经过行业协会考试和认证的职业资格。属于五级资格的有信息技术专家和服务行业技术员等专业技术资格，在学历层次上，德国认为它们不属于国际教育标准分类的任何教育阶段，但是其资格等级定位大致对应中专或专科层次。属于六级资格的有商业专家、商务管理专家和信息技术专业操作人员等，学历层次上对应于国际教育标准分类的专科层次。（5）师傅资格。该资格类型分工业师傅和手工业师傅两类，师傅资格是由联邦法律做出规定的、受监管的继续职业教育资格，一般在完成双元制职业教育与培训后，经过全日制学习 1 年或非全日制学习 2—4 年抑或函授课程学习 2.5 年，具有相应实践经验，参加并通过行业协会举办的考试才能取得。师傅资格属于六级资格，学历层次对应于国际教育标准分类的专科层次。"师傅"不仅具有与职业相关的知识和精湛技能，而且具有管理和领导能力、高度的责任心和学习能力，体现出综合且均衡的素质。

（三）国家资格框架实施

多方参与、平等协商、凝聚共识是德国开发和实施国家资格框架的重要特点。德国建立了运行有效的工作机制，成立了国家层面的协调小组和具体的工作小组，同时运用欧盟政策工具和原则，积极推动国家资格框架的实施。

1. 在国家层面成立联邦与州政府协调小组

协调小组是一个联合工作组，成立于 2007 年初。协调小组由 6 名成员组成：各州文教部长常设会议和联邦教育与科研部各任命 2 名成员，各州经济部长会议和联邦经济与技术部各指定 1 名成员。协调小组设 2 位主席，由各州文教部长常设会议和联邦教育与科研部各指定 1 名成员担任。协调小组的主要职责是：监控德国国家资格框架的实施，检查资格分派情况，确保总体结构保持一致；就德国国家资格框架与欧洲终身学习资格框架对接提出建议；确保使用透明的方法将德国国家资格等级与欧洲终身学习资格框架对接，增进资格间的可比性；维护参照资格目录，每年至少更新一次版本；就德国资格如何与欧洲终身学习资格框架对接向利益相关方提供信息和指导；鼓励社会合作伙伴、商界组织和其他相关机构积极参与。协调小组每年举行两次会议。协调小组分别在各州文教部长常设会议秘书处和联邦教育与科研部下设工作办公室，负责日常工作，工作办公室之间相互协作执行任务。协调小组同时还是欧洲终身学习资格框架的德国协调点。

2. 成立具有广泛代表性的工作小组

联邦政府和州政府成立了德国国家资格框架工作小组，工作小组成员具有广泛代表性，除联邦政府—州协调小组的成员外，还包括高等教育机构和职业教育机构的代表、社会合作伙伴以及研究和实践专家，相关利益方均有机会参与开发和实施德国国家资格框架。社会合作伙伴在德国国家资格框架开发和实施的总体进程中发挥了重要作用。所有的决议都在工作小组中达成了一致意见，所有的决定都由利益相关方共同做出。共识原则是工作小组成员合作和决策的基础。每个代表在整个德国国家资格框架开发过程中都有发言权，保证能把会议结果及时反馈到他们所代表的机构或委员会，这种跨部门的工作机制旨在形成共享概念并建立一个切实可行的德国国家资格框架。

3. 运用欧盟政策工具和原则保障资格框架实施效果

欧盟在博洛尼亚进程和哥本哈根进程①中，不仅开发或参与开发了资格框架这种制度性工具，而且开发或参与开发了多种配套工具并制定了相应的原则。欧盟 2004 年制定的《非正规和非正式学习认证共同原则》、2009 年出台的《欧洲职业教育与培训质量保障框架》和《欧洲职业教育与培训学分系统》，以及在博洛尼亚进程中出台的《欧洲学分转换和积累系统》和欧洲高等教育质量保障协会 2005 年推出的《欧洲高等教育区质量保障标准和指导方针》，都成为德国实施国家资格框架的主要配套实施工具。

2013 年，各州文教部长常设会议、联邦教育与科研部、各州经济部长会议和联邦经济与技术部四方代表共同签署《关于实施德国国家资格框架的联合决议》，决定从 2013 年 5 月 1 日起正式实施德国国家资格框架，在实施中继续完善资格框架。

德国国家资格框架基本是一个定向功能的框架。它旨在增加资格的透明度、可比性和可读性。通过资格等级标准、资格类型说明和专业资格学习结果描述，人们能更好地了解资格的内容、要求、等级、预期的学习结果和基本情况，资格间的等同性和差异性更加透明，不同教育部门间的资格和欧洲各国间的资格能够进行比较，为以后资格间融通和等值奠定基础。

德国国家资格框架仍是一个发展中的资格框架，其覆盖口径目前仅限于职业教育部门、高等教育部门和继续教育部门，学校普通教育资格如普通高中毕业证书等资格尚未被收入，因此它还不是严格意义上的全口径总体资格框架，而是一个非完整的资格框架。

① 哥本哈根进程（Copenhagen Process）是 2002 年在丹麦首都哥本哈根提出的一项促进欧洲职业教育国际化的发展计划。

三、职业教育表现与改革

（一）德国职业教育与培训有着出色表现

为实现"欧洲 2020 战略"确定的促进智能型、可持续和包容性增长和"教育与培训 2020"战略目标和量化基准，欧盟构建了一套职业教育与培训指标体系，这套指标体系一共有 32 个指标，分为三大类：机会、吸引力和灵活性，技能开发与劳动力市场相关性，总体过渡和劳动力市场趋势。这套指标主要以欧盟平均水平判断各国职业教育与培训表现。基于这套指标，德国职业教育与培训有着强劲表现（见表 1），优势主要表现在：学徒制成为中等职业教育的主流形式，是德国职业教育的最大特色，2010 年学徒制学生占高中阶段职业教育学生的比例高达 88.4%，远远高出欧盟平均水平（27.9%），学徒制这种形式极大地加强了职业教育与劳动力市场的联系；以双元制为主导的职业教育与培训体系使德国的就业有着强劲的表现，在 20—34 岁中职毕业生就业率、中职毕业生就业溢出率（与普通高中毕业生和低学历人员相比）和 20—64 岁年龄组人群就业率等指标上，德国都高于欧盟的平均表现水平；职业教育极大地促进了社会和谐和社会聚合，2010 年德国早期离校生比例（18—24 岁未完成高中阶段教育的青年比例）低于欧盟平均水平（14.0%）2.1 个百分点，无业青年比例比欧盟平均水平（16.5%）低 5.1 个百分点，在这一方面，职业教育与培训功不可没；企业普遍开展职业教育与培训，2010 年德国开展培训的企业比例为 73.0%，而欧盟平均水平为 66.0%。但德国的职业教育与培训也存在一些不足，主要表现在成人终身学习能力不足，例如德国参与终身学习的成人的比例为 7.7%，而欧盟平均水平为 9.1%；对外语学习重视不够，2010 年德国职业教育学生学习外语的平均数目为 0.4 门，而欧盟平均水平为 1.2 门。[①]

---

① Cedefop. On the way to 2020：data for vocational education and training policies：country statistical overviews ［R］. 2013.

表 1 德国职业教育与培训表现

指标		2006 年		2010 年	
		德国	欧盟	德国	欧盟
机会、吸引力和灵活性	职业教育学生占全部高中阶段学生的比例（%）	59.4	51.7	51.5	49.9
	学徒制学生占高中阶段职业教育学生的比例（%）	74.4	27.7	88.4	27.9
	参加继续职业教育与培训的职工比例（%）	30.0	33.0	39.0	38.0
	参加在职培训的职工比例（%）	26.0	16.0	28.0	21.0
	参与终身学习的成人比例（%）	7.5	9.5	7.7	9.1
	开展培训的企业比例（%）	69.0	60.0	73.0	66.0
	女学生占全部高中阶段女学生数的比例（%）	53.2	46.3	43.1	44.2
	职业教育年轻毕业生参加继续教育与培训的比例（%）	—	—	16.4	30.7
	年龄较大成人（50—64 岁）参与终身学习的比例（%）	3.3	5.1	3.7	5.3
	低学历成人参与终身学习的比例（%）	2.6	3.7	2.9	3.9
	失业成人参与终身学习的比例（%）	4.4	7.7	5.6	9.2
	想参加但没有参加培训的人员比例（%）	7.0	14.5	5.8	10.9
	与工作相关的非正规教育与培训所占比例（%）	88.0	84.5	76.0	81.4
技能开发与劳动力市场相关性	初始职业教育与培训公共支出占 GDP 的比例（%）	0.58	0.67	0.61	0.71
	初始职业教育与培训公共支出（生均欧元）	6457	7089	7847	8549
	企业继续职业教育与培训支出占全部劳动力成本的比例（%）	0.6	0.9	0.8	0.8
	职业教育学生学习外语的平均数目（门）	0.5	1.2	0.4	1.2
	中职教育中科学、技术、工程和数学专业毕业生所占比例（%）	29.6	32.0	29.6	28.7

续表

指标		2006 年		2010 年	
		德国	欧盟	德国	欧盟
技能开发与劳动力市场相关性	20—34 岁年龄组人群受过高职教育的比例（%）	7.8	7.3	8.0	7.3
	技术创新企业所占比例（%）	54.9	42.8	—	41.5
	中职毕业生（20—34 岁）就业率	—	—	83.9	79.1
	中职毕业生就业溢出率（与普通高中毕业生相比）（%）	—	—	26.2	5.6
	中职毕业生就业溢出率（与低学历人员相比）（%）	—	—	29.7	17.4
	通过培训提高了工作效率的工人比例（%）	—	—	88.7	89.7
	技能与工作相匹配的工人比例（%）	—	—	50.7	55.3
总体过渡和劳动力市场趋势	18—24 岁未完成高中阶段教育的青年比例（%）	13.7	15.5	11.9	14.0
	20—34 岁年龄组人群受过高等教育的比例（%）	25.8	28.9	29.8	33.5
	18—24 岁年龄组无业青年比例（%）	13.8	15.1	11.4	16.5
	20—34 岁年龄组失业率（%）	11.4	10.6	8.4	13.1
	低学历成人所占比例（%）	16.8	30.1	14.2	27.3
	20—64 岁年龄组人群就业率（%）	71.1	69.0	74.9	68.5
	2020 年中端和高端就业人才占全部就业人数的比例（%）	—	—	86.6	82.3

资料来源：Cedefop. On the way to 2020：data for vocational education and training policies：country statistical overviews ［R］. 2013.

（二）修订职业教育法律，建立并完善产业教育体系

2005 年，德国颁布新的《联邦职业教育法》，将 1969 年颁布的《职业教育法》和 1981 年颁布的配套法《联邦职业教育促进法》予以合并、增删和修订。2007 年，德国再次修订《联邦职业教育法》。《联邦职业教育法》并不是一部调整学校职业教育的法律，而是一部规范产业教育体系的法律，与州颁布的学校教育法律一起，形成州主导学校职业教育与联邦

主导产业教育，产教合作培养高素质技术工人的双元职业教育格局。德国职业教育的基本理念是，坚持理论与实践相结合，在学校环境中培养学生的文化和理论素养，在真实的生产环境里培养学生的操作技能和职业能力。产业教育体系中存在多元利益主体，德国通过法律建立产业教育体系，以严格的职业标准保证质量。行业企业在产业教育体系中发挥主导作用，职业教育研究机构为产业教育的实施提供智力支撑。

（三）发挥行业企业在产业教育体系中的主导作用

《联邦职业教育法》将行业协会定位为企业教育的"主管机构"，从法律上赋予它们行政管理职能。这些行业协会主要包括工业协会、工商业联合会、农业协会、律师协会、专利律师协会和公证员协会、经济审计员协会和税务咨询员协会、医生协会、牙医协会、兽医协会以及药剂师协会，它们负责管理相应行业的职业教育培训。行业协会履行下列职能：管理双元制培训企业与学生签署的培训合同；对实施双元制培训的企业的资质和企业培训教师的资格进行认证；举办学徒制学生中期考试、结业考试和发放职业资格证书；监管和管理职业预备教育、双元制企业教育和转岗培训；通过培训顾问向企业和双元制学生提供咨询和指导；监督和评价双元制学生在欧盟其他国家完成的职业教育。企业负责学徒制学生在企业接受的教育与培训，一些缺乏培训设施的中小企业则建立企业联合培训中心，共享培训资源。

（四）明确企业培训教师资格要求

2009 年，德国颁布了修订后的《企业培训教师资格条例》，对企业培训教师的资格要求和考试认证做了规定。企业培训教师的资格要求包括四个方面。（1）能制订企业职业教育培训计划。能阐述企业职业教育培训的价值；按照企业职业教育的需求，参与规划和决策；熟悉职业教育培训体系和关键节点；为企业选择可实施培训的职业；评估拟实施培训的企业的资质以及企业培训联合体和跨企业培训的相关培训措施；根据学徒的自身情况，分配相应任务。（2）能实施企业职业教育培训计划。根据国家职业标准（培训条例），制订以职业典型的工作过程和经营过程为导向的企业教育计划；吸收企业利益代表参与工作和决策；与职业学校建立合作关系；准备培训合同，帮助学徒在主管机构登记培训合作；检查职业教育部分内容在国外实施的可能性。（3）能开展行动导向的教育培训。创造良好的学习环境；对学徒试用期的表现进行评价；按照企业教育计划和职业典型的工作过程，开发设计学习和工作任务；选择符合目标群体的教育教学方法和教学媒体；开展个性化教育，帮助学习困难的学徒，必要时采用教育援助手段，考虑延长职业教育年限的可能性；向学徒提供附加教育培训以取得附加职业资格，考虑缩短培训年限和提前参加毕业考试的可能性；促进学徒的社会发展和个性发展，及时发现问题和冲突，寻求解决方案；评定学徒的成绩，分析第三方评价和考试结果；培养学徒的跨文化交流能力。（4）能指导、帮助学徒顺利完成企业教育培训。按照考试日程安排，指导学徒做好毕业考试和出师考试准备，保证顺利完成学业，帮助学徒报名参加主管机构举办的考试，提供考前辅导；客观评价学徒学习成绩，协助主管机构发放毕业证书；向学徒提供生涯指导和继续学习的建议。①

四、结语

本文以 2008 年以来德国职业教育领域发生的最重要的政策变革——德国国家资格框架为重点研究对象，这是对德国职业教育传统的一次重要革新，甚至可能是一场革命。研究梳理分析"二战"后德国经济社会发展特点后发现，德国职业教育之所以能获得长足的发展，除受益于重视职业教育的传统外，不断提升满足社会经济发展新需求的能力，也是不容忽视的原因。然而，信息技术的进步和产业结构的转型升级，对德国职业教育体系来说仍然是一个巨大的挑战。应对这一挑战的重要措施之一，就是制定德国国家资格框架。德国国家资格框架的开发是在整个欧洲推进高等教育一体化进程和构建终身教育体系的大背景下进行的，在整个过程中德国更加强调结合自身的特点和对职业教育的认识。欧洲终身学习资格框架以知识、技能和能力三个维度描述学习结果，而德国国家资格框架将"能

---

① 王婉娜，姜大源．德国企业教师资质条例［J］．中国职业技术教育，2012（10）：89-91.

力"作为学习结果的统称，更加强调了能力的重要性。在研究的过程中，笔者电话访谈了数位相关领域的资深人士，他们对于德国国家资格框架的评价褒贬不一，大家争论的焦点在于将传统职业能力碎片化到底是好事还是坏事。德国国家资格框架从开始制定到最终出台的过程中，各利益群体都参与其中，经历了漫长的博弈过程。这项重大政策的实施时间过短，也导致在评价其效果时很难做出一个全面和准确的描述。

俄罗斯：职业教育体系的调整与重构①

姜晓燕

本文在对俄罗斯职业教育进行历史性分析的基础上，以俄罗斯经济社会发展为背景，在对其经济发展特点、人口变化、劳动力市场变化以及职业教育自身发展规律进行分析的同时，以 21 世纪伊始，特别是 2007 年以来，俄罗斯促进职业教育发展的法律、政策、措施为主要研究对象，分析俄罗斯职业教育发展的现状、面临的挑战及应对措施。本文主要采用历史研究、文献研究、比较研究的方法，并辅以数据分析。分析认为，在当前俄罗斯面临经济发展转型、产业结构调整的情况下，重构职业教育体系，满足劳动力市场对高技能人才的需求，是俄罗斯职业教育的重要任务。

职业教育是俄罗斯教育体系的重要组成部分。与普通教育不同，职业教育以提高劳动者素质、培养技能型人才、提高劳动者的就业能力、促进就业为己任，其发展与社会经济的变化密切相关。苏联时期的职业教育体系培养了大批工程技术人员和管理人员，有力地促进了苏联工业的发展及综合国力的增强。苏联解体以后，受社会经济变化的影响，俄罗斯职业教育一直处于调整和改革状态，从艰难图存到变革调整。当前，在俄罗斯面临经济转型、产业结构调整的背景下，调整人才培养结构，重构职业教育体系成为俄罗斯职业教育改革的重要内容。

---

① 本文中无特别注明的数据均来源于世界银行官方所公布的数据。

一、苏联职业教育对经济发展的促进作用

苏联一直非常重视职业教育。十月革命后，苏联人民教育委员会就设立了主管职业教育的"技术学校及综合技术教育局"。列宁签署的40条关于教育的法令中，有20条是关于职业教育的，这些法令直接影响了苏联职业教育体系的建立和发展。在国家政策的推动下，从20世纪20年代到20世纪50年代末期，苏联建立起完备的职业教育体系。经历了20世纪60—70年代的发展和完善，苏联职业教育为国家培养了大量优秀人才（见表1），经济领域专业技术人员数量显著提升。1955年，在国民经济各部门工作的专业人员中，接受过中等专业教育的人员比例为57%。1980年，这一比例为58%，接受过高等与中等教育的专业人员成为国民经济发展的生力军。

表1　苏联国民经济各部门的专业人员数

单位：千人

年份 项目	1913	1928	1941	1955	1965	1980
专业人员总数	190	521	2401	5133	12066	28612
受过高等教育的专业人员数	136	233	909	2184	4891	12073
受过中等教育的专业人员数	54	288	1492	2949	7175	16539

资料来源：普罗霍罗夫.苏联百科手册［M］.中国社会科学院苏联东欧研究所《苏联百科手册》翻译组，译.济南：山东人民出版社，1988：363.

职业教育的发展为苏联经济结构的调整奠定了基础，劳动人口从农业领域逐渐转移到工业领域。1928年，苏联农业领域集中了80%的就业人口，当时，工业领域和建筑领域的工作人员仅占8%；到了20世纪60年代末期，农林业领域劳动人口比例为25%，工业领域为38%。与此相对应，农业在国民经济中所占比重也由1928年的54%减少到20世纪60年代的24%。

职业教育发展为苏联经济发展做出了很大贡献。十月革命前，俄国的经济、教育和科技都非常落后。1920 年，苏联工业产量只占世界工业产量的 0.5%。1966—1970 年，苏联各主要经济指标的增速非常快，科学技术及受其影响的行业，如机械制造业、电子、能源、石油化工工业发展迅速，一系列工业产品生产数量超过美国，居世界第 1。

二、俄罗斯职业教育发展现状

从 20 世纪 80 年代开始，苏联发生了深刻的政治、经济和社会转型，"休克式的激进改革"使苏联经济一度陷入困境。苏联解体后，俄罗斯经济经历了深度衰退。① 1994 年 1 月份俄罗斯工业生产总值仅相当于 1991 年同期的 51.1%，几乎下降了一半。②

受政治经济变革的影响，俄罗斯职业教育也经历了巨大变化。1987 年，苏联独立的职业教育管理部门被取消，所有的职业学校均移交给当时的普通教育部管理。1992 年颁布的《俄罗斯联邦教育法》对俄罗斯职业教育做了明确规定。按照《俄罗斯联邦教育法》的规定，在对苏联职业教育进行调整的基础上，将高等教育部分内容纳入职业教育体系，形成由初等、中等、高等、高等后职业教育和补充职业教育共同组成的连续的职业教育体系。

俄罗斯的三级教育体系涵盖了初等、中等和高等职业教育。与许多其他国家不同的是，俄罗斯职业教育包括全部高等教育和高等后教育，在俄罗斯，人们认为，能够赋予人职业的教育均属于职业教育，从而形成了大职教观。《俄罗斯联邦教育法》对各级职业教育任务做了明确规定。

从 1995/1996 学年到 2012/2013 学年，俄罗斯的高等职业教育迅速发

① 徐向梅. 俄罗斯经济增长的多角度分析 [J]. 当代世界社会主义问题，2009 (1)：104—116.

② 于国政. 俄罗斯经济全面衰退的原因分析 [J]. 俄罗斯东欧中亚研究，1994 (6)：3—10.

展，中等职业教育稳定发展，而初等职业教育显著压缩（见图1）。

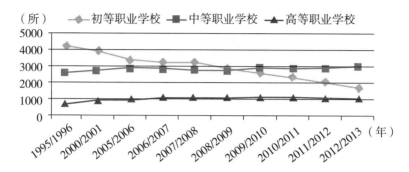

图1　1995—2013年俄罗斯职业学校数量的发展变化

资料来源：俄罗斯联邦国家统计局网站。

　　在此期间，俄罗斯高等职业学校学生人数逐渐增加，2008/2009学年为751.31万，后开始回落，到2012/2013学年为607.40万；中等职业学校学生减少到208.70万；初等职业学校学生则减少到83.80万人（见图2）。

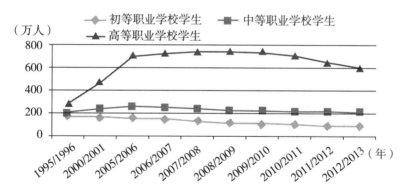

图2　1995—2013年俄罗斯职业学校学生数量的发展变化

资料来源：俄罗斯联邦国家统计局网站。

三、俄罗斯经济发展及其对职业教育的挑战

（一）俄罗斯经济持续快速增长

经历了社会转型初期的大衰退以后，从 1999 年开始，随着经济的恢复，俄罗斯 GDP 持续增长。从 2000 年到 2007 年，俄罗斯 GDP 增速为 7.20%，远远高于同期 OECD 国家的平均水平（约为 2.50%）。2008 年世界金融危机后，面对日趋严峻的全球经济和金融形势，2009 年，俄罗斯 GDP 增速陡然下滑，出现了 7.83% 的负增长，但在 2010 年又迅速回升（见表 2）。

表 2　2005—2011 年部分国家年度 GDP 增长率

单位:%

年份	2005	2006	2007	2008	2009	2010	2011
巴西	3.26	3.96	6.09	5.17	-0.33	7.53	2.73
中国	11.30	12.70	14.20	9.60	9.20	10.40	9.30
印度	9.28	9.26	9.80	3.89	8.24	9.55	6.86
俄罗斯	6.38	8.15	8.53	5.25	-7.83	4.30	4.30
南非	5.28	5.61	5.55	3.61	-1.54	2.89	3.13
世界平均水平	3.47	4.09	3.94	1.33	-2.25	4.34	2.73
OECD 国家平均水平	2.48	2.88	2.58	-0.03	-3.94	3.20	1.49

对 2001—2011 年俄罗斯经济发展速度进行分析发现，与其他新兴经济体不同，俄罗斯人均 GDP 增长速度领先于 GDP 增长速度。世界银行 2010 年数据显示，尽管经济增速明显，但由于经济基础薄弱，俄罗斯人均 GDP 虽然在金砖国家中最高，但也仅相当于 OECD 国家人均 GDP 的 35%，这说明俄罗斯与发达经济体在经济发展方面的差距很大（见图 3）。

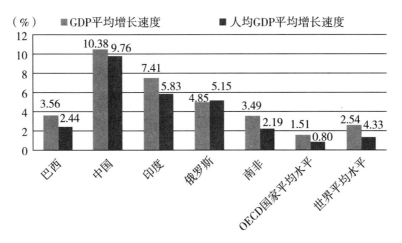

图3　2001—2011 年部分国家 GDP 平均增长速度与人均 GDP 平均增长速度

（二）重工业比重大，第三产业发展滞后

苏联解体后，俄罗斯继承了苏联的产业结构，重工业比重大，第三产业发展滞后。世界银行 2000—2009 年关于农业、工业和服务业等产值占 GDP 比重的数据显示，俄罗斯由 6∶38∶56 发展为 5∶33∶62。相比发达国家，俄罗斯服务业产值占 GDP 比重偏低，世界银行 2009 年数据显示，全球范围服务业产值占 GDP 的平均比重为 72%，OECD 国家平均水平为 75%，俄罗斯为 62%（见图 4、图 5）。

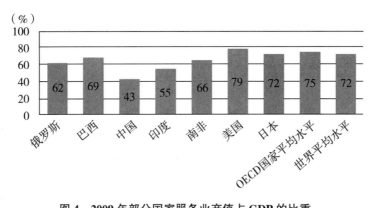

图4　2009 年部分国家服务业产值占 GDP 的比重

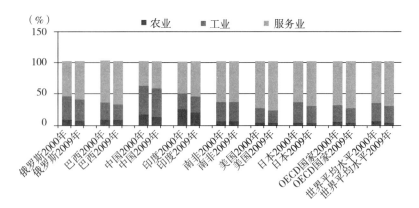

图 5 部分国家农业、工业和服务业三部门产值占 GDP 的比重

在经济转轨过程中，俄罗斯在进行体制改革的同时，提出了调整经济结构的任务。俄罗斯工业，尤其是大型重工业持续萎缩，服务行业增长较快。与此相应，不同行业从业人数也发生了明显变化，2000—2009 年的数据显示：农业、狩猎和林业，渔业，矿产开采，制造业就业人口明显减少；批发和零售贸易，酒店和餐饮，交通和通信，房地产、租赁业务和服务业等行业从业人口明显增多（见表3）。

表 3 俄罗斯不同经济领域平均每年从业人数

单位：千人

年份	2000	2001	2002	2003	2004	2005	2006	2007	2008	2009
经济领域总体	64517	64980	65574	65979	66407	66792	67174	68019	68474	67343
农业、狩猎和林业	8996	8509	8229	7796	7430	7381	7141	6925	6675	6580
渔业	138	134	120	116	113	138	146	145	142	141
矿产开采	1110	1205	1163	1112	1088	1051	1043	1040	1044	996
制造业	12297	12202	12082	11932	11787	11506	11359	11368	11191	10385
生产、电力、燃气和供水	1886	1918	1890	1890	1900	1912	1923	1909	1884	1900
建筑	4325	4385	4458	4555	4743	4916	5073	5274	5474	5267

续表

年份	2000	2001	2002	2003	2004	2005	2006	2007	2008	2009
批发和零售贸易,汽车、摩托车、家居用品和个人用品维修	8806	9524	9893	10462	10843	11088	11317	11713	12020	11974
酒店和餐饮	948	982	1076	1150	1152	1163	1185	1260	1274	1272
交通和通信	5056	5113	5115	5205	5293	5369	5426	5450	5451	5393
房地产、租赁业务和服务业	4490	4657	4913	4859	4825	4879	4957	5004	5146	5210

资料来源：俄罗斯联邦国家统计局。

（三）技术进步对经济增长贡献度较低

俄罗斯国土面积居世界第一，矿产资源十分丰富，石油探明储量及天然气已探明蕴藏量位居世界前列，被称为"世界加油站"。俄罗斯经济发展模式可以概括为以丰裕的自然资源（尤其是石油、天然气等能源原材料）为比较优势参与全球分工，以出口带动整体经济增长。[①] 经济发展的资源或要素优势明显，其增长动力主要在于要素投入。

在工业内部结构中，俄罗斯工业结构轻重失衡，在几十年的工业发展中，主要以资源产业为核心，石油、天然气稳定地支撑着俄罗斯的第二产业，俄罗斯形成了以石油、天然气开采和以出口为基础的经济增长模式。制造业整体在工业产值中所占的比重不到50%，轻工业尤其落后。2003年，俄罗斯纺织服装业在制造业中的比重仅为2%，远远低于金砖国家中的印度、中国和巴西。俄罗斯高科技产品出口占比较低，特别是在2003年以后，从占比近19%一度跌落到2008年的不足6.5%（见图6）。

---

① 曲文轶. 俄罗斯经济增长模式探析：兼与中国比较 ［J］. 俄罗斯东欧中亚研究，2006（3）：38-44.

69

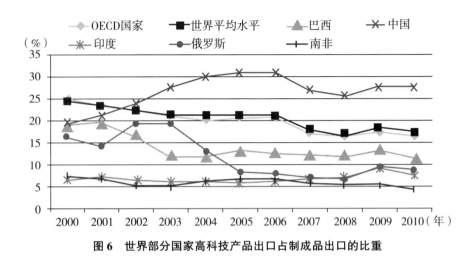

图 6　世界部分国家高科技产品出口占制成品出口的比重

四、俄罗斯经济对职业教育的影响

从 20 世纪 80 年代开始，苏联深刻的政治、经济和社会转型投射到教育领域，集中表现为教育领域的"去集权化""去意识形态化""多样化"。"休克式的激进改革"曾使苏联经济陷入困境，工业受到重创，工厂大规模关闭，工人和技术人员需求减少导致初等和中等职业学校压缩。国家对职业教育投入明显减少，学校设施老化，教学设施无法满足现代生产的需求。

随着社会经济发展情况的全面好转，俄罗斯教育领域也由转型初期的"国家退出"转为"国家回归"。2001 年 12 月，俄罗斯联邦政府颁布了《2010 年前俄罗斯教育现代化构想》，这是新时期俄罗斯各级各类教育改革的指导性文件，提出要恢复国家对于教育领域的责任心和积极作用，使俄罗斯教育实现现代化。

（一）职业教育以促进地区经济发展为己任

职业教育权力的下移开始于 20 世纪 80 年代末至 90 年代初，1997年，在下诺夫哥罗德、诺夫哥罗德、萨马拉和圣彼得堡，这一进程仍在继续。《2010 年前俄罗斯教育现代化构想》确定了职业教育体系改革的使命是"建立有效的职业教育发展模式，在教育体系、权力机构、商业界和社会组织开展合作的基础上，将职业教育转变为地区社会经济发展的资源"，从政策角度进一步明确了职业教育服务地区经济发展的原则。从 2004 年开始，俄罗斯约有 40% 的中等职业教育机构和 92% 的初等职业教育机构由联邦交给各联邦主体所有。未来所有的初等职业教育机构和大多数中等职业教育机构将逐步移交给联邦主体，甚至进一步下移到市属教育部门所有。① 这里移交的不仅仅是职业教育的管理权力，同时包括投资的责任。

俄罗斯的实践表明，职业教育权力下移产生了一些积极成果，一定程度上促进了地区职业教育的发展。在这一过程中，大多数多科性学校改为单科性学校，一些地区的初等职业教育机构与中等职业教育机构整合，甚至与大学整合，开始拥有基地型企业。毕业生就业率、生产教师工资水平、学校投入都有所提升。当然，也有部分学校由于地区无法负担而关闭。权力下移也使技术工人和中层专业人员的培养更加符合区域劳动力市场的需求。

（二）人才需求对职业教育的创新要求

经济情况的好转使得俄罗斯对中等层次专业人员和技术工人的需求增长。普京总统在 2006 年的讲话中指出"我们缺乏足够数量的中等层次的高水平专业人才，这个问题在过去的 10 年里没有得到关注。但是，现在政府要回过头解决这个问题，而且要通过与企业界的合作来解决"。从 2006 年开始，俄罗斯启动了改善民生的"国家规划"，《有质量的教育》是其中最重要的组成内容之一，它提出以教育创新保证国家的创新性发展、保证国家走创新发展道路的思想。在"国家规划"的框架内，在地区选拔的基础上，俄罗斯开展了"实施创新性教学计划的初等和中等职业学校竞赛"（以下简称竞赛），以竞赛形式，通过革新投入机制，鼓励职业

---

① 朱小蔓，鲍列夫斯卡娅，鲍利辛柯夫. 20—21 世纪之交中俄教育改革比较 ［M］. 北京：教育科学出版社，2006：280.

学校开展教学创新，推动地方管理机构、企业和学校间合作。在此期间，共有 40 个联邦主体的 76 所国立初等和中等职业学校（31 所初等职业学校和 45 所中等职业学校）获得总额为 18 亿美元的资金支持。鼓励学校创新的政策在 2008 年底俄罗斯联邦政府制定的《2020 年前俄罗斯联邦社会经济发展长期构想》（以下简称《2020 战略》）中进一步明确。

（三）经济结构调整对人才需求的挑战

当前，俄罗斯经济快速增长的主要动力源于要素投入，这一模式暴露出俄罗斯经济的脆弱性和低可持续性，经济增长模式和质量堪忧。同时，这一模式也隐藏着不利于长期发展的结构性风险，经济原料化和对外依赖趋势加重，这两种趋势还导致经济改革（产业结构调整和制度变革）的拖延以及投资增长乏力等后果。[1]

在经济持续多年增长，特别是经历 2008 年世界金融危机之后，俄罗斯处在新一轮社会经济发展的转折时期，世界经济论坛的《全球竞争力报告》显示，俄罗斯正处于由效率驱动型国家向创新驱动型国家过渡的时期。调整产业结构，转变经济发展模式，由能源主导型经济转向创新型经济是俄罗斯 2020 年前社会经济发展战略的基本原则。但与此同时，俄罗斯国家创新能力却在持续下降，在世界知识产权年度报告《全球创新指数》中的排名从 2010 年的第 57 名下降至 2011 年的第 85 名（共 144 个国家）。

（四）人口困境对职业教育发展的影响

人口数量减少是影响俄罗斯职业教育发展的一个重要因素，从 2005 年开始，俄罗斯 14—30 岁人口数量迅速减少，到 2009 年，这一年龄段人口减少了近 5%，人口数量减少趋势仍将持续，预计到 2023 年，这一年龄组人口与 2005 年相比将减少近 38%（见图 7）。

---

① 曲文轶. 俄罗斯经济增长模式探析：兼与中国比较 [J]. 俄罗斯东欧中亚研究，2006（3）：38-44.

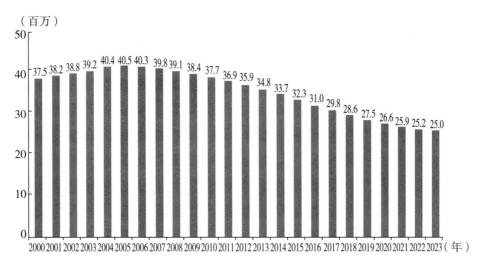

（百万）

图7 2023年前俄罗斯14—30岁人口数量变化

适龄人口的减少直接影响职业学校入学学生数量。统计数据显示：20
世纪90年代到2005年期间，俄罗斯高等教育快速发展，入学人数从59.0
万陡增至164.0万，增长了近180%。从2005年开始，高等教育入学人数
增长趋缓，从2007年开始呈现下行趋势。中等职业学校录取人数2000年
前一直处于增长态势，从2000年起，录取人数开始减少，总体增长不足
10%。初等职业学校录取人数则从20世纪90年代初开始，基本呈现迅速
且稳定减少趋势，1993年至2010年，初等职业学校录取学生人数从
100.7万减少到60.9万，减少了近40%。初等职业学校入学人数的减少受
适龄人口减少的影响最显著（见图8）。

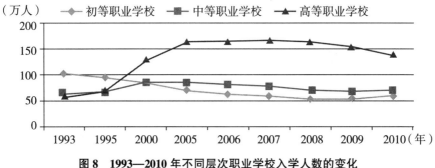

（万人） ◆ 初等职业学校 ■ 中等职业学校 ▲ 高等职业学校

图8 1993—2010年不同层次职业学校入学人数的变化

（五）劳动力市场对高技能人才需求增长

在从计划经济向开放的市场经济过渡期间，俄罗斯的就业结构发生了显著变化，主要体现为：产业结构调整催生新的职业；服务业扩展，农业和工业领域的就业率下降；劳动再分配从低技能职业向高技能职业倾斜，后者劳动报酬明显提高；劳动力资源的流动性增强；劳动力市场需求多样化，技能人才需求凸显。据俄罗斯教育科学部预测，近几年，技能人才是俄罗斯经济领域最受欢迎的人员。

如果以经济活跃总人口中不同受教育程度劳动人口的就业率和失业率之差来考察劳动力市场对不同受教育程度劳动者的需求度，可以发现：接受过高等职业教育和中等职业教育的高技能人才需求远远高于其他受教育程度的劳动力需求，其中，高等职业教育劳动力人口的需求度最高，达到15%，中等职业教育劳动力需求度为7%以上，而其他受教育程度的劳动力需求均为负值。

（六）职业学校毕业生就业影响职业教育

职业教育以培养技能人才为己任，职业学校学生在劳动力市场上的需求程度及学生就业情况是衡量职业教育效果的基本指标。统计数据显示，失业人口中，不同受教育程度的人口所占比例不同，且受教育程度越高，占失业人口的比例越低（见图9）。近些年来，接受过初等职业教育的失业人口所占比例呈缓慢且稳定上升趋势，这对俄罗斯初等职业教育的地位造成很大影响。

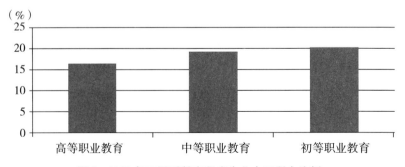

图9　2012 年不同受教育程度失业人口所占比例

从职业学校学生专业对口就业情况来看，随着受教育程度的提升，对口就业水平明显提高。俄罗斯高校毕业生总体就业率为 83.0%，联邦各地区高等学校毕业生专业对口就业率为 46.6%，中等职业教育毕业生平均对口就业率为 33.9%。不同专业毕业生的对口就业率差异很大，在中等职业教育层次，航空与火箭空间技术专业毕业生的对口就业率为 58.0%，森林资源加工与处理专业毕业生的对口就业率则仅有 25.0%。高等职业教育层次，未就业学生比例最高的专业为"自然科学""人文科学""服务领域"，未就业学生比例最低的专业为"航空与火箭空间技术""武器与武装系统""海洋技术与信息安全"。

五、俄罗斯重构职业教育体系

近年来，俄罗斯中等职业学校的毕业生进入大学的比例明显增长，从 2000 年的 12% 增长到 2008 年的 35%。[①] 与此同时，俄罗斯初等职业教育却陷入困境。此外，大量的高校毕业生接受了很好的理论训练，但缺乏劳动力市场所需的实际技能。相关研究显示：2020 年前，具有高等教育文凭，但缺少技能的劳动人口将达到 1000 万—1200 万，占劳动人口的 20%。

俄罗斯现有的职业教育体系中，按照《俄罗斯国家教育标准》的设定，初等职业教育主要培养技术工人，中等职业教育培养中等层次的专业面窄的专业人员，高等职业教育培养理论知识扎实、从事管理或者理论工作的高水平专业人员。这样的培养体系导致俄罗斯三级职业教育体系中缺少高技能人才培养环节，这类人才的培养理论上应由中等职业教育承担，但实际上中等职业教育无法胜任这样的任务，人才培养断层直接导致高技能人才缺乏。重构职业教育体系成为俄罗斯职业教育政策的重要内容。

（一）逐步取消独立的初等职业教育机构

早在 20 世纪 80 年代末，苏联初等职业教育就开始了结构性调整，初等职业教育领域开始出现同时可以实施中等职业教育的职业性实科学校，

---

① 参见 http://publications.hse.ru/en/articles/63883872。

而且这类学校发展迅速。从 2005 年开始，俄罗斯大部分初等职业学校交由地区教育管理机构管理，同时学校结构调整开始，交由地区教育管理机构管理的初等职业学校进行合并。2006 年，莫斯科市属初等职业学校通过与现有的中等职业学校合并，转变为行业性职业学院。在学习莫斯科经验的基础上，其他地区大多数初等职业学校通过与中等职业学校的联合，形成了多层次、多专业的教育机构。以萨马拉州为例，2006—2011 年，多层次的职业教育机构从 19 所增加到 33 所，与此相应，初等职业学校数量从 34 所减少到 14 所。为了适应劳动力市场需求，当地政府创办了初等职业教育和中等职业教育的多层次综合性的职业学校，不仅向学生提供继续学习的机会，而且使得从业人员再培训成为可能。

从 2013 年 9 月 1 日开始，新的《俄罗斯联邦教育法》生效。俄罗斯教育领域发生了许多明显的变化。该法规定：俄罗斯联邦职业教育包括中等职业教育和培养学士、专家、硕士以及高技能人才的高等职业教育；中等职业教育完成人的智力、文化开发和职业发展任务，其目的是根据社会和国家需要培养技术工人、服务人员，以及中等层次的技术人员，并满足个人深化和扩展教育的需求；教育水平不低于基础普通教育和中等普通教育者可以接受中等职业教育，完成基础普通教育者在中等职业教育教学计划范围内同时接受普通中等教育。也就是说，在基础普通教育的基础上，在中等职业教育的教学计划框架内，中等职业教育与普通中等教育同时进行。

（二）增加应用型学士培养计划

为解决高技能人才短缺问题，俄罗斯的一些大型企业开始尝试建立自己的技能培训体系。2000—2010 年，俄罗斯工厂大学数量显著增长。大量的中小企业因缺少技能人才而制约了生产技术的更新。俄罗斯工业家和企业家协会在对劳动力市场需求进行论证的基础上，首先提出培养应用型学士的设想。

2009 年，俄罗斯联邦政府颁布《关于在中等和高等职业学校开展应用型学士实验的命令》（以下简称《命令》）。2009 年 10 月 16 日俄罗斯教育科学部颁布的《关于落实 2009 年 8 月 19 日第 667 号决议的意见》提出于 2009—2014 年在中等职业学校和高等职业学校开展应用型学士培养实验。此后，《2020 战略》中正式出现了"应用型学士"一词，并将创建"应用型学士"体系，培养掌握现代生产技术及新的劳动组织形式和方法的高技能人才视为符合经济创新发展、现代社会需求以及公民需求的普及优质教育的路径之一，应用型学士计划以培养实践型高技能人才为目标。

应用型学士培养计划招收的是 11 年制普通中学毕业生，其学习期限和普通学士一样为 4 年。鉴于初等和中等职业学校生源减少，应用型学士培养以现有职业学校为依托，主要选定两种培养路径，一种是在综合性大学，另一种是在中等职业教育机构。承担应用型学士培养任务的院校由俄罗斯联邦教育科学部通过竞赛选拔。2010 年，俄罗斯确定在 30 所院校开展应用型学士培养试点工作，其中包括 7 所高校和 23 所中等职业学校。此后，开展应用型学士培养的院校逐年增加，2012 年，应用型学士培养实验进一步扩展，共有 49 所学校落实应用型学士培养计划，包括 16 所大学、33 所初等和中等职业学校。以现有职业学校为依托开展应用型学士培养，据估计在 2015 年前节省 480 亿卢布，这笔资金用来改善应用型学士培养的师资条件和物质技术条件。

在已有实践基础上，新的《俄罗斯联邦教育法》将应用型学士培养纳入高等教育培养体系，规定：高等教育的目的是保证根据社会和国家需求培养对社会有用的各方面的高技能人才，以满足个人智力、文化、道德发展的需求，提升教育水平和科研与教学能力。具有中等普通教育学历者可参加学士（学术型、应用型）学习以及专家培养计划。而拥有任何层次的高等教育的人可参加硕士计划。对学士毕业进入硕士阶段学习的人，学习期限延长一年。

（三）探索创建新的职业教育机构

俄罗斯职业教育现代化政策建立了职业教育对经济和社会需求做出灵活反应的机制，形成了多样化的学校模式，使职业学校重聚活力。这一过程中，各个层次的职业教育表现出共同的发展趋势，就是通过向新的教育层次的转变提升职业教育的吸引力。

早在 1992 年《俄罗斯联邦教育法》颁布以前，1990 年的《关于高等职业学校的临时规定》就赋予高等职业学校培养中等层次专业人员的职能。同时，中等层次的职业学校按照 1989 年《关于中等职业学校的临时规定》要求实施了培养初级工程师以及法律和经济专业硕士的教学计划。中等职业学校的另一个发展趋势是向专业型大学靠拢，这类大学比职业学院和技校人才培养更加宽泛，甚至可以开展初等职业学校的工作。

1992 年以后，俄罗斯职业教育的一体化常常以两个甚至三个层次的职业学校的合作为基础，甚至一所学校同时开展两个或者三个层次的教学，如"职业学校—大学""职业学校—职业学院—大学""职业实科学校—职业学院""职业实科学校—职业学院—大学"。

创建多层次职业教育机构，可以有效使用现有的师资，以及资金和物质资源，在进行资源整合的基础上保证了人才培养质量。新的职业教育机构对年轻人的吸引力明显增强，使职业教育的社会地位逐渐提升，也进一步增加了对企业的吸引力，这些机构能成功融入地区教育体系和社会合作结构中，培养了一批掌握现代技术、善于继续学习、能根据自己及社会需求拓展并且转变职业活动的新型技术工人和中等专业人员。

（四）重建社会合作机制

《2010 年前俄罗斯教育现代化构想》提出了初等和中等职业教育优先发展计划，但没有提供相应的资金保障，每年对初等和中等教育投入的增长的部分实际上仅可以填补通货膨胀导致的开支增长部分。2006 年，俄罗斯联邦委员会对于这一政策提出了具体的建议，要转变俄罗斯职业教育的"追赶型发展"模式，提高俄罗斯职业教育的国际竞争力。

2006 年底，优先发展初等和中等职业教育被纳入"国家规划"，俄罗斯联邦政府发布《国家为国立学校培养高科技生产（所需）工人和专业人员提供支持的措施》，其中指出：根据 2007 年《联邦预算法》第 60 条规定，决定于 2007 年在竞争性选拔的基础上，挑选部分实施创新性教学计划的初等和中等职业学校，通过向被选拔学校提供国家预算内资金，使学校有条件购置现代化的教学实验仪器、教学生产设备，保证学校实施创新性教育计划，保证培养高科技生产所需的工人和专业人员。2007 年俄罗斯开展了"实施创新性教学计划的初等和中等职业学校竞赛"，该项竞赛实质上是对国立初等和中等职业学校的国家预算内资金划拨方式的变革，获胜学校获得的资金投入数量超过对学校的年度预算投资，竞赛通过改变投资方式鼓励学校进行教育创新并与企业界展开合作。

为了通过立法促进企业参与各种层次的职业教育，2007 年俄罗斯联邦《关于修改雇主参与制定和落实职业教育领域的国家政策的立法的决定》赋予了工商业界代表相应的权利，包括制定联邦教育标准，制定专业培养名录，对职业教育机构进行认证。在此情况下，雇主应承担为教育机构购置现代设备、提供信息和教育技术支持、组织生产教学实践的责任。俄罗斯国家杜马正在制定促进校企合作的相关法令，会向参与教学过程、向学校提供物质支持的企业提供优惠，如税收优惠。教育机构和不同所有制的企业共同开展合同制定向职业培训工作。组织顶岗实习和定岗生产性学习，学生毕业后到实习单位工作，帮助学生积极适应劳动过程。

（五）完善质量监管机制

企业和学校合作开展毕业生资格认证是社会合作的主要内容。企业界参与认证的全过程，包括制定地区性技能要求，以及管理测量材料，评价职业学校的毕业生质量。毕业生资格认证过程是独立过程，为使资格认证有据可依，2008 年，俄罗斯制定了首部《俄罗斯联邦国家资格框架》，为企业界和教育领域合作开展资格认证提供依据。同时，俄罗斯开始制定各类职业标准。2012 年 5 月，俄罗斯总统《关于落实国家社会政策的措施的命令》提出要制定和实行职业标准，要以统一的工种和工资技能手册，以及领导职务、专业人员职业技能手册为基础，制定职业标准。职业标准将作为企业界制定岗位说明、确定工资级别和劳动报酬的依据。为此，俄罗斯劳动和社会保障部于 2013 年 1 月发布了《职业标准能力等级》，将能力水平划分为八级，并给出每一等级的权限和责任、技能性质、知识性质以及达到该能力等级的途径。能力等级的确定为制定职业标准提供了基础。

六、启示与借鉴

职业教育与国家经济发展密切相关。苏联解体之后，受多种因素的影响，俄罗斯对初等和中等职业教育并未予以应有的关注。从 2006 年开始，俄罗斯联邦政府相继出台了一系列促进职业教育发展的计划。

（一）根据人才需求及教育发展水平调整教育体系

2012 年底，新的《俄罗斯联邦教育法》的颁布，预示着俄罗斯开始构建新的职业教育体系。根据人口发展特点、劳动力市场需求以及教育发展的水平，《俄罗斯联邦教育法》规定，原有的以培养技术工人为己任的初等职业教育将不再作为独立的职业教育层次存在，技术工人以及服务人员的培养将由承担中等职业教育任务的职业学院和技校承担。

在取消独立的初等职业教育层次的同时，在高等教育领域创建应用型学士培养体系，并以此为基础，培养劳动力市场急需的高技能人才。这些措施的实施意味着俄罗斯专业人才培养水平整体提升，并在中等和高等教育层次构建与学术型人才并列的应用型人才培养体系。

（二）调整投资机制，促进官产学合作

2007—2009 年，俄罗斯在"国家规划"的框架内，开展了"实施创新性教学计划的初等和中等职业学校竞赛"，有 300 所初等和中等教育机构在竞赛中获胜。2007—2008 年，为了支持引入创新教学计划的学校，联邦预算划拨 66.8 亿卢布，并从其他来源获得同样数量的经费支持，这一举措使得俄罗斯对初等和中等职业教育机构的投入第一次与对高等教育的投入持平。该项措施是俄罗斯 20 多年来第一次实施有效平衡国家、社会、社会经济组织以及职业学校之间的利益，创建有效的职业学校的措施，不仅促进了职业教育课程、职业教育组织形式的改革，而且在一定程度上调动了企业参与职业教育的积极性。

（三）以行业为基础，构建连续的职业教育机构

随着市场经济的实行，苏联时期建立起来的企业与学校密切合作的关

系破裂。1987年，随着职业学校移交教育部管理，职业教育的行业性管理也不复存在。后来，在一系列促进社会合作的政策的引导下，特别是在"实施创新性教学计划的初等和中等职业学校竞赛"的基础上，地区开始探索社会合作的新模式，包括建立行业性"职业教育资源中心"。以创新竞赛获胜学校为基础，到2009年，俄罗斯建立了150多个资源中心。

以萨马拉州为例，2005年，萨马拉州根据该地区的工业发展特点制定组建"职业教育资源中心"政策，建立了12个"职业教育资源中心"；2010年又增建了7个这样的中心，其中有5个是在已有基础上改建的。有19个"职业教育资源中心"主要培养金属加工、冶金、机械制造、电子技术、汽车制造、建筑、服务、节能技术、农业生产、航空和工业机械制造等行业的专业技术人员。资源中心集中了一些供集体使用的昂贵设备，以资源中心为基础可以开展初等职业教育和中等职业教育相近专业的培养计划。

建立产教集团也是一种新的社会合作模式，产教集团联合了不同层次的学校以及相应专业的生产性机构，落实经过学校与企业协商通过的教学计划，有效利用地区行业性资源优势，更好地组织初等和中等职业教育，通过加强教育机构和职业教育活动预订者——企业界的联合培养劳动力资源。

产教集团的建立吸引了企业界和相关专业人才需求者加入，共同管理教育质量，参与对毕业生的资格认证，这不仅使人才的供应与需求平衡，而且有利于保证人才培养质量。从2008年起，萨马拉州由企业界享有广泛权利的管理委员会和监督委员会开始运行，并从学校和企业两方面对职业教育质量进行共同管理。

韩国：终身职业教育体系与国家职业资格框架

聂 伟

通过对韩国经济与教育发展情况的历史分析，可以发现二者之间的相互作用表现得非常明显。韩国的教育政策，尤其是职业教育政策总是能顺应产业结构调整和经济发展的需求。韩国职业教育为其经济发展培养了大批高素质劳动力，使得以电子产品、汽车和化妆品为代表的韩国工业产品走向世界。韩国的经验值得我国职业教育参考和借鉴。本文主要围绕师傅职业高中的改革、高等职业教育优质资源的开发、终身教育制度的构建以及国家能力标准的开发等政策的演变，揭示韩国职业教育结构的变化及趋势。

一、经济与教育发展

以职业教育为主导的人力资源开发被认为是韩国经济发展的引擎。[①]韩国经济发展可分为四个阶段：20 世纪 60 年代以前的前经济阶段，20 世纪 60—70 年代的出口导向的劳动力密集型经济阶段，20 世纪 80—90 年代的技术密集型阶段和 2000 年后的知识经济阶段。

（一）前经济阶段（20 世纪 60 年代以前）

20 世纪前半叶，在日本长达几十年的殖民统治下，朝鲜半岛没有机会发

---

① Park Y B, Chung J S. Social and economic background of Korea and VET [M]. Seoul：Korea Research Institute for Vocational Education and Training, 2013：5.

展教育，文盲率很高。民众普遍缺乏教育，造成人力资源稀缺，技术工人严重不足，生产力低下。

20世纪50年代，韩国经济结构以农业、水产业和手工业为主，农业与水产业的产值占国民生产总值的45%，当时韩国经济处于"低投入、低产出、低收入"的"三低"时代。1950—1953年，韩国人均年收入只有70—80美元，是典型的落后的农业国。[①] 这一时期的韩国社会经济特点用态势分析法，即SWOT分析法标示如下（见表1）。

表1　20世纪60年代以前韩国社会经济情况的SWOT分析

指标	因素
优势	儒家文化：热衷教育，勤奋；对国家和社会忠诚
弱势	自然资源匮乏；民众受教育程度低，人力资源匮乏，劳动人口技术能力不足；领土被毁坏
机会	社会阶层机构坍塌；人们渴望涌入上层社会；读书的经济回报和社会回报较大
威胁	朝鲜战争和国家分裂；周边大国和地缘政治不稳定所导致的强权意识形态斗争

资料来源：Park Y B，Chung J S. Social and economic background of Korea and VET［M］. Seoul：Korea Research Institute for Vocational Education and Training，2013：8.

这一时期韩国职业教育发展相当缓慢，截至1945年8月，朝鲜半岛有农业学校30所，在校生9021人；工业学校4所，在校生13526人；商业学校31所，在校生11000人。1948年，韩国设置了科学技术教育局，下设专门的部门负责职业教育；同时，成立第一所两年制初级学院。至1955年，韩国共有公立初级学院1所，私立初级学院5所。[②]

（二）出口导向的劳动力密集型经济阶段（20世纪60—70年代）

20世纪60年代以前，韩国高度依赖美国和其他国家的国际援助。

---

① Park Y B，Chung J S. Social and economic background of Korea and VET［M］. Seoul：Korea Research Institute for Vocational Education and Training，2013：6.

② 姜滨. 中韩职业教育比较的研究［D］. 长春：吉林农业大学，2006：8.

1961 年，政府提出"出口立国、工业立国、技术立国"的经济发展战略，出台了一系列经济发展规划和政策，巩固自给型经济。1962 年韩国开始实施第一个经济发展五年计划，经济由此进入高速发展期，1962—1967 年国民生产总值平均每年增长 7.7%，1967—1971 年平均每年增长 10.5%。[①] "一五"期间，韩国产业结构变化明显，1962 年第一、第二、第三产业的比例为 40.3%、13.3% 和 46.4%，到 1967 年调整为 34.3%、18.1% 和 47.6%，其中第二产业变化最大，增长了 4.8 个百分点。[②]

产业结构调整和经济快速发展，使得社会对技术人才需求大大增加。为此，韩国政府大力发展中等职业教育，同时也开始转换高等教育指导思想。1960 年韩国普通大学在校生占高等教育在校生总数的 94%，短期高等教育学生仅占 6%。至 1974 年，普通大学在校生所占比例下降到 73.6%，短期高等教育学生则增至 22.4%。1963 年，韩国出现了五年制实业高等专科学校，招收初中毕业生。1965 年，韩国共有五年制实业高等专科学校 34 所，其中公立 3 所，私立 31 所。至 1975 年，韩国共有初级职业学院 87 所，五年制实业高等专科学校 10 所，初级技术学院 1 所。[③] 1979 年韩国政府将这些短期大学、五年制实业高等专科学校等统一改制为专科大学，同时调整课程设置，突出培养各行业急需的应用性人才，提高专科大学的质量，以满足产业结构调整和多样化经济发展的需要。

（三）技术密集型阶段（20 世纪 80—90 年代）

五年计划的连续实施，使韩国国民生产总值由 1960 年的 21.1 亿美元增加到 1986 年的 1060 亿美元，增长 49 倍，年均递增 16.2%。1989 年，韩国经济已达到世界中等发达国家水平，人均国民生产总值 4968 美元。1991 年，韩国国民生产总值达 2727 亿美元，人均 6316 美元，1992 年人

---

① 陆璟．韩国：后发国家追赶的典型 [J]．教育发展研究，2003（2）：15-19.

② 王丹宁．从共生互动关系看高等职业教育与区域经济的发展：以韩国专门大学为例 [D]．上海：上海师范大学，2011：25.

③ 姜滨．中韩职业教育比较的研究 [D]．长春：吉林农业大学，2006：9.

均国民生产总值 1 万美元。①

自 1990 年开始，韩国政府采取一系列政策，调整职业高中与普通高中的比例，期望在 1995 年将二者的在校生数比从 32：68 提高到 50：50。在数量增加的同时，韩国也注重质的提高，自 1994 年开始，政府推出"2+1"计划，即 2 年的学校职业教育加上 1 年的企业内实际培训。1996 年，总统教育改革委员会启动第二次教育改革，职业教育改革的目标是建立"终身教育体制"，实现从终结型教育模式向终身教育模式的转变，实行"零存整取"的"学分银行制"，允许专科大学与学院招收部分时间制学生。

这一时期高等职业技术教育更加受到重视，专科大学在校生不断增加，至 1986 年，专科大学总数达 120 所（其中国立 17 所，私立 103 所）。政府在大力发展专科大学的同时，开始建立开放大学，为在职人员提供继续教育。20世纪 90 年代，韩国高等职业教育获得了前所未有的发展，自 1979 年至 1997年，专科大学在校生数增加了 11 倍，专业类别从 91 个增加到 361 个。②

（四）知识经济阶段（2000 年后）

21 世纪知识社会来临，信息通信、电子、半导体、造船以及汽车工业成为核心产业，韩国增加对科学和技术的投入，加大对这类企业的扶持力度。2002 年，韩国在国际贸易中世界排名第 11，互联网使用量世界第1，半导体产量世界第 3，汽车制造业世界第 5。2007 年韩国跻身发达国家行列，人均年收入 20045 美元③，2011 年达到 21529 美元④。与此同时，老龄化社会的来临使韩国经济社会面临严峻考验。截至 2010 年，韩国总人口 4887 万，其中，在 1955—1963 年婴儿潮中出生的大概有 712.5 万，

① 张凤莲 . 亚洲"四小龙"教育制度与管理体制研究［M］. 福州：福建教育出版社，1998：5.

② 姜滨 . 中韩职业教育比较的研究［D］. 长春：吉林农业大学，2006：10.

③ Park Y B，Chung J S. Social and economic background of Korea and VET［M］. Seoul：Korea Research Institute for Vocational Education and Training，2013：17.

④ Park Y B，Chung J S. Social and economic background of Korea and VET［M］. Seoul：Korea Research Institute for Vocational Education and Training，2013：18.

占全国总人口的 14.6%，他们即将进入退休年龄。①

与经济发展水平相适应，无论是国家层面还是个人层面，韩国都开始注重高等教育。中等教育毕业生追求高等教育的比例从 1990 年的 60.0% 提高到 2007 年的 71.5%②；高等教育毛入学率也从 1980 年的 11.4% 逐渐提高到 2008 年的 70.5%③（见图 1）。在高等教育机构中，专科学校是主要的职业教育承担机构。2007 年，韩国共有专科学校 148 所，其中私立学校占 92.6%。高等学校毕业生就业率从 1990 年的 54.0% 上升到 2007 年的 80.8%。④ 中等职业教育以职业高中为主，2007 年韩国共有职业高中 702 所，占高中阶段学校总数的 32.4%。⑤

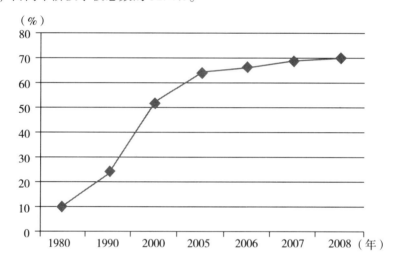

图 1　韩国高等教育毛入学率变化情况

资料来源： Lee H J. Higher education in Korea［D］. Seoul：Seoul National University，2009.

①　Park Y B, Chung J S. Social and economic background of Korea and VET［M］. Seoul：Korea Research Institute for Vocational Education and Training，2013：6.

②　Chae C K, Chung J S. Pre-employment vocational education and training in Korea［R］. Social Protection Discussion Papers，2009：3.

③　Lee H J. Higher education in Korea［D］. Seoul：Seoul National University，2009.

④　Chae C K, Chung J S. Pre-employment vocational education and training in Korea［R］. Social Protection Discussion Papers，2009：5.

⑤　Chae C K, Chung J S. Pre-employment vocational education and training in Korea［R］. Social Protection Discussion Papers，2009：2.

二、2008 年金融危机以来的政策变革

2008 年，韩国国内生产总值按国际汇率计算在世界排名第 15，按相对购买力指标计算世界排名第 12，人均国内生产总值超 2 万美元，名列世界银行、国际货币基金组织发达国家名录。[①] 2009 年，韩国由国际受援国转变为资助国，是世界上第一个实现这一转换的国家。[②] 为了应对金融危机，韩国在高等职业教育、中等职业教育、终身教育和国家能力标准等方面进行了一系列革新。

（一）"先工作后学习"政策

在韩国，大约 80%的高中学生毕业后进入大学，高等教育毛入学率很高，但这也带来大学毕业生就业困难的问题。2008 年金融危机后，政府制定了"先工作后学习"的政策。高中毕业后，学生可以先工作，有了工作经验再走进大学读书，或者是走进大学时，边工作边学习。

（二）中职领域师傅职业高中的改革创新

从 2008 年开始，韩国政府选取了一小部分职业教育条件较好的职业高中，作为师傅职业高中（Meister High School）。师傅职业高中聚焦于贯彻落实"先工作后学习"政策，以改变劳动力供给不平衡的现象。2010 年，韩国共有 21 所师傅职业高中，截至 2013 年，韩国共有 35 所师傅职业高中，在校生 5288 人，占职业高中学生总数的 4.0%。[③]

"Meister"是一个德语词汇，意为具有专业知识和很高技能的顶尖匠人，有资格带领年轻学生。师傅职业高中的课程基于特定产业的协议之上，根据产业需求定制，目的是为学生传授劳动力市场上需要的核心技

① International Monetary Fund. World economic outlook ［R］. 2008：236.

② Kim S Y. Korea to join Donors Club Wednesday ［EB/OL］. ［2009 – 11 – 23］. http：//www. koreatimes. co. kr/www/news/nation/2010/08/120_ 56004. html. Korea Times.

③ Park Y B，Chung J S. Social and economic background of Korea and VET ［M］. Seoul：Korea Research Institute for Vocational Education and Training，2013：47.

能。① 师傅职业高中的建立旨在满足产业需求，实行订单教育，为行业企业培养年轻师傅。韩国师傅职业高中学生发展路径如图 2 所示。

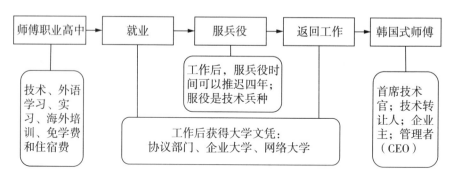

图 2　师傅职业高中学生发展路径

资料来源：Chol S J. Vocational education and Meister High Schools in Korea ［M］. Seoul：Korea Research Institute for Vocational Education and Training，2013：18.

韩国从 2008 年规划实施师傅职业高中计划以来，2010 年设立了第一批师傅职业高中，至 2014 年共设立了 7 批 37 所师傅职业高中，在校生 5190 人（见表 2）。

表 2　师傅职业高中的数量与类型

批次	开学年	学校数（所）	类别			学生数（人）
			国立（所）	公立（所）	私立（所）	
第一、第二批	2010	21	3	15	3	3600
第三、第四批	2012	7	3	4	—	830
第五、第六批	2013	7	—	6	1	760
第七批	2014	2	—	2	—	—
合计		37	6	27	4	5190

资料来源：Chol S J. Vocational education and Meister High Schools in Korea ［M］. Seoul：Korea Research Institute for Vocational Education and Training，2013：18.

---

① Park Y B，Chung J S. Social and economic background of Korea and VET ［M］. Seoul：Korea Research Institute for Vocational Education and Training，2013：38.

师傅职业高中政策演进过程如表 3 所示。

表 3 师傅职业高中政策演进

时间	事件
2008 年 2 月	进入新一届政府国家议事日程的核心
2008 年 3 月 31 日	组织团队筛选师傅职业高中
2008 年 7 月 18 日	建立总体规划，开发韩国式的师傅职业高中
2008 年 10 月 2 日	选择 9 所高中作为第一批师傅职业高中
2009 年 2 月 12 日	选择 12 所高中作为第二批师傅职业高中
2009 年 4 月 13 日	在韩国职业教育研究院设立师傅职业高中中心；第一次师傅职业高中进程研讨会举行（以后每月一次）
2009 年 7 月 3 日	总统考察了原州医药技术高中
2010 年 3 月 2 日	21 所师傅职业高中举行入学典礼（总统出席）
2010 年 11 月 29 日	挑选 3 所高中作为第三批师傅职业高中
2011 年 3 月 18 日	挑选 4 所高中作为第四批师傅职业高中
2011 年 11 月 23 日	挑选 5 所高中作为第五批师傅职业高中
2012 年 3 月 2 日	第三、第四批师傅职业高中举行开学典礼
2012 年 3 月 14 日	挑选 2 所高中为第六批师傅职业高中
2012 年 9 月	教育科技部宣布实施"政府机关参与师傅职业高中计划"（Meister High School participated by government agencies）
2012 年 10 月	选择 2 所高中作为第七批师傅职业高中
2013 年 2 月	第一届 3375 名学生毕业

资料来源：Chol S J. Vocational education and Meister High Schools in Korea ［M］. Seoul：Korea Research Institute for Vocational Education and Training，2013：13-14.

1. 师傅职业高中的设立与认证

师傅职业高中的设立过程如下。各部委和政府部门通过咨询和调研，确认急需大量人力资源的支柱产业和领域。就地方支柱产业而言，地方的教育负责人会根据地方产业、学校专业发展的可持续性以及基础办学条

件，建议设立师傅职业高中（见图 3）。师傅职业高中审议委员会由政府
代表和商业、产业、教育等领域的人士共同组成，对推荐学校和教育科技
部确定的师傅职业高中进行审议。给推荐学校一年的建设期，每校给予
250 万美元的经费支持，进行基础设施建设。立项学校可以用这笔经费建
造宿舍、购买实验实训设备或者开发课程。地方教育主管部门、地方政府
和相关当局也会提供 250 多万美元的配套资金。教育科技部会根据师傅职
业高中的学生数量，每年给学校的订单培养提供 90 万—110 万美元用于课
程开发和运行。① 在建设期，立项学校至少需要与一家合作企业签订协议，
分析企业工作，开发出订单教育课程。企业会参与学校咨询委员会、课程
运行委员会的工作以及课堂教学工作，以保证课程服务于地方产业发展
之需。

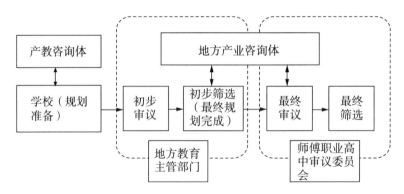

图 3 师傅职业高中的推荐和审议程序

资料来源：Park Y B, Chung J S. Vocational education and training in Korea［M］. Seoul：Korea
Research Institute for Vocational Education and Training，2013.

被选中的师傅职业高中要有一年准备期才能招生开学。立项建设期
间，课程要根据产业需求基于控制系统和任务分析进行个性化定制（见图
4）。毕业生质量对产业界而言是一个明确的信号，校企双方共同开发毕业
证书体系，界定年轻师傅在专业领域里的能力，包括工作执行能力、外语

---

① Park Y B, Chung J S. Social and economic background of Korea and VET［M］. Seoul：Korea
Research Institute for Vocational Education and Training，2013：33.

技巧以及工作意识等。

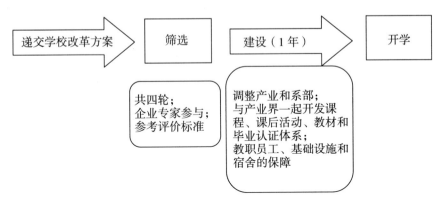

图4　师傅职业高中筛选程序

资料来源：Chol S J. Vocational education and Meister High Schools in Korea ［M］. Seoul：Korea Research Institute for Vocational Education and Training，2013：18.

2. 师傅职业高中的管理

教育科技部、地方领导、韩国职业教育研究院师傅职业高中中心，以及国家师傅职业高中校长委员会一起为师傅职业高中出谋划策。校长们通过在国家师傅职业高中校长委员会这一国家平台上交流不同观点，呈现他们经营学校的方式方法与政策需求。

（1）改革校长和教师聘任体系。公开招聘校长、教师，使优秀教师和企业骨干可以到校任教。在开放的招聘体系下，师傅职业高中可以聘请有企业经验的 CEO 式校长。2012 年 9 月，师傅职业高中从产业界选拔任命了 10 名校长。在韩国，成为中学校长一般需要具有教师资格证，师傅职业高中校长的选拔突破了这一限制。师傅职业高中会聘请一线企业专家、能工巧匠作为师傅教师，教师需为校企双方工作；师傅职业高中激励专家积极参与，保证教师队伍的高素质，并给企业人员提供额外工作绩点、特殊补贴等激励。

（2）学生入学竞争激烈。师傅职业高中可以在全国范围内招生，因此可以选拔成绩好的优秀学生，这也加剧了学生的入学竞争。2013 年，师傅职业高中平均录取率是 2. 88：1，而这些学校在确定为师傅职业高中之前录取率是 1.3∶1。师傅职业高中的录取批次早于其他职业高中，没有被师傅职业高中录取，学生还有机会申请其他高中。一年级新生入学前会被提前分配学习任务，如网络学习、校园培训等。

（3）与龙头企业合作，建立就业网络。师傅职业高中和企业之间建立合作体系，签订合作协议。截至 2013 年 2 月，28 个师傅职业高中与 1928 家企业签订了协议，在教育、技术支持和就业方面建立了合作网络。2010 年，三星电子与师傅职业高中签订合作备忘录，录用了 113 名学生；2011 年，现代汽车与师傅职业高中签订合作备忘录，计划在 10 年内招聘 1000 名此类学校学生。

（4）严格的绩效评价和淘汰体系。师傅职业高中招生 5 年内要进行评估和再筛选。第一、第二批学校的再筛选评估在 2014 年上半年进行。如果学校落选，将会转为一般专业高中。

（5）师傅职业高中自主开发课程和教材。这样可以及时应对企业快速变革，因此具有很强的竞争力。

3. 师傅职业高中的改革策略

师傅职业高中是当前韩国政府的核心职业教育政策，它强化了国家层面的支持，将师傅职业高中打造成模板，提高中职学生的就业率。师傅职业高中在以下方面进行了战略改革。

（1）建立学生生涯通道。改善服兵役的方式，男学生在就业后可推迟四年服兵役，且服兵役期间，被分配的任务与其专业相关，有利于其职业生涯发展；学生多渠道获取大学文凭，实行协议部门和企业大学的特殊录取机制；在晋升与出国等方面给予学生便利和支持。服兵役期间学生可以通过"远程军事大学"系统获得专科文凭。[①]

（2）改革学校管理。给予师傅职业高中更多的专业设置自主权限，实行开放的教育课程和教材制度；公开招聘校领导，尤其侧重从企业管理人员中招募；扩大企业兼职教师的数量，以增强师傅群体的保障。

---

① Ministry of Education, Science and Technology. Major Policies and Plans for 2009 [Z]. 2008.

（3）国家支持和培育。国家为师傅职业高中的学生免除学费，提供奖学金；支持国外学习和职业培训；增强基础设施建设，包括宿舍和实验室。教育科技部对师傅职业高中进行专项集中投入，2010 年投入 1560 万美元，2011 年投入 5790 万美元，2012 年投入 7000 万美元。[①]

（三）优质高等职业教育资源的打造

韩国政府采取了建设世界一流职业学院和减轻学生学费负担两项有力措施，促进高等职业教育发展。

韩国高等职业教育多集中在政府主办的 80 所专科学院，这些学校都参与了"大学教育能力提高工程"，具有出色的办学能力。这个工程是在 80 所专科学院中，选取 21 所作为世界一流学院进行建设，引领职业教育的发展，这些院校都有竞争优势，为各地区自主推选，它们为劳动力市场培养了很多接受过良好训练的毕业生。而且，政府还会为专科学院的海外实习生提供支持，促使专科学院作为一种教育机构实现功能最大化。

"韩国学生资助基金"为国家奖学金体系提供了一个框架，给来自贫困家庭而成绩优异的学生提供奖学金，从而形成了一个多样化的国家奖学金体系。2007 年国家奖学金支出了 979 亿韩元，2011 年增至 5218 亿韩元。同时，韩国还逐渐降低学生贷款利息，减轻学生经济负担，使他们在校可以安心学习。2009 年 1 月学生贷款利率为 7.3%，2 月为 5.8%；2010 年 1 月为 5.7%，2 月为 5.2%；2011 年 1 月为 4.9%，2 月为 4.9%。[②]

（四）较为系统的终身教育制度

韩国通过强化终身教育，为各年龄阶段的人们提供学习条件，营造学习氛围，促进继续学习，实现可持续发展。具体措施包括以下几个方面。

第一，积极发展终身教育，提高个人、组织和国家竞争力。（1）大学终身教育项目。通过支持大学接受成人入学就读，对大学进

---

① Park Y B, Chung J S. Social and economic background of Korea and VET [M]. Seoul: Korea Research Institute for Vocational Education and Training, 2013: 46.

② 参见 http://english.moe.go.kr/web/40444/site/contents/en/en_ 0275.jsp。

行改革，推动成人继续接受教育，提高成人的学习能力和就业能力，同时改善大学再教育功能，使其变得更适合成人，形成良性循环。（2）终身学习城市项目。建立地方终身学习网络，改善学习环境，为所有居民开放学习机会，促进地区社会融合和经济发展，设立终身学习城市，促进实施多种多样的支撑项目。（3）设立终身教育地区机构。2008 年，韩国设立了国家终身教育局，负责推广终身教育。与之相配套，韩国 16 个地区也建立了终身教育机构，作为地方推进和培育终身学习工程的中心。

第二，面向人人的终身学习项目。（1）边缘人群的终身教育项目。面向边缘化群体（老年人、低收入阶层、多元文化家庭、单亲家庭、祖父母家庭以及移民），设立各种终身教育项目，培养他们的谋生技能，减少社会阶层固化，促进社会阶层流动。（2）成人识字教育。支持建立识字教育机构，为文盲和文化水平低的群体设立成人识字工程，积极研发成人教材和课程。

第三，学分认证和转换体系。学分银行是一个开放的终身学习系统，它可以发放与大学和学院等值的学位，承认各种不同的学习经历，认证学校之外获取的资格证书作为学分。学习账户允许个人累计和管理其学习经历，为制订学习计划提供依据和支撑，并将这些学习经历转换成学术水平或工作所需的资格，进而建立一个社会认证框架，确认个人的终身学习经历。[①]

（五）国家能力标准的开发

国家能力标准用来识别能力，将能力标准化，是不同产业部门和不同层次行业中工作所必需的。能力是一个综合概念，包括完成一项工作所需的知识、技术和态度。国家能力标准结构如图 5 所示。

---

① 参见 http：//english. moe. go. kr/web/40444/site/contents/en/en_ 0275. jsp。

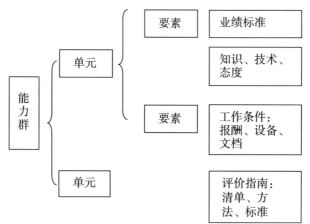

图5 国家能力标准要素构成

资料来源：Kim M S. Vocational Qualification System in Korea［Z］. 2013.

1. 国家能力标准的历史

1996年2月，韩国在教育改革中重构连接教育和劳动力市场的资格体系；2001年12月，引入国家能力标准和国家资格框架概念；2004年8月，主管部门同意《资格框架法案》的修订计划；2007年4月，通过修改该法案，国家能力标准获得法律地位；2010年5月，在教育科技部和劳工部之间进行角色定位：五年整体规划由教育科技部和劳工部共同完成，研究支撑由韩国职业教育研究院提供，标准开发由韩国人力资源开发部进行。

2. 国家能力标准的开发程序

（1）建立开发计划：确定开发领域、制定开发规划、建立专家库。（2）分析开发领域特性：劳动力市场信息、职业教育培训以及资格考试。（3）能力结构分析：将技能类型和水平置于模型中。（4）工作分析：开发课程、能力本位课程、功能分析。（5）能力单元设计：表述每个能力单元的名称、目标、任务以及应用领域。（6）标准化：设计绩效标准，确定应用领域，制定评价指南。（7）基本能力评价：沟通技巧、数理技巧、问题解决技巧、自我发展技能、资源管理技能、人际关系技能、信息技能、技术技能以及职业伦理。（8）确定能力等级：共分8级。（9）准则分配：资格框架、培训分类框架和韩国职业分类。（10）能力标准的认定：确定开发好的职业标准的结构和内容是否能很好地代表相关领域，是否能应用。

3. 国家能力标准的现状

2006 年，韩国人力资源开发部通过组织专家直接开发，2007 年，委托给部门人力资源开发委员会和相关群体在某些领域进行开发（见表4）。

表4　由资格政策委员会授权的国家能力标准数量（2008—2011 年）

部门	领域	数量（个）
知识经济部	机械	4
	电子与电工	6
	信息技术	4
	商业管理	12
土地交通和海事部	海事土木工程	16
国防部	其他	3
总计	—	45

资料来源：Kim M S. Vocational Qualification System in Korea［Z］. 2013.

三、改革后教育结构的变化与趋势

经过诸多改革，韩国终身教育体系逐渐确立起来，面向人人的学习型社会形成；高中阶段教育机构多样化，给适龄青年提供了丰富的选择途径；国家职业资格体系逐渐完善，为人才评价和流动建立了良好机制；改革成为教育发展的主旋律，通过改革提高各级各类教育质量，促进社会各项事业提高效益，教育改革成为社会改革发展的驱动力。

（一）终身职业教育体系逐渐建立

2010 年韩国教育科技部完善了终身职业教育的概念，即：使每个人在生命的每一个阶段都可以进行职业教育和生涯教育。① 生涯教育专为中小学生准备，引进了学生能力诊断和学校生涯教育手册。地方教育管理部

① Ministry of Education，Science and Technology. Major policies and plans for 2010［Z］. 2009.

门还为学生和家长提供生涯咨询，并与地方政府、企业单位建立合作网络，提供更好的生涯信息和培训机会。充分利用地方人力资源，例如有工作间歇的妇女会被邀请进学校作为生涯教育的协调者。

中小学的生涯教育是以生活经验为基础的；中等教育阶段的生涯教育主要以四种职业高中为载体，对学生进行职前教育、指导和帮扶，通过制定和实施适合产业需求的课程来达到要求；高等教育阶段的生涯教育主要以专业初级学院，即两年制专科学院为实施载体，积极打造优质高等教育资源，建立具有国际影响力的职业教育机构；在继续教育阶段，设立终身教育高校和专门网络大学，通过建立终身学习账户和学分银行促进人的终身学习和全面发展（见图6）。

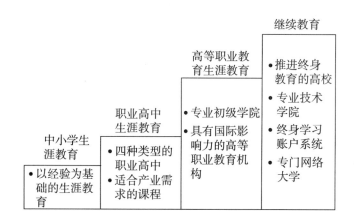

图6　韩国终身教育体系

资料来源：Ministry of Education, Science and Technology. Major policies and plans for 2010 [Z]. 2009.

（二）高中阶段教育机构丰富多样

韩国政府努力给学生提供多样化的教育选择，在高中阶段设立了普通高中、专业/职业高中、特殊高中和师傅职业高中四种类型的教育机构（见图7）。[①] 学生会根据自己的职业倾向、能力结构以及个人兴趣等选择

---

① Park Y B, Chung J S. Social and economic background of Korea and VET [M]. Seoul：Korea Research Institute for Vocational Education and Training, 2013：6.

适合自己的高中就读，高中也会根据包括学生成绩考核在内的筛选程序选择学生。

普通高中学生学习人文科学，他们中的 90% 都会进入大学。专业/职业高中是中等教育中最有代表性的职业学校，这类学校提供与产业相关的（机械、电子、农业、家政等）各种教育，与师傅职业高中相比，这类学校中产教结合和接受学校后教育的学生比例较小，30%—40% 的学生毕业后就业，剩下的学生进入专科或本科院校学习。特殊高中提供特殊教育，集中于科学、外语、艺术和体育等学科。师傅职业高中也属于特殊高中的一种，但独特性更加突出，师傅职业高中的学生会接受非常集中的职业培训，毕业后 100% 都能找到工作。

中等职业教育与培训成为韩国教育科技部的"1 号"政策领域，政府在该领域投入了大量经费，2010 年投入 1560 万美元，2011 年 5790 万美元，2012 年、2013 年达到 6000 万至 7000 万美元。韩国还对中等教育体系进行重新改组：学校数由 2010 年的 692 所精简至 2015 年的 400 所；师傅职业高中由 21 所增至 50 所。[①]

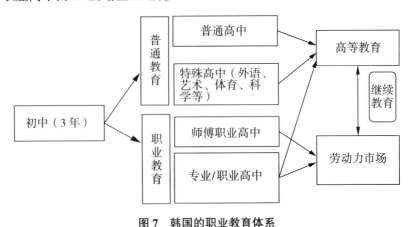

图 7　韩国的职业教育体系

资料来源：Chol S J. Vocational education and Meister High Schools in Korea［M］. Seoul：Korea Research Institute for Vocational Education and Training，2013：9.

---

①　Park Y B，Chung J S. Social and economic background of Korea and VET［M］. Seoul：Korea Research Institute for Vocational Education and Training，2013：9.

（三）国家职业资格体系逐渐完善

韩国资格证书框架是一个国家框架，它涵盖各种资格证书（职业证书、教育证书等），该框架将能力、认知和学习结果融合起来，有效促进了个人终身学习。资格证书框架包括各个层级，目的是将普通教育、职业培训与基于国家能力标准的证书联结起来，使得国家职业资格体系更加完善、更加科学、更加合理。

2003年起，韩国产业界人士开始对资格证书框架进行基础研究和反复测试，资格证书的技能层次和学习层次开始等价。韩国重视提高工人和技术员的社会地位，对获得技术资格者给予相应的经济和社会待遇，并在就业、海外进修、资金、服兵役等方面给予优先照顾。政府规定，最高档次技术人才享受与高级职称同等待遇，即最高档次的技术工人与博士学位的最高档次的工程师为同等级别，享受同等待遇。①

（四）改革和质量成为发展主旋律

韩国对各级各类教育都实施不同程度的改革，在中小学进行"卓越学校，多样课程"的改革，对学生进行创新和个性教育。② 韩国增加所有学校的自主权，不管是私立的还是公立的，不管是农村的还是城市的，允许学校根据自己的教育环境开设各种课程。随着自主权的增加，学校都在调整课程，减轻学生学习负担。与此同时，学校注重训练学生实践技巧，提高动手操作能力。在所有的小学、初中和高中学校中，25%的学校都参与了"创造性管理学校"（creative management school）项目，提供创造性的、个性化的教育，因材施教。

韩国教育政策注重寻求重大转变，从以死记硬背为基础和以教师为中心的教学，向以实践为基础和以学生为中心的教学转变。为达到这一目的，政府正在扩大"教室分类体系"（departmentalized classroom system），学生可以到不同的教室学习不同的课程。这个体系为每门课程定制空间，

---

① 雷丽平. 韩国职业技术教育的发展与改革对我国的启示［J］. 东北亚论坛，2008，17（2）：93-98.

② 参见 http：//english. moe. go. kr/web/40444/site/contents/en/en_ 0275. jsp。

激发了学生的学习兴趣。教室分类系统首次引进是在 2009 年，到 2014 年扩展到初中和高中学校。

在中职教育阶段，以师傅职业高中为引擎带动教育改革，促进了学生就业率的提高，使学生从倾向于升学转向倾向于就业。专业高中毕业生的就业率 2008 年 4 月为 19.0%，2009 年 4 月为 16.7%，2010 年 4 月为 19.2%，2011 年 4 月增至 25.9%，2011 年 12 月猛增至 40.2%。[①] 在高等职业教育阶段，实施世界一流职业学院建设计划，着力提高高等职业教育质量，为适龄青年提供优质高等职业教育资源。

---

① Park Y B, Chung J S. Social and economic background of Korea and VET [M]. Seoul：Korea Research Institute for Vocational Education and Training, 2013：6.

印度：从精英教育到技能教育大众化

陈贵宝

本文以印度的教育与经济之间的关系为脉络，梳理了 20 世纪中期以来印度的经济发展战略，以及与经济发展相适应的初等教育普及化、中等教育职业化与高等教育卓越化战略，介绍了印度"十一五"规划中的职业教育内容。文章重点分析了 2008 年金融危机以来印度在教育领域的新政策，特别是国家技能开发行动计划与国家职业资格框架，以及新政策带来的印度教育结构与趋势的变化，最后概括总结了印度教育发展的经验与问题。

一、经济与教育发展

（一）经济发展战略

印度的经济发展可大致分为两个时期，第一个时期主要是工业化、国有化战略时期（1948—1984 年），第二个时期是印度实行自由化、市场化、私有化、全球化改革开放战略时期（20 世纪 80 年代中期以后）。

1. 以混合经济为特征的工业化战略

尼赫鲁（J. Nehru）担任总理后，于 1948 年提出了一份激进的工业政策报告书，对大型工业企业和银行实行国有化，采取国家控制经济的措施。在当时印度私有制经济占主导的情况下，这一国有化政策引起了工商界的混乱，尤其是占印度工业资本一半以上的外国私营企业，大量抽走资金和停止投资，这就使印度不景气的经济陷入更加困难的境地。为了稳定局面，政府做出了妥协，最终选择了混合经济体制，即国营经济和私营经济并存，从而形成了公私并存的混合经济体制、计划与市场相结合的宏观管理机制、现代工业与农业相结合的经济模式、利用国外资源与自力更生相结合的发展方针、现代产业与传统产业相结合的发展路径。1950 年，国家计划委员会在编制中长期发展规划时，将混合经济原则确定为印度经济发展的长远战略的核心。

1948—1984 年间，印度产业结构变化明显。在尼赫鲁时期以重工业为主导的工业化战略和政府的直接干预下，第二产业得到了发展，重工业基础得到了加强。第二产业产值占 GDP 的比重从 1950—1951 年度的 13.6% 上升为 1984—1985 年度的 22.2%，上升了近 9 个百分点。而从 20 世纪 80 年代中期到 2006—2007 年度，第二产业产值占 GDP 的比重上升到 24.7%，仅上升了 2.5 个百分点。从增长率看，20 世纪 50 年代到 60 年代，印度制造业增长较快，增长率在 6% 以上的年份有 7 年，其中有 2 年增长率达到 10% 以上，这 10 年的平均增长率为 5.8%。从 20 世纪 60 年代到 80 年代的 20 年间，制造业只有 9 年增长率在 6% 以上，平均增长率为 4.76%。第三产业的增长在第一阶段并不明显，从 1950—1951 年度到 1984—1985 年度第三产业平均增长率仅为 4.6%。[①]

2. 以自由化、市场化、私有化、全球化改革开放为特征的经济发展战略

1985 年，印度开始了以自由化为主要内容的改革，开始了尝试用市场机制配置资源、调整结构的时期。拉吉夫·甘地（R. Gandhi）担任总理后推行经济自由化政策，加大出口的力度，减少贸易壁垒，看重对外贸易的发展。同时还提出了"用信息化把印度带入 21 世纪"的口号，最后引发了印度社会的信息产业革命。这一时期，印度经济发展迅速，年均 GDP 增长率超过了 5%，从此摆脱了发展缓慢停滞的阶段。1991 年，刚上台的拉奥（P. V. N. Rao）政府就对传统的经济体制及运行机制进行以自由

---

① 任佳. 印度产业结构调整机制与产业结构变动 [J]. 南亚研究，2009（3）：102-109.

化、市场化、全球化为导向的改革，先后颁布了一系列新的工业、贸易、投资、外汇和金融政策，使得印度在 20 世纪 90 年代一直保持经济快速增长的趋势，并由此进入了经济发展的"快车道"。1998 年，瓦杰帕伊（A. B. Vajpayee）联合政府把扶持的重点放在了以 IT（Information Technology）为龙头的高新技术产业上，加快国有企业的改革步伐，大力推进经济私有化、自由化和市场化的进程。2004 年，辛格（M. Singh）政府调整了改革的重点、方向和力度，他强调农村和农业发展的重要性，加大对农村的投入，加强基础设施建设，缩小地区差异，减小贫富差距，并逐步提高教育经费占国内生产总值的比例。此时期，印度经济仍然以很高的平均增长率增长，印度的整体实力大大增强。

20 世纪 80 年代中期以来（1984—1985 年度到 2006—2007 年度），印度第三产业增长明显加快，平均增长率达到了 7.3%，IT 产业异军突起。第三产业产值占 GDP 的比重快速上升到 54.7%，上升了 15 个百分点。制造业（第二产业）增长率在 6% 以上，平均增长率为 6.4%。[①]

20 世纪 90 年代中期以来印度快速发展的经济得益于劳动生产率的提高，以 IT 业为代表的信息产业的兴起成为印度经济发展的龙头。在劳动生产率的提升中，教育与劳动技能起到了决定性作用。然而，这一时期劳动生产率的提高使得劳动力就业面临着巨大挑战，一方面，高技能和熟练劳动者短缺，另一方面，大量劳动者失业，就业增长率在这一时期仅为 20 世纪 80 年代的一半。经济的快速发展与教育的相对滞后的局面在这一时期表现得愈加明显。为此，印度调整了国家发展战略总目标：创造有利的国际环境，以先进科学技术促进发展，用人力资源开发振兴经济，努力增强综合国力，力争使印度在 21 世纪成为世界瞩目的强国，在亚洲、印度洋乃至更大范围发挥重要作用。[②]

（二）适应经济发展需求的教育发展战略

自独立以来，印度经历了从国有计划性混合经济向完全的自由市场经

---

① 任佳 . 印度产业结构调整机制与产业结构变动［J］. 南亚研究，2009（3）：102–109.
② 同①。

济的转型。以自由化、市场化、私有化、全球化为特征的经济改革大大促进了印度经济的发展和产业结构的优化升级，第三产业产值占国内生产总值的比重达到了 50.0% 以上。GDP 的年增长率大幅攀升，从 2000 年的 4.0% 增长到 2006 年的 9.2%。但是，印度在不同的发展阶段，教育发展总是滞后于经济发展。为此，印度政府提出了以发展教育、提高国民素质为切入点的国家战略，以此来支撑印度经济的快速发展，并先后制定了"初等教育普及化""中等教育职业化"和"高等教育卓越化"的教育发展总体战略。下面重点介绍初等教育和高等教育两部分。

1. 初等教育普及化战略

21 世纪以来，印度积极发展初等教育。为进一步提高初等教育入学率，提高教育质量，印度政府于 2001 年启动了初等教育普及计划，计划到 2010 年前为所有 6—14 岁的儿童提供初等教育，同时鼓励社区积极参与学校管理，缩小所有的社会、性别和地域差距。该计划覆盖印度各邦以及联邦属地的国家级教育发展项目，面向印度所有 6—14 岁的儿童，惠及印度国内 1230 万个居住点的 1.94 亿名少年儿童。该计划旨在提升全民素质，为印度经济、社会的可持续发展提供人力资源。

早在 1950 年颁布的《印度宪法》就规定：国家应该努力在本法实施之后的 10 年内，为所有 14 岁及以下儿童提供免费义务教育。由此确定了印度初等教育的免费性。1968 年，印度出台了第一份《国家教育政策》，强调要为所有 14 岁及以下儿童提供免费义务教育，在免费性的基础上增加了义务性。2009 年出台的《儿童免费义务教育权法案》强化了初等教育的义务性和免费性。至此，印度初等教育的免费性、义务性和普及性都逐步通过国家的法案及政策得到了确认和保障。

2. 高等教育卓越化战略

在计划经济时期（1947—1984 年），印度高等教育政策基本上是围绕印度经济建设和高等教育发展需要而制定，系统地制定和描绘了印度高等教育发展蓝图；阐述了教育尤其是高等教育在国家经济建设中的地位、作用和属性；规定了印度高等教育制度和权力结构；体现了对殖民时期高等教育传统的继承和改造，发展目标明确而具体。经济市场化和全球化时期（1985 年至今），印度高等教育政策主要是为配合经济社会从计划经济模式向市场化模式转变需要而制定的，主要是对原有的高等教育政策进行修订和调整；针对高等教育领域出现的新现象、新情况和直接影响高等教育质量的热点问题而制定新的政策（如私立院校和跨国办学等政策）。纵观印度的高等教育发展历史，高等教育在印度经济以 IT 业为先锋的跨越式发展中功不可没。

2007 年 12 月获批的印度"十一五"规划，提出了高等教育拟解决的关键问题和相应的战略目标：扩大入学机会、增强高等教育的包容性、提升高等教育质量与效益、强化实用性和价值教育、加快高等教育国际化进程。具体举措有：

第一，扩大高等教育规模。印度政府采取一系列措施不断扩大入学机会，提高高等教育毛入学率。此外，印度还动员政府和民间资本，重点建设 50 所国家大学，使之成为其他大学的样板。

第二，不断提升教育质量，实现高等教育卓越化。一是要完成对现存的大学的改造，尤其是本科附属学院的重组。新建本科附属学院将具有明显的社区学院的性质，并具有更多的办学自主性。二要努力缩小不同院校之间的质量差距，提升高等教育整体水平。三要建设 14 所世界一流院校，使印度"成为全球性知识的中心"。建设过程既注重制度创新，如实行新的人才招聘和办学模式，同时也要考虑原有院校的基础，如知名度和实验室条件。

第三，促进高等教育的包容性。所有高等院校都应该采取"无障碍入学"原则，确保所有考取大学的青年人都不因经济困难而无法升学。此外，"十一五"规划继续坚持"教育倾斜政策"，在中央院校和私立高等教育机构中单独为"贫穷阶层"和其他弱势人群增加 27% 的招生名额，从而使"贫穷阶层"和其他弱势人群的招收名额总体比例达到 49.5%。

（三）适应经济发展需求的中等教育职业化战略

印度的职业教育主要指的是在高中阶段（11 和 12 年级）实施的职业

轨的教育。20 世纪 70 年代中后期，印度政府启动了中等教育职业化计划，通过中央政府和各邦政府的努力，到 1994—1995 年度，几乎所有的邦和中央直辖区都在高级中等教育阶段实施了职业教育计划。根据印度 1986 年新颁布、1992 年修订的《国家教育政策》，中等教育职业化的目标主要包括：为工业部门和服务业培养中等技术人才；培养在农业、小企业和服务行业的自我创业者；提供既不过分狭窄也不过分专业化的职业课程；在教育和就业之间建立紧密的联系。[①]

1. 印度中等教育职业化进程

早在 1882 年，印度教育委员会就提出在中学阶段将学生分成两轨，一轨为升大学做准备，一轨开设实用课程以便把学生引入不同的劳动领域。

1944 年，中央教育咨询委员会又一次提出把中学阶段的学习分成普通教育和职业教育两轨，学生在完成普通教育任务的同时做好未来工作的准备。然而，各种建议对印度职业教育的影响甚微，职业教育在印度独立前几乎处于未发阶段。独立后，印度政府将发展教育作为国家发展的战略，使殖民时期的精英教育向大众教育转变，逐步在普通学校教育中推行教育职业化战略。

1952 年，中等教育委员会提出在中学阶段提供多样化课程，以使中等教育实现双重功能，即学校既要为学生升入大学做准备，又要为学生走向生活、走向社会做准备。委员会建议将学生分成七大组，除人文和科学组外，其他五组全部属于职业教育性质。委员会还建议在所有中学增加手工艺课程以培养学生尊重劳动的态度。[②]

1966 年，科撒里委员会针对日益突出的职业教育与社会经济发展之间的矛盾，明确指出职业教育的必要性，要求在各种职业技术学校加强和增加职业课程。提出建立"10+2+3"的新学制，建议在初中（8—10 年

---

① Thimmaiah G. Vocational education：problems & prospects：a case study of Karnataka state [M]. Mumbai：Himalaya Publishing House，1982：2.

② Kahol Y T. A handbook of education [M]. New Delhi：Anmol Publications Pvt. Ltd.，2004：103.

级）和高中（11—12 年级）阶段设置职业教育课程，高中阶段将课程分为普通课程和职业课程两轨。[①]

1977 年，印度政府启动了高级中等教育职业化计划，鼓励各邦政府在高中阶段（即 11、12 年级）实施职业教育。总体而言，在这一时期采纳中等教育职业化做法的邦数量并不多，且实施进展也不顺利。

20 世纪 80 年代，印度教育进入了全面的改革期，中等教育职业化成为教育改革的焦点。1985 年，印度政府在"七五"规划报告中指出，高级中等教育职业化是解决印度人力资源供需矛盾的有效手段，全国必须予以高度重视。1986 年，印度政府在《国家教育政策》及实施细则中重申了中等教育职业化的重要性，指出"在教育重建中引入系统的、得到良好规划以及严格实施的职业教育课程计划是至关重要的。这些职业教育的成分意味着在学生中培养健康的对待工作和生活的态度，提高个人就业的能力，纠正熟练劳动力供给与需求之间的错位，为那些没有特定兴趣和目标而又不愿追求高等教育的学生提供其他选择。在高中阶段将采取措施为学生提供涉及几个职业领域且不针对某个特定职业的普通职业课程"。中等教育职业化需采取措施保证职业学校毕业的大部分学生能够找到工作或自谋职业。教育部门要定期审查课程是否被适当地实施，政府还将审查中等教育招生政策，以鼓励中等教育发展的多样性。

1985 年，印度成立了全国教育职业化工作组，全面论证了职业教育规划，拟订了规划扩展指导纲要。1988 年 2 月，中央政府启动中等教育职业化计划，为各邦和中央直辖区在高中阶段引入职业教育课程提供资金支持（"九五"期间划拨专项资金 10 亿卢比），开展区域职业调查，编制课程和教材，组织教师培训等。到 1988—1989 年度，高中阶段实施职业化的邦达到 20 个左右。[②]

20 世纪 90 年代以来，印度政府不断强化职业教育，针对中等教育职

① Rashtriya T. Vocational education [M]. New Delhi：A. P. Publishing Corporation, 2008：118.

② Aggarwal J C. Development and planning of modern education [M]. Vikas Publishing House Pvt Ltd. , 2009：34.

业化实施中的问题出台了许多政策，但所有这一切努力都未能改变职业教育发展缓慢的状况。据统计，"十五"期间（2002—2007 年）高中阶段职业轨的学生数不到该阶段学生总数的 5%，这与 1986 年《国家教育政策》中设定的 25% 的目标相距甚远。

2. "十一五"期间印度职业教育发展的战略、目标及其特点

（1）"十一五"期间印度职业教育的发展战略

制订针对青年人的广泛而多元的技能开发综合计划，国家以此收获科学与人口红利。将重点放在需求驱动的、与用人单位联合实施的职业教育项目上。对当前项目进行调整时需注重动手能力的训练以及开放性、纵向流动性和灵活性。

重视服务业的发展，把重点放在软技能（情商）开发、计算机素养的培育以及通用技能和多技能培训方面，以适应技术与市场需求的变化。涉及多种职业的通用技能有利于职业生涯中工作的转换。此外，要和用人单位建立伙伴关系，使其义务提供培训师资，安排实习场所，提供课程指导，参与评估与鉴定。

在印度，仅有约 5% 的人口接受了正规教育提供的职业技术训练。4000 万不熟练或半熟练工人通过其他途径接受持续的和进一步的培训以提升其工作技能，这些培训途径包括：业余学习、"三明治式"学习、脱产学习、脱产进修、开放式远程学习。

职业教育项目将为农场主、手艺人、手工作坊主、中小企业主特别是个体经营者提供企业管理和信息技术培训，使他们在生产、销售、企业组织管理中发挥作用。

通过提供教学方式灵活、课程长度多样的模块化职业教育课程以及易于进行学分转换的机制，鼓励弱势人群特别是低种姓阶层、部落、少数民族、女童、流浪儿、童工以及残疾儿童接受职业教育与培训。

建立国家职业资格证书制度。公立和私立职业教育机构联合进行职业技能培训和测试以满足个人和行业的需求。通过职业资格证书制度，可以让一些没有接受过正规教育的人们在补修某些课程的前提下进入正规教育

体系学习。

重组博帕尔中央职业教育研究所，其将被重新定位为：政策、规划、项目监测和职业资格开发的国家级中心研究所。

依托现有的机构如邦教育与培训委员会、区教育与培训研究所、街道资源中心，建立有效实施职业教育项目和质量监控的完整的制度机制。

（2）"十一五"期间印度职业教育的发展目标

"十一五"期间，职业学校增加到 2 万所，到 2011/2012 学年，在校人数达到 250 万人。确保学生在职业教育、普通教育和技术教育间流动，保证学生的多次进入与退出选择。

（3）"十一五"期间印度职业教育发展战略的特点

以需求为导向，注重能力的培养。注重企业、市场及个人的需求，开设能力本位模块化课程和生产服务导向型课程，重视实践动手能力，尽量减少理论课程，特别强调企业主在课程设置、评价和资格认定中的重要作用。①

强调灵活性和多样性。提供教学方式灵活、课程长度多样的模块化课程，且易于进行学分转换。同时也强调学生在职业教育、普通教育和技术教育间流动，保证学生的多次进入与退出选择。此外，专门为无技能或有部分技能劳动力提供时间灵活、形式多样的职业教育和培训。

重视服务业发展。强调软技能（情商）开发、计算机素养培育以及通用技能和多技能培训。

二、金融危机以来的职业教育新政策

"二战"后，印度针对职业教育和培训出台了一系列法案和政策，如，1961 年的《学徒法案》、1987 年的《全印技术教育委员会法案》、1961 年和 2007 年的《国家理工学院法案》、1968 年和 1986 年的《国家

---

① 范叶颖. 印度"十一五"规划中等职业教育发展战略研究［J］. 科教导刊, 2011（10）：48-49.

教育政策》、2009 年的《国家技能开发行动计划》等。这些法案和政策
规定了印度职业教育和培训体系的行政、管理模式以及中央和地方政府
之间的资金分配问题，还规定了各种层次职业教育和培训的模式。印度
政府根据不同时期的发展特点和需求，对职业教育相关的法案和政策进
行修订，并不断制定和执行各种新政策，使得职业教育和培训跟上时代
发展步伐，满足职业技术院校、学习者以及经济产业发展的需求。

（一）国家技能开发行动计划提出的背景

虽然职业教育和培训的重要性很早就被提出，但是早期的印度职业教
育和培训发展并未取得很大成果，其原因是多方面的。中央和地方政府都
没有针对职业教育和培训发展问题设计实施一套综合性的计划方案，也没
有对职业教育和培训所需的师资进行相关培训，各级政府教育部门在制定
职业教育和培训相关课程时也缺乏有关的专家顾问团队，职业教育和培训
相关政府机构分别隶属于劳动部门、教育部门、行业部门等，各个机构之
间沟通不够顺畅，许多优秀的发展方案都因为财政问题而不能发挥其作
用。任何类型的职业教育培训方案要想达到预期效果，在其初始阶段和后
期培训阶段都需要充足的技术和物质保障，为学校配置相应的物质设备，
而这些学校所需的专业人员培训也需要大量经费，独立初期印度政府没能
为职业教育和培训的发展提供足够的资金，制定出的政策缺乏资金支持而
难以发挥作用，不利于职业教育和培训的长足发展。

（二）国家技能开发行动计划的制定和执行

国家技能开发行动计划是在总理的倡导下由劳动与就业部组织制定的
技能开发方面的主要驱动政策，于 2009 年 2 月 23 日获内阁会议批准。该
政策计划到 2022 年时，由 20 个国家政府部门、组织和机构组织实施职业
技能培训项目，全国累计培训 5 亿技术人才。根据国家技能开发行动计
划，设立国家技能开发公司，其主要职能是通过 21 个部门技能委员会为
技能开发活动提供资金、设备等支持。

在印度职业教育和培训政策制定过程中起重要作用的机构分为四大
类，分别是政府部门、行业组织、国际组织和公私合作/私营组织。人

力资源发展部和劳动与就业部是印度职业教育和培训立法的关键部门，印度技术教育委员会和国家教育研究和培训委员会为人力资源发展部提供协助。其中印度技术教育委员会的职责是设计课程，通过理工专科学院提供高等职业教育课程。国家教育研究和培训委员会的职责也包括设计课程，同时负责通过开放学校提供普通水平的职业教育（见表1）。

表1　参与政策制定与实施的相关部委、行业组织及国际组织

参与者	具体部门	角色与职责
政府部门	农业部、食品加工产业部、卫生与家庭福利部、重工业与国营企业部、人力资源发展部、交通部、信息技术部、劳动与就业部、农村发展部、海外事务部、中小企业发展部、社会公平与权利保障部、财政部、纺织工业部、旅游发展部、民族事务部、消费者事务部、扶贫与城镇发展部、儿童与妇女福利部、化肥与化学物资部、建设委员会共21个部委及各邦政府	政策制定；组织实施；协调与管理
行业组织	各行业协会	从行业的角度提出需求；参与政策咨询与讨论
国际组织	国际劳工组织、世界银行、欧盟等	政策咨询；资金支持
公私合作/私营组织	国家技能开发公司、巴蒂基础设施租赁与金融服务公司、曼尼帕尔国际教育服务公司	资金支持；发展私立培训机构

就业和培训总局向劳动与就业部提供协助，就业和培训总局通过国家技能开发行动计划在全社会范围内提供职业培训。国家技能开发行动计划通过职业培训机构为100万学员提供培训。通过国家职业资格框架来为职业教育和培训设定课程、标准和资格。

印度所有与职业教育和培训有关的政策都由中央政府制定，由相关中央部委和邦政府贯彻实施，其中人力资源发展部负责规范技术学校和职业学校，劳动与就业部负责规范行业培训机构和职业培训机构的培训

活动（见图1）。

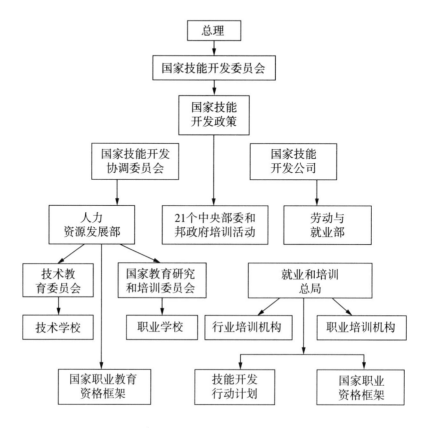

图1　印度职业教育与培训管理体系

资料来源：印度应用人力资源研究所网站。

（三）国家技能开发行动计划核心内容

国家技能开发行动计划的总目标是打造一支掌握先进的知识和技能、具有国际认可的资格证书和能够找到体面工作的劳动力队伍，以保证印度在不断变化的全球劳动力市场中具有竞争优势。该计划以提高劳动生产力为目的，促进青年、妇女、残疾人口和弱势群体参与就业，与各部门联合改革现有的教育培训体系。该计划的突出特点是：（1）建立以劳动力市场需求为导向的教育培训体系，减少劳动力技能供需之间的错位；（2）通过已有的和创新的途径扩大教育培训的服务范围；（3）通过国家职业资格框架为普通教育和职业教育学生的水平流动和垂直流动创造机会，也为不同学习模式下学生技能的认可和鉴定提供保证；（4）根据国家和国际认可的标准培养和输送技术人才；（5）注重新兴产业人才培养；（6）强调职前培训和终身学习；（7）注重公平，加强对妇女、残疾人口、经济落后地区和少数民族人口的教育培训，提高他们的就业能力，增加就业机会；（8）加强职业教育与技能培训的研究、规划和监测工作；（9）提倡广泛的社会参与，全体利益相关者共同参与项目的管理和资金的筹措工作，为公私合作提供较大的空间；（10）追求职业教育与技能培训的卓越化；（11）充分利用远程、电子、网络等现代培训技术；（12）提高培训人员的素质和地位。

该计划适用范围非常广泛，主要包括：（1）基于培训机构的技能开发活动，如行业培训机构、职业学校、理工学院、技校和专业学院；（2）不同部委、部门组织的各类技能开发活动；（3）正规和非正规的学徒培训和其他企业培训；（4）个体劳动者和企业家培训；（5）成人学习、即将退休或已退休职工的再培训、终身学习；（6）民间团体和组织开展的非正规培训；（7）在线学习、网络学习和远程学习等。

国家技能开发委员会协同劳动与就业部、人力资源发展部等21个部门，计划到2022年培养约5亿技术人才。各政府部门和组织培养计划目标如表2所示。

表 2　各政府部门和组织培养计划

序号	部门、组织	当前所辖培训机构数量（个）	当前年培训能力（万人/年）	到 2022 年计划培训数量（万人）
1	国家技能开发公司	—	—	15000
2	劳动与就业部	33000	120.0	10000
3	旅游发展部	38	1.7	500
4	纺织工业部	227	1.5	1000

续表

序号	部门、组织	当前所辖培训机构数量（个）	当前年培训能力（万人/年）	到 2022 年计划培训数量（万人）
5	交通部	1	0.2	3000
6	民族事务部	63	0.6	—
7	农村发展部	156	54.8	2000
8	儿童与妇女福利部	68	175.0	1000
9	农业部	72	198.0	2000
10	人力资源发展部（高教）	10000	196.0	5000
	人力资源发展部（职教）	2297+1675	140.0	
11	重工业与国营企业部	—	—	1000
12	扶贫与城镇发展部	34	0.1	1500
13	信息技术部	1007	13.7	1000
14	食品加工产业部	34	1.0	500
15	建设委员会	147	46.4	2000
16	卫生与家庭福利部	3802	13.5	1000
17	中小企业发展部	356	29.2	1500
18	社会公平与权利保障部	通过 NGOs（非政府组织）	—	500
19	海外事务部	通过邦政府、NGOs	1.3	500
20	消费者事务部	—	—	1000
21	化肥与化学物资部	6	1.9	500
22	金融、保险业和银行业	—	—	1000
23	其他（电力、石油行业）	—	—	1500
	合计		994.9	53000

三、教育结构的变化与趋势

（一）职业教育与普通教育的关系

1968 年出台的《国家教育政策》要求在全国范围内推行"10+2+3"教育体制。前 10 年中，5 年为初级小学教育，3 年为高级小学教育。1—8 年级为初等教育，9—10 年级为初级中等教育，11—12 年级为高级中等教育；"+2"指高中阶段实行分流，分为普通课程和职业课程两轨；"+3"为 3 年的高等教育。在印度，除了大学前的职业教育，即普通教育的职业化、技工培训和技术员教育外，还有大学后的职业教育，即工程技术教育。

印度 6—14 岁的儿童必须接受免费义务教育。义务教育结束之后一部分学生辍学成为没有特殊技能的工人，其余学生则进入中等教育体系学习。该阶段一部分学生从 9—10 年级开始接受部分职业教育（初级中等职业教育、职前教育），11—12 年级完全分流到职业一轨（高级中等职业教育）。完成中等教育后，学生再次分流，一部分进入 3 年制的综合技术学校并获得文凭，另一部分则进入技工培训学校学习 1—2 年，或接受 2—4 年的学徒培训，获得职业资格证书，最终成为具有一定技能的工匠。综合技术学校学生毕业之后，一部分将进入工程学院继续深造，另一部分则继续接受一些高级技能培训，最终成为具备高级技术水平的技术人员。

印度职业教育和培训体系在长期发展过程中形成了培养不同类型、不同资格水平的职业技术人才的三级体系：第一级为培养本科和硕士水平的专家型人才的机构，如理工学院和工程学院，这些院校毕业生将成为工程师或技术专家；第二级为综合技术学校，学生经过一定的培训后将成为技术员或管理人员；第三级为中等职业教育，学生经过工匠或学徒培训后成为熟练/半熟练工人（见图 2）。

印度普通教育与职业教育学制、学历证书对等关系及等级见表 3 和表 4。

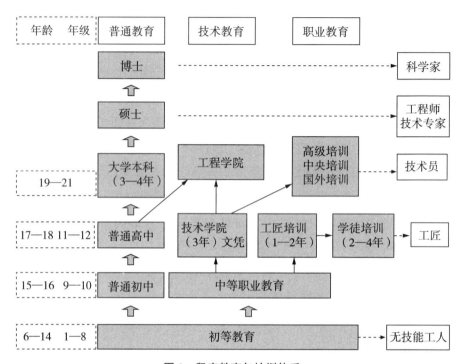

图 2　印度教育与培训体系

资料来源：世界银行网站。

表 3　印度普通教育与职业教育学制、学历（学位）证书对等关系

等级	普通教育	职业教育情形一		职业教育情形二	
		学历	发证单位	学历	发证单位
7	本科第 3 年	高级文凭	技术教育委员会	学位	大学
6	本科第 2 年				
5	本科第 1 年	文凭	技术教育委员会		
4	高级中等教育（12 年级）			12 年级	校董会
3	高级中等教育（11 年级）			11 年级	校董会
2	初级中等教育（10 年级）	10 年级	校董会	10 年级	校董会
1	初级中等教育（9 年级）	9 年级	校董会	9 年级	校董会

资料来源：印度技术教育委员会网站。

表4　印度普通教育与职业教育不同等级证书（年级）授课时数分布

证书等级	授课时数（小时）	
	职业教育	普通教育
7	600—700	300—400
6	500—600	400—500
5	400—500	500—600
4	300—400	600—700
3	300—400	600—700
2	200—300	700—800
1	200—300	700—800

资料来源：印度技术教育委员会网站。

（二）职业教育管理与课程设置

由于印度的教育行政管理采用地方分权制，因而职业教育的具体实施由各邦来负责。在大多数邦由邦教育部门负责此项工作，个别邦设立单独的职业教育理事会。人力资源发展部所属的半官方机构国家教育研究和培训委员会通过课程和教材开发、教学研究和评估、教师培训等方式参与职业教育的实施。该委员会设立的中央职业教育研究所也通过课程开发等活动对各地职业教育的实施提供学术方面的支持。在大多数邦，职业课程在高级中学或同等程度的学校中实施。拥有12年学校系统的邦和中央直辖区（如旁遮普、泰米尔纳德、德里）在高中阶段开设职业课程从而形成职业轨。在某些邦（如安得拉、卡纳塔克和马哈拉施特拉等），"+2"阶段的职业课程设在初级学院、学位学院中；北方邦在中级学院设置学术轨和职业轨。此外，有些邦建立了专门的职业教育学院，这种学院只有11和12年级，不设学术轨。

各邦高中阶段的职业教育大体采用1977年全国高级中学检查委员会提议的课程框架，即语言（15%）、普通基础课（15%）、职业教育选修科目（70%）。① 中央职业教育研究所向全国推荐的课程框架大致分为两部分：第一部分为语言、普通基础课、卫生和体育；第二部分为职业理论和实践课，两部分之间的比例大体为 3：7。普通基础课包括综合课、农村发展、环境教育、创业教育、信息技术。为避免狭窄的和过分专业化的职业教育，增强学生的职业适应性，国家教育研究和培训委员会要求高中阶段的职业课程中必须包括普通课程的内容。

就职业教育理论和实践课程而言，各地开设的课程达 160 余种，分为六大领域：农业（如兽药药剂师、水土保持）；商业（如速记）；工程技术（如架线员）；家政（如织物设计）；健康和医护（如 X 光技师、健康/卫生检查员）；人文（如古典舞）。国家教育研究和培训委员会负责编制示范教材，各邦也自行编制自己的课程和教材。

（三）国家职业资格框架

印度有 21 个政府部门实施正规或非正规的职业教育和培训项目，年培训能力超过 25 万人次。然而不同的培训项目之间在培训周期、目标群体、培训资格、测试和资格认证、课程等方面存在很大差异，这给职业资格认证、同等资格的流通互认带来极大的不便。体系内资格认定缺乏一致性；学习者、教育培训机构和雇佣方之间缺乏互信；教育和培训体系横向和纵向流动不畅；无法对学习者先前学习经验和非正规学习经验进行认可；传统教育培训方式缺乏灵活性。为解决这些问题，进一步促进印度职业教育和培训体系的发展，"十一五"规划提出，于 2012—2013 学年颁布国家职业资格框架。该框架由印度人力资源发展部组织制定与颁布，在全国技术学校、工程学院、理工学院和其他大学、学院以及正规教育培训机构实施。

国家职业资格框架（见表 5）将不同水平的知识和技能及各种资格联系起来，知识和技能水平取决于学习者的学习成果，而这些学习成果可以

---

① 瞿葆奎. 教育学文集：印度、埃及、巴西教育改革［M］. 北京：人民教育出版社，1991：779.

通过各种正规或非正规教育培训途径获得。职业资格根据特定领域学习单元的职业标准而定，这使得学习者、教育培训机构和用人单位方面很容易理解特定职业技能与资格之间的等价转换关系。印度国家职业资格框架是一个以教育和能力为基础的全国性技能框架，在职业教育和培训体系内，将普通教育和职业教育通过多种方式衔接起来，使得某一特定层次的学习者能够进入更高层次的技能培训机构学习。在教育和培训系统内，无论学生处于哪一层级，都有可能在此框架内往上升级。国家职业资格框架的颁布，使得职业教育和培训体系、普通教育体系以及劳动力市场之间出现了多样化的准入途径和退出机制，在职业教育和培训体系内实现了教育的连续性（纵向流动），在职业教育和培训体系与普通教育体系之间实现了转移（横向流动），建立了与行业及用人单位之间的紧密联系。此外，该框架也非常注重印度标准与国际标准的接轨，强调培养符合国际标准的技术人才。

对先前学习经验的认可是国家职业资格框架的亮点。达到相应标准的教育培训机构有权对学生先前学习经验进行认可，从社区学院、综合技术学校到国家开放大学等，各级各类学校都能够进行这种认可。先前学习经验认可包括两个方面：一是认可个人从正规学校以外途径获得的经验和资格，另一方面是认可学生通过正规学校学习获得的学分，这既有利于获得具有丰富职业经验的人力资源，也有利于学习者自身的职业发展和技能提升。

国家职业资格框架的健康发展离不开行业和用人单位的参与，职业教育课程的设计、开发、实施、评估和测验均有行业与用人单位的参与。此外，行业还将以"技能和知识提供者"的身份参与职业教育和培训。职业资格授予机构协同部门技能委员会制定了学分框架，使得学生既可获得相应水平的技术能力，又能达到相应层次的知识水平。

表 5　印度国家职业资格框架

等级	教育水平		国家技能资格	颁证单位
	普通教育	职业教育		
10	博士	—	国家技能证书 8 级	大学和部门技能委员会
9	硕士	—	国家技能证书 7 级	大学和部门技能委员会
8	荣誉学位	—	国家技能证书 6 级	大学、邦开放大学和部门技能委员会
7	学士	—	国家技能证书 5 级	大学、邦开放大学和部门技能委员会
6	毕业证/高级文凭	—	国家技能证书 4 级（技术员）	大学、邦开放大学和部门技能委员会
5	文凭	—	国家技能证书 3 级（管理员）	学院、技术学院、大学、邦开放大学和部门技能委员会
4	12 年级	12 年级（高级中等职业教育）	国家技能证书 2 级（熟练工人）	技术教育委员会、部门技能委员会、学校董事会
3	11 年级	11 年级（高级中等职业教育）	国家技能证书 1 级（半熟练工人）	技术教育委员会、部门技能委员会、学校董事会
2	10 年级	10 年级（职前教育）	国家工作预备证书 2 级	部门技能委员会、学校董事会
1	9 年级	9 年级（职前教育）	国家工作预备证书 1 级	部门技能委员会、学校董事会

四、经验与问题

（一）印度的 IT 教育取得了巨大成功

在印度的职业教育中，IT 教育最为成功。印度软件产业的龙头地位，在很大程度上依赖于其发达而完善的 IT 职业教育体系。印度 IT 教育的投资主体是政府及国内外大企业，各级政府在多方面资助企业的办学行为，且明确规定高技术企业可以按每年营业额的 6% 提取教育培训费，用于所属信息技术学院或培训基地建设。印度的 IT 职业教育为印度的软件业源源不断地输送"新鲜血液"。例如，在印度的 100 多万软件行业从业人员中，50% 以上是通过非学历教育的 IT 培训进入软件行业的。国家信息技术学院是印度规模最大的 IT 职业教育机构之一，约有 1/3 的印度软件工程师接受过国家信息技术学院的软件培训。① 从 20 世纪 50 年代开始，印度政府就投入巨资，仿照美国麻省理工学院模式，陆续建了 7 个"印度理工学院"。印度政府累计投资 10 亿美元，使计算机科学专业毕业生增加了 2 倍，从每年 10 万人增至 2005 年的 30 万人，使得其在 2005 年以后培养出的 IT 毕业生数量，与当时印度被雇用的 IT 人才数量相当。此外，在印度政府的投资引导下，民间资本、外资大量投入计算机教育，采取多样化的经营方式，形成了产业化的 IT 职业教育，使得印度的软件人才队伍不断壮大。②

（二）印度职业教育的发展困境及出路

印度的职业教育起步较早。独立后，印度政府将教育作为国家发展的手段之一，变殖民地时期精英主义性质的教育结构为大众化的教育结构，逐步在普通学校教育中推行教育职业化。1977 年印度又启动了高级中等教育职业化计划，鼓励各邦政府在"+2"阶段（即 11、12 年级，高中阶段）实施职业教育，之后又推出了一系列政策，旨在推进中等教育职业化进程，但效果并不是很理想。例如，1986 年《国家教育政策》提出，到 1995 年，职业教育学生比例达到 10%，到 2000 年达到 25%。但"十五"期间（2002—2007 年）职业教育学生比例未达到"+2"阶段学生总数的 5%，与 25% 的目标相距甚远。③

2000 年，印度全国实施中等教育职业化的学校约 6800 所，可容纳学

---

① 顾锦龙. 将有限资源用在"刀刃"上：印度职业技术教育面面观 [EB/OL]. [2012-03-21]. http://www.cqn.com.cn/news/zgzlb/diba/547614.html.

② 同①。

③ 屈书杰，孙慧佳. 印度职业教育的发展困境及其出路 [J]. 河北大学学报（哲学社会科学版），2011，36（2）：54-58.

生 97.2 万人，但实际注册学生 45.1 万人，占高中阶段学生总数的 4.5%。尽管 20 世纪 90 年代印度职业教育的容纳量可以覆盖学生总数的 11.5%，但高中阶段选择职业课程的学生比例基本上在 4.5% 左右徘徊。1991—1992 年度的比例为 4.5%，1995—1996 年度的比例为 4.8%。

据中央职业教育研究所的不完全统计，2003 年全国职业教育的容纳量约为 84 万人，但实际的注册人数在 35 万—40 万，不到 11、12 年级高中生总数（1400 万）的 3%。如果考虑到包括初级中等教育在内的整个中等教育系统，这个比例降至不到 1%。这一群体毕业后走向就业市场，获得有报偿工作的比例在 1998 年只有 28%。印度全国抽样调查办公室第 61 次调查表明，占印度人口 1/3 的 15—29 岁的人口中，受过某一种职业教育的人口比例为 7%，而受过正规职业教育的人口比例仅为 2%。

近 10 年来，印度经济结构的较大调整使得大量的农业人口流入城市，这部分劳动力由于缺乏任何形式的职业培训而从事非正规职业。2004—2012 年间，有 3700 万农村人口流向了建筑业、制造业和服务业。当前，仅有不足 5% 的劳动力接受过正规或非正规的职业教育，其中，2% 的印度劳动力接受过正规的职业技能培训，而 2.4% 的劳动力接受过非正规职业技能培训。[①] 另有研究预测，到 2022 年，印度欲成为全球制造业大国，至少应培训 2.91 亿技能型劳动力。[②] 但现实是，印度绝大多数劳动力的受教育程度很低。据 2009—2010 年统计数据，4.2 亿印度劳动力中，有 2.28 亿为小学以下文化程度或文盲，仅有 5000 万劳动力接受过中等教育，其中，仅有近 800 万人接受过职业培训，有近 1000 万人接受过技术教育[③]，与国家技能开发行动计划确立的到 2022 年培训 5 亿技能型劳动力的目标相距甚远（见表 6）。

---

① Mehrotra S, Ghosh D. International experience with national training funds lessons for India [J]. Economic & Political Weekly, 2014, 49 (26): 77-85.

② Mehrotra S, Gandhi A, Sahoo B K. Estimating India's skill gap on a realistic basis for 2022 [J]. Economic & Political Weekly, 2013, 35 (13): 35-39.

③ Mehrotra S, Parida J, Sinha S, et al. Explaining employment trends in the Indian economy: 1993-1994 to 2011-2012 [J]. Economic & Political Weekly, 2014, 49 (32): 49-57.

表 6　2009—2010 年度印度劳动力受教育情况

受教育情况	15—59 岁劳动力（420.6 百万）	
	数量（百万）	百分比（%）
文盲、半文盲	125.0	29.72
初等教育（5 年级以下）	103.2	24.54
初等教育（6—8 年级）	74.1	17.62
初级中等教育（9—10 年级）	50.8	12.08
高级中等教育及以上（11 年级及以上）	67.5	16.05

　　资料来源：Mehrotra S, Parida J, Sinha S, et al. Explaining employment trends in the Indian economy: 1993-1994 to 2011-2012 [J]. Economic & Political Weekly, 2014, 49（32）: 49-57.

　　这说明印度推行了几十年的中等教育职业化远远没有满足经济和社会发展的需要，职业教育仍处于发展困境之中。造成这种局面的原因多种多样，如学生和家长们从心理上偏好普通教育而歧视职业教育，将职业教育视为末流的选择；各邦未把职业教育放在优先发展的位置，缺乏对职业教育的有效管理；职业培训设施缺乏、设备陈旧；教师未受过专业训练或资质不够（多为非全日制教师）；开设的课程过时，跟不上市场需求的变化；制订培养计划时，缺乏对当地劳动力需求及就业潜力的评估；缺乏学生在职业教育与普通教育间的横向流动以及职教体系内的纵向流动机制；与行业的联系与合作不够紧密；缺乏可靠的评价、认证制度；缺乏帮助学生做出适当教育和职业选择的职业指导和咨询等。① 有印度学者认为，中等教育职业化不能实现预期目标的根本原因在于政府政策的错误定位。职业教育被设计成与普通教育完全平行的缺乏纵向和横向沟通的终结性教育阶段，它处于隔离之中，缺乏 1—10 年级坚实的以劳动为中心的教育基础。它只是将学生从普通教育中分流出来的工具，而非为年轻人将来就业或追求人生目标提供选择。正是这种从普通教育中分流出来的工具性质，导致

---

　　① 屈书杰，孙慧佳. 印度职业教育的发展困境及其出路 [J]. 河北大学学报（哲学社会科学版），2011, 36（2）: 54-58.

了职业教育在政策制定者以及学生和家长心目中的劣等地位。要想使职业教育走出困境，必须进行政策和制度革新，彻底结束学校系统中普通轨与职业轨并存的局面；全面改造普通学校系统的课程，将基于生产劳动的教育（职业化的教育）融入从幼儿园到高中的核心课程中，使生产劳动成为学生获取知识、形成价值观、发展技能的载体；在普通学校系统之外设立专门的职业教育中心或学校，接收 12 年级毕业生和因某种原因未完成普通教育的辍学学生，这些职教中心要与各种职业培训机构合作，真正帮助那些走向未来职场的年轻人实现其人生理想。这些学者的建议反映了国际职业教育的发展趋势。事实上，印度在 11 和 12 年级进行普通教育和职业教育分轨的做法与很多国家的综合性中学类似。有研究表明，综合性中学所实施的职业教育不如专门的职业教育机构。[①] 职业教育比较发达的国家如德国，其主要采取由专门的职业学校实施职业教育的做法，而且这些学校在办学方式上灵活多样。印度学者对改革职业教育的建议在"十一五"规划中有所反映，但中等教育职业化依然是政府强调的重点。在"十一五"规划中，印度政府计划在全国至少新建 1500 所工业培训学校和综合技术学校，1 万所职业学校以及 50 万所技能培训中心。对中学 11 和 12 年级所实施的职业教育进行改革，包括更新课程、注重能力培养、采用模块课程、提高职业课程的灵活性和适用性、加强教师培训、引入职业指导与咨询、建立满足行业和个人需求的国家职业资格制度等。

目前，印度政府采取多样化的措施来发展职业教育。但中等教育职业化的难题从根本上来讲不仅仅是教育的问题，学校设置职业课程并不能创造就业机会，教育系统和学校也不能解决失业的问题。人们对职业教育的歧视态度并非源自学校，而是由更广泛的经济和社会现实决定的。因此，职业教育要走出困境，仅仅进行教育改革是不够的，必须全方位地对经济结构和政治结构进行改革，不仅印度要这样做，其他有类似职业教育困境的国家似乎也别无他途。

---

① 石伟平．比较职业技术教育［M］．上海：华东师范大学出版社，2001：352.

澳大利亚：坚持技能立国，适应经济发展

王　纾

澳大利亚自 20 世纪 80 年代以来经济发展一直保持良好势头。教育为澳大利亚经济发展源源不断地输送各类高素质人才，尤其是职业教育与培训提供了高素质的一线劳动力，为经济发展做出了巨大贡献。本文分析了澳大利亚经济发展与产业结构调整带来的人才需求变化、与经济发展相适应的"技能立国"的职业教育理念、澳大利亚发展职业教育的策略，之后阐述了 2008 年金融危机以来澳大利亚的职业教育新政策，以及由此带来的教育结构的变化与趋势。

一、经济与教育发展

（一）以外向型经济和专业化为特征的产业结构调整

澳大利亚拥有技术精湛的劳动力与极具竞争力的强大经济，2013 年国内生产总值世界排名第 12，人均国内生产总值达到 67742 美元，排名世界第 5，在 2000 万以上人口的国家中排名第 1，远高于美国、英国等其他主要英语国家。此外，澳大利亚是一个典型移民国家，多民族形成的多元文化是其显著特征。

为提升本国经济的可持续发展能力，自 1970 年以来，澳大利亚开始了全国性的经济结构调整，产业结构发生了巨大变化，服务业、制造业得到很大发展，而传统的农牧业和采矿业相对压缩。20 世纪 70—80 年代，

澳大利亚通过一系列有效的经济结构调整和金融自由化改革措施，保证了国家经济和社会发展战略目标的逐步实现。澳大利亚在 20 世纪 90 年代进入了经济发展的全盛时期。从 20 世纪 90 年代起至今的 20 多年内，澳大利亚经受住了亚洲金融危机的冲击与考验，连续多年保持经济快速增长，并维持了较低的通胀率和失业率，在发达国家中经济增长处于领先地位。

20 世纪 70 年代以来，澳大利亚的经济结构调整呈现如下特征。第一，国民经济由内向型向外向型转变。澳大利亚政府逐渐意识到发展外向型经济可以突破国内市场狭小的限制，提高企业国际竞争力，而且出口增长还可以改善国际收支情况，因此开始注重发展外向型经济，以增加出口来带动国民经济的发展。第二，制造业由多元化向专业化转变。为摆脱殖民经济的后遗症，减少对进口产品的依赖，"二战"后澳大利亚制造业发展主要以多元化为目标。20 世纪 70 年代初，澳大利亚政府逐步转变制造业发展模式，为更好地利用其生产要素禀赋优势，发展具有比较优势的制造业，政府大力支持企业在维持一定生产技术和能力的基础上，逐步向专业化生产转变。为此，政府力求使产品结构合理化，并对区域布局进行了调整。在政府政策的指导下，电子元件、大型船舶生产等产业停产，而许多新产品（如食品、医疗器械和文化用品等）则陆续投产，一些工业领域如汽车制造业和造船业也进行了整顿。①

目前，服务业、制造业、采矿业和农业是澳大利亚的四大主导产业。服务业是澳大利亚经济最重要和发展最快的部门。2009—2010 年度，澳大利亚服务业产值达 8452 亿澳元，占国内生产总值的 65.8%。澳大利亚的工业以制造业、建筑业和采矿业为主。2009—2010 年度，制造业产值为 1108 亿澳元，占国内生产总值的 8.7%；建筑业和采矿业产值分别为 900 亿澳元和 1210 亿澳元，分别占国内生产总值 7.2% 和 9.5%。澳大利亚农牧业发达，农牧业产品的生产和出口在国民经济中占有重要位置。但是随着其他几大产业的迅速发展，农牧业产值在澳大利亚国民生产总值中所占

---

① 参见 http://finance.sina.com.cn/roll/20071022/09081734499.shtml。

比重越来越小，20 世纪 70 年代，这一比重为 7.0% 左右，而 2009—2010
年度，澳大利亚农牧业产值 274 亿澳元，仅占国内生产总值的 2.1%。

（二）产业结构升级对中高级技术人才需求剧增

20 世纪 90 年代以后，澳大利亚产业结构发生了较大变化，其经济命
脉之一的矿产出口随着日本、韩国需求的减少而逐步衰退，与此同时，其
服务业却大大增强，特别是以通信和信息技术为代表的高新技术快速发
展。澳大利亚国家经济逐步向知识经济过渡，其经济越来越侧重于向具有
高附加值的制造业和服务业方向发展，就业岗位的技术要求越来越高，无
技术工人和非熟练工人的岗位不断减少。为了积极应对经济全球化下的国
际竞争和新技术挑战，在国际竞争中保持并提高自身地位，澳大利亚加快
实施人才战略，一方面提高分流层次，不断提高完成中等教育的青年人的
比例，另一方面继续扩大职业教育与培训规模，改善职业教育质量，以提
高国民整体素质，尤其是一线生产工人的素质。在此背景下，发展职业教
育与培训，从而给学生提供多样化的选择路径，吸引更多学生完成高中教
育，提高学生整体素质，改善学生就业技能成为澳大利亚积极应对产业结
构升级的必然策略之一。①

（三）适应经济发展需求，确立"技能立国"的职业教育发展理念

"二战"后的 20 多年，澳大利亚经济社会发生了巨大变化，经济复
苏、移民增多，导致澳大利亚人口急剧膨胀。随着人民生活质量的提高，
澳大利亚第三产业发展迅速，同时，高等教育和其他继续教育的需求不断
增加。随着经济的进一步发展，职业重新分类，技术型岗位的需求也越来
越大。20 世纪 80 年代，服务性行业的发展继续冲击着职业院校的老牌专
业——采矿、制造和建筑类专业，面向服务业的私人培训机构的快速发展
弥补了传统职业教育的不足。当时，一系列职业教育相关研究报告不断提
出：职业教育要想成为经济发展的助推器，必须立足于市场需求。直到 20

---

① 姚凌. 20 世纪 90 年代以来澳大利亚高中职业教育与培训进展研究 [D]. 武汉：华中师范
大学，2007：12.

世纪 80 年代中期，澳大利亚各界仍对职业教育的发展举棋不定。而 80 年代中期的经济危机最终促使澳大利亚政府和企业界彻底掀起了职业教育改革浪潮。随后的十几年中，改革成效颇为显著。

澳大利亚在国家层面形成了"技能立国"的职业教育发展理念。2000 年澳大利亚发布的《面向未来：1988—2003 年国家发展战略》报告中，明确提出为迅速变化的劳动力市场而武装澳大利亚人的知识和技能，建立参与国家竞争的国家技术储备库的目标和战略。此后，澳大利亚的职业教育又提出了"塑造未来"的理念。2003 年，澳大利亚政府发布了《2004—2010 年职业教育与培训国家战略》，提出了四大目标：使国民胜任全球性的工作；以雇主和学员需求作为开发培训课程的指导思想；通过学习和增加就业机会促进经济增长和社会发展；增加土著人的就业和创业机会。围绕国家发展战略，职业教育与培训体系确立了三大目标：为澳大利亚企业服务，使企业更具国际竞争力；为国民服务，使国民掌握世界先进的技能和知识；为社会服务，为建立兼容并蓄和可持续发展的社会做出贡献。[①] 这一理念体现了澳大利亚国家职业教育规划，对职业教育发展起到了至关重要的作用。

2006 年 10 月，澳大利亚又宣布了一揽子技能决议——"面向未来的技能"（Skills for the Future），旨在进一步提高澳大利亚成人劳动力的技能，为澳大利亚公民的技能更新持续地提供机会。这一揽子计划主要包括：改善澳大利亚工人的基本技能，尤其是帮助成人获得工作中必需的读、写、算基本技能；帮助更多的澳大利亚劳动力在中期职业阶段能够以学徒身份来提高技能；鼓励更多的雇主持续提高雇员的工作技能；建立更多的大学工程场所；鼓励更多的澳大利亚人获得技术技能学历和高级资格证书。

（四）职业教育发展策略

澳大利亚拥有完善的教育制度，就学率在全球名列前茅。其教育体制

---

① 杨婷匀，徐辉. 技能立国：澳大利亚职业教育培训发展的新理念 [J]. 浙江师范大学学报（社会科学版），2005，30（3）：56-60.

大致承袭英式体系，由中小学教育、职业教育与培训和高等教育三个子系统构成。澳大利亚各州（领地）政府均有法律条例，规定向教育与培训提供资助。州（领地）政府负责监管教育与培训事务及职业教育与培训课程的资助事务，而联邦政府主要负责提供高等教育的公共资助。

1. 国家主导下的职业教育体系构建

澳大利亚政府把职业教育与培训事业放在优先发展的地位。总体来看，其职业教育与培训体系的构建和发展更多的是一种国家行为，而非单纯的教育行为。澳大利亚历届政府一贯高度重视职业教育的发展，并根据社会发展的需要不断完善职业教育体系。澳大利亚社会普遍认为职业教育是能够改善人们的教育状况的教育形式。[①] 1992 年，澳大利亚前总理保罗·基廷（P. J. Keating）曾指出：职业教育与培训对发展具有竞争力和繁荣的经济至关重要，因此，也是为澳大利亚的青年提供长期的高回报的工作的关键。[②] 事实上，无论哪个政党执政，无论经济上行还是下行，澳大利亚对职业教育的重视总是有增无减。

20 世纪 70 年代以来，澳大利亚政府针对本国职业教育的发展特点，加强政府的统筹和控制，保证了职业教育的健康有序发展。可以说澳大利亚职业教育体系的发展主要依靠联邦教育部。甚至从某种意义上说，澳大利亚职业教育发展是由一系列重要的政策报告推动的。例如，1974 年，澳大利亚技术与继续教育咨询委员会发布了《坎甘报告》，呼吁在 20 世纪最后阶段，政府必须给予技术与继续教育（Technical and Further Education，TAFE）以充分重视。这是澳大利亚职业教育发展的重要转折点。此后，政府对职业教育的投入明显增加，学校数量增加，教学质量得到提高，同时对职业教育的管理也有所加强。各州政府根据当地人口及经济社会发展状况做出布局和规划，直接出资配套设置各类 TAFE 学院，并对私立学校给予资助。

---

① 杨旭辉. 澳大利亚职业教育体系的特点与启示 [J]. 职业技术教育，2012（31）：82-88.
② 马金森. 现代澳大利亚教育史：1960 年以来的政府、经济与公民 [M]. 沈雅雯，周心红，蒋欣，译. 杭州：浙江大学出版社，2007：139.

2. 持续稳定的经费投入

从 2004 年到 2008 年，即便在 GDP 增速进入下行通道时，澳大利亚对职业教育经费投入的增速仍然普遍高于 GDP 增速。即便是在金融危机前后，联邦政府对职业教育经费的投入仍然持续增加，2007 年增长率超过17.0%，2008 年金融危机期间，联邦政府和州政府对职业教育经费投入的增长率均保持在 3.2%，与当年全国 GDP 增速（3.7%）基本相当。同年，随着参与职业教育的人数增多，职业教育的学费收入增长率超过 9.0%。①职业教育稳定且不断递增的经费投入，体现了澳大利亚对通过职业教育促进经济增长和支持产业转型的信心，同时也使得澳大利亚职业教育的发展具备了良好的物质基础。

3. 完善的国家职业资格框架

澳大利亚 1993 年颁布由联邦政府、州与领地政府、行业、教育与培训部门共同开发的国家职业资格框架。总体上看，澳大利亚国家职业资格框架分为三个部分：国家资格框架（Australian Qualification Framework，AQF）、国家质量培训框架（Australian Quality Training Framework，AQTF）和培训包（Training Package，TP）。三者分别从结果控制、过程管理和培训实施等角度协同发挥作用。统一、贯通是澳大利亚国家职业资格框架体系的突出特点，即通过全国标准的一致性提升用人单位对职业教育质量的信心，同时强调教育与职业之间、职业教育与其他类型教育之间以及职业教育体系内部各子系统之间的相互贯通。此外，国家职业资格框架体系的实施过程非常严谨，其中对注册培训机构的认证分为初次认证和再次认证，并且对标准严格执行，从而保证不同机构提供的职业教育都具有较高的质量。

4. 以行业为主的办学体制

行业在澳大利亚的国家职业教育体系中扮演着核心角色。一方面，行业直接参与制定职业教育政策。行业技能委员会、行业协会、工会和雇主组织与政府合作，确保职业教育政策能够回应雇主、雇员及国家经济的需

---

① 杨旭辉. 澳大利亚职业教育体系的特点与启示［J］. 职业技术教育，2012（31）：82-88.

求。另一方面，行业直接负责开发并修订能力标准，为各行业能力标准的制定提供咨询、指导并最后签署能力标准，使其与具体职业岗位要求一致。同时，行业企业也直接开展并支持职业教育培训。有的公司、企业开展员工在职培训，也为在校学生提供实习岗位和学徒岗位。同时，还积极捐赠或外借设备及最新技术给职业院校，以保证院校的培训能够跟随最新行业发展动态，保证学员能够在毕业后直接上岗，实现良好对接。这种行业企业主导的办学体制，使澳大利亚职业教育与培训对行业企业人才需求保持较高的灵敏度。

二、金融危机以来的教育新政策

2007 年，随着陆克文（K. M. Rudd）领导的工党在大选中获胜并开始执掌澳大利亚联邦政府，一系列积极的改革议题被提上日程。这些改革的核心是在社会全纳教育理念下，提高生产力和就业参与度。政府特别聚焦于：第一，为澳大利亚儿童提供最佳人生起点的教育改革，旨在促进全澳范围内学校教育的公平及卓越，使教育与个体发展需求相适应，同时推动澳大利亚高等教育系统进入世界一流行列；第二，为了形成高水平技能型劳动力而进行人力资本投资；第三，改善"人—技能—工作"的匹配系统；第四，创建公平和高产出的工作环境。这一系列政策背后的理念是提升教育产出不仅能够提高个人生活质量，同时能够给社会和国家经济的发展带来积极影响。

（一）提出中长期职业教育发展目标

金融危机之前，澳大利亚的经济和劳动力市场一直保持良好势头。澳大利亚在职业教育与培训方面的政策措施有效应对了宏观经济环境及国家产业结构调整所带来的劳动力技能短缺问题，提升了劳动力整体素质。然而，随着金融危机影响在全球范围内的扩散和加剧，澳大利亚的经济发展速度也开始放缓，主要表现为 GDP 增速降低，同时失业率有所升高。[①]

---

① Dacey C. Implementing public TVET programmes in the midst of the financial crisis: HRD policies in collaboration with employment security [R]. APEC Forum on Human Resources Development. Chiba, 2009.

澳大利亚技能委员会指出，到 2025 年，为了满足未来产业发展需要以及填补退休人口，澳大利亚需要额外增加 520 万持有三级及以上资格证书的劳动人口。同时，技能化的劳动力是澳大利亚未来经济和社会繁荣的基础，更是提高企业生产力和建立包容性社会的支撑，技能是国家未来的立国之本。

为了更好地应对金融危机，澳大利亚联邦政府从人力资源需求的长远发展出发，对职业教育提出了发展目标：（1）到 2015 年，12 年级或相等水平的教育入学率达到 90%；（2）到 2020 年，使 20—64 岁的澳大利亚人口中有一半以上具有职业教育三级（Certificate Ⅲ）或以上等级的资格证书；（3）到 2020 年，使完成高等职业教育资格认证（职业教育专科文凭和高级职业教育专科文凭）的人数翻倍；（4）到 2025 年，使 25—34 岁的人口中有 40% 的人具有高等教育资格证书。

（二）具体改革措施及核心内容

澳大利亚政府在经济衰退期间出于中长期发展的考虑，对劳动人口的职业能力和基本素质进行投入，其目的是为将来经济复苏之后，国家能有充足的高水平技能型劳动力去填补就业缺口。2012 年，联邦政府发布"面向全体澳大利亚人的技能"国家改革计划，并承诺 2012 年 7 月 1 日之后的 5 年时间里，拨款 17.5 亿澳元用于各州和领地的技能提升及改革。相关政策的大方向是建立惠及全民且高效灵活的职业教育与培训体系。

1. 建立惠及全民的职业教育与培训体系

在高等教育领域，澳大利亚职业教育政策最大的变化是从一个中央计划的体制逐步转向"教育券"体制，从而使任何满足入学条件的人都能得到公共补助和学生贷款，完成在澳大利亚国内的学位项目学习。

首先，设立国家培训补助。国家培训补助是指联邦政府在向各州和领地拨款 17.5 亿澳元改革经费的同时，要求各州和领地政府出台配套补助政策，用于资助所有处于工作年龄（17—64 岁）且没有三级或以上水平资格证书的公民接受职业教育与技能培训。联邦政府进一步要求各州及领地至少做到：（1）保证每个未获得过三级资格证书且满足相应准入条件的人都可以接受政府资助的培训，直至获得三级证书；（2）若部分专业的一、二级证书相应的课程是三级证书课程的一部分，同样也享受国家资助；（3）若公民在获得三级证书前，需要进行基础技能如语言、计算机和识字的训练，政府也需要予以资助。具体的资助额度在各州之间因课程而异，部分课程的政府资助金额或可高达每位学生 7800 澳元，困难的学生将获得国家培训补助之外的培训资助。

其次，扩大按收入比例还款型贷款（income-contingent loans）的覆盖面。将按收入比例还款型贷款由大学系统扩大到职业教育与培训系统，是联邦政府在保证增加持有三级资格证书的人数的基础上，大幅提高获得高水平证书——文凭及高级文凭证书人数的另一项举措，同时也是联邦政府对各州和领地拨款的另一项配套要求。若各州和领地同意该计划，每年最高 1.55 亿澳元贷款可发放至学习国家资助高水平证书课程的学生，每年最多有 6 万名学生可获得贷款。学生可通过所在地的培训提供方申请贷款，联邦政府直接以学生的名义向培训方拨款以支付前期费用，在学生收入未达到规定门槛值（目前为 47196 澳元/年）时，学生不需要偿还贷款。还款由澳大利亚税务局决定，雇主从其工资中扣留一部分用以偿还贷款，还款时间不设限。该计划的有效开展，使高昂的前期费用不再是学生获得高水平文凭的障碍，有效保障了技能培训目标顺利实现。同时，随着申请贷款人数的增加，培训系统的投资也相应增加，政府可以进一步扩大资助名额，满足未来经济发展对劳动力技能的需求。

再次，提高弱势群体的劳动力市场参与度。一个惠及全民的培训系统应当具有包容性，需要对弱势群体给予特殊关注。因此澳大利亚联邦政府为弱势群体制定了相应的政策，以帮助他们完成职业教育与培训，获得工作必需的职业资格证书。联邦政府通过财政激励，针对弱势群体对各州和领地提出专项完成的目标。如提高土著居民的职业教育与培训参与率和职业教育与培训完成率，提高残疾人、偏远地区居民、贫困人口、长期失业者、过早辍学者、单亲或年轻父母、年老工人的学习成果等。为实现弱势群体的技能目标，各州和领地可制定相应政策，但必须包括与培训方和企业合作，如与当地雇主合作制订弱势群体学生的就业计划；整合培训，如将技能课程和语言、识字训练相联系；为学生提供专业人员和支持项目；为指定的弱势学生群体培训工作人员和开发教学资源。

2. 建立高效灵活的职业教育与培训体系

澳大利亚通过一系列做法保障职业教育与培训体系的质量，同时采取许多新的措施保证其灵活高效地运行。

第一，保证质量，提升形象。高质量的教学是高效职业教育与培训体系的关键。联邦政府通过一系列手段保证职业教育与培训体系的质量。（1）实行对培训提供方的单独外部评估。（2）保障高技能工作团队和公立培训系统的实力和竞争力。（3）建立良好的国家监管制度，积极配合技能质量局（Australian Skill Quality Authority）的相关工作。（4）公开培训者的信息，对提供国家培训补助和按收入比例还款型贷款的培训者增加额外的合同义务，加强职业教育与培训体系相关信息的公开化和透明度。

第二，整合信息，提高效率。（1）建立"我的技能"（My Skills）网站。该网站是一个公共数据库，包含所有关于职业教育与培训的培训提供者、课程、培训成果、费用、资助情况等方面的信息，同时也包括当地就业信息的链接，方便雇主和学生查看和选择。（2）设立"独特学生标识"（unique student identifier）。该标识是学生获取自身培训记录的唯一官方凭证，2014年入学的学生开始使用该标识。该标识的使用将使学生变换课程或培训机构的过程更加便捷，同时充分保护学生个人培训记录信息的安全。私立培训机构的信息也整合其中，使政府能够更好地掌握整个培训市场的信息，有利于私立机构的质量监控，也有利于政府有效管理和确定资助领域。（3）需求驱动，有效利用职业教育与培训资金。政府为了使资金投入重点能够向技能短缺的岗位倾斜，采取了一系列措施。首先，完善学徒制，实现学徒制在全国的一致性，减少学徒州际流动的障碍，降低企业成本。其次，将产业需求置于培训的中心。通过立法扩大澳大利亚技能署的职能，建立澳大利亚劳动生产局，该机构以产业为导向并与产业部门合作，针对各部门、各领域、各产业的发展需要，制定实现共赢的劳动力发展策略。再次，加强行业技能委员会的职能。此外，出台新的资助模式——国家劳动力发展基金（联邦政府投入 5.58 亿澳元），巩固政府和产业的合作关系，由劳动生产局确定资助重点，企业与政府共同分担员工培训费用，由此使产业需求成为培训的驱动力。

三、教育结构的变化与趋势

（一）职业教育—非职业教育—工作的互通性强

澳大利亚学生在完成 10 年义务教育之后，可以有多种选择途径（见图 1、图 2）：继续求学或直接就业。大部分学生会进入 11、12 年级，毕业时获得高中毕业证和初级资格证书。高中毕业后学生可以直接进入大学攻读学位，也可以先接受职业教育与培训再去就业或进入大学攻读学位。大学毕业生可以直接就业，也可以参加职业教育与培训之后再就业。由于澳大利亚部分就业岗位有上岗证书的要求，所以一些大学生必须接受职业教育与培训机构的培训，获得相应的资格证书之后才能上岗。

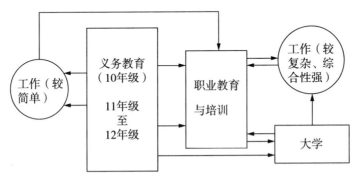

图 1 澳大利亚教育子系统的关系

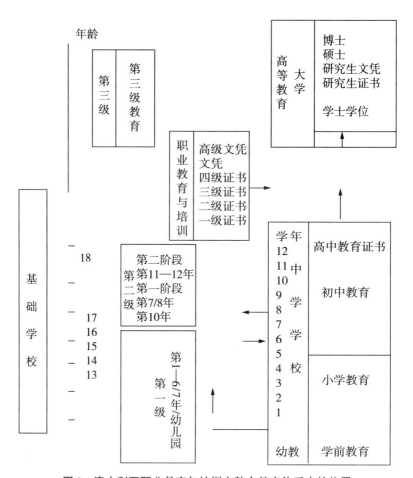

图 2　澳大利亚职业教育与培训在整个教育体系中的位置

（二）职业教育参与率有所提高，以非全日制为主，重视学徒和实习生

金融危机之后的几年中，澳大利亚各年龄段职业教育参与率均有所提升（见表 1）。15—19 岁是澳大利亚职业教育参与率最高的年龄段，其次是 20—24 岁。随着年龄的增长，职业教育参与率有所下降。2011 年，15—64 岁的劳动年龄人口职业教育参与率为 12.0%。

表1　2007—2011年澳大利亚各年龄段人口的职业教育参与率

单位:%

年龄	2007 年	2008 年	2009 年	2010 年	2011 年
15—19 岁	29.9	30.0	29.9	30.8	32.1
20—24 岁	18.3	18.0	17.8	18.7	19.4
25—44 岁	9.7	9.7	9.6	10.1	10.6
45—64 岁	5.9	5.9	5.7	6.1	6.3
65 岁及以上	1.0	1.0	0.9	0.8	0.8
15—64 岁	11.3	11.3	11.1	11.6	12.0

注：职业教育参与率是参加职业教育的人数与该年龄组所有人口的比例。

资料来源：澳大利亚统计局网站。

2011 年，在参与澳大利亚职业教育与培训的学生中，44 岁以下的学生占到 79.4%，其中 25—44 岁的学生最多，占总人数的 36.2%。而非全日制是学生参加职业教育与培训的主要方式，这部分学生占 84.6%。学徒和实习生是职业教育与培训的重要途径，占 79.3%。[①]

从澳大利亚职业教育与培训学生取得资格证书及文凭的情况来看，有 62.5%的人都取得了澳大利亚国家资格框架（AQF）内三级证书及以上的资格认证，有 13.9%的人取得了专科文凭及以上的资格认证。从认证类型来看，绝大多数人取得的是国家培训包认证的学历资格（74.4%）。[②]

（三）对职业教育师资的要求高，重视实践经验

1. 资格要求与级别

澳大利亚从事职业教育与培训的教师，其最低要求是获得"培训与评估四级证书"（Training and Assessment Ⅳ）。教师学历要求则根据具体情况而有所不同：一部分教师具有教育学学士以上的学历，或者读完一种专业本科后再获得一个教育学学士或以上学历；另一部分教师则具有丰富的

---

① 周红利．澳大利亚职业教育体系研究［J］．教育学术月刊，2013（1）：14-18.

② 同①。

企业工作经历并获得培训及评估四级证书。但实际上在职业教育与培训领域，85%以上的教师都具有学士以上学位。

澳大利亚对职业技术学院教师的实践经验非常重视，其基本要求是：应有五年专业实践工作经历；受过大学教育专业和相关专业的培训，持有教师资格证书；具有四级国家资格证书并通过工作场所的训练。具备上述条件，还要先做兼职教师，一般经过五年以上的教学实践才能转为正式教师。正式教师需要定期去企业进行专业行业实践，还要成为有关专业协会的成员，参加专业协会的活动，接收新的专业知识、技能和信息。澳大利亚是联邦制国家，具体规定会因地区及专业不同有些差异，但实践经验、技能证书、教育学学士学位三者缺一不可。

2. 能力要求

澳大利亚对职业教育专职教师要求除了必须具有丰富的专业知识外，还必须具有跨学科的教学能力、特殊教育能力、环境教育能力、运用现代教育信息技术的能力、编写教学计划的能力、讲授理论课的能力和指导学生实践的能力。同时，职教机构也会从社会上大量选聘专业技术人员接受师范教育而成为兼职教师，被选聘的专业技术人员在从教的同时要接受大学教育学院为期1—2年的师范教育，掌握教育理论，具备教学能力，最终获得教师职业资格。职业教育专业教师必须具有3—5年从事本行业工作的实践经验。目前来看，职业院校为提高工作效率，也希望职业教育教师掌握更多技能，即一专多能，比如教学和评估、学生支持、技术、设计和管理技能，以及一系列个人技能，这可以使教师有机会参与更多有兴趣的工作，也可以增加职业发展的机会。另外，教师还需要广泛的背景知识和行业知识帮助他们胜任工作。

阿根廷：《职业技术教育法》
驱动教育改革

郭潇莹

本文结合阿根廷教育部相关文献及国内学者研究成果，以经济与教育的关系为切入点，分析了阿根廷自 19 世纪 50 年代以来的经济发展战略以及为了适应经济发展需求所实施的教育发展战略。本文还重点研究了阿根廷的职业技术教育政策，以阿根廷职业技术教育核心政策——《职业技术教育法》为例，解析了阿根廷近年来的职业技术教育政策，包括政策内容、目标及实施成效。

一、经济与教育发展

阿根廷位于南美洲东南部，东濒大西洋，南与南极洲隔海相望，西邻智利，北与玻利维亚、巴拉圭交界，东北与乌拉圭、巴西接壤。阿根廷是拉丁美洲面积第二大国家。阿根廷是拉美经济相对发达的国家，其自然资源丰富，人口受教育程度较高，农业主要以出口为导向，工业基础多样化，其制造业主要依赖于中小型企业，全国约 70% 的就业岗位由中小型企业提供。

（一）经济发展战略

阿根廷的经济从 20 世纪 50 年代以后逐渐陷入缓慢增长甚至停滞不前的状态，特别是进入 21 世纪后，爆发了全面的金融和经济危机。从经济发展模式的角度看，阿根廷的经济从 19 世纪 50—60 年代至今可大致分为以下四个阶段。

第一阶段（19 世纪 60 年代到 20 世纪 20 年代）为农牧业出口型经济。阿根廷 1816 年独立后处于长期内战状态，战争不断。在经济方面，各省各行其是，经济主要依靠对欧洲出口农牧产品。1862 年阿根廷统一后，其经济模式逐渐转变为以农牧业等初级产品生产为主。欧洲移民的涌入，为阿根廷经济的发展带来了必要的劳动力。

第二阶段（20 世纪 30 年代至 70 年代初期）为替代进口经济模式。20 世纪 30 年代，世界各国普遍出现经济危机和大萧条，世界经济结构随之发生了根本变化，以农牧业出口为主的国家受到了沉重打击。为满足本国对工业制成品的需求，减少对进口的依赖，阿根廷开始了以替代进口为主要方式的工业化进程。但替代进口却使阿根廷形成了一种几乎完全封闭的经济，导致物价水平过高，通货膨胀率居高不下，危机不断。

第三阶段（1976—2001 年）为传统自由主义经济模式与新自由主义经济模式。该阶段，阿根廷经历了两次经济改革，分别是军政权实施的新自由主义改革（1976—1983 年）和新自由经济改革（1990—2001 年）。但两次改革均因决策失误等原因以失败告终。20 世纪 90 年代，阿根廷中小型企业发展受阻，经济发展速度缓慢。2001 年阿根廷国内爆发经济危机，中小型企业受到重创，新型企业的创立及发展受到了严重的影响。而当时激进的经济复苏政策并没有增强中小型企业的竞争力，也没有排除中小型企业发展的障碍。

第四阶段（2002 年至今）为后新自由主义/进步主义经济模式。2002 年以后，替代进口活动为中小型企业提供了新的发展机遇，激活了阿根廷中小型企业的生产线，并创造了一定的就业机会。持续的经济增长也使得政府成功地将失业率从 2002 年的 21.5% 降低到了 2005 年的 11.1%，劳动人口的不充分就业率也降低到了 11.9%（180 万人口）。

阿根廷经济危机以后，经济复苏对有专业技能的劳动力需求越来越大，但当时有专业技能的劳动力仍然远远不能满足需求，纺织业、机器制造业、设备仪器及汽车、交通领域仍需大量专业技术人员。

与此同时，经济危机的阴影仍然影响着数百万阿根廷人的生活水平。社会财富分配严重不均衡，贫富两极化，大量财富聚集在少数富人手中，而大部分普通人生活水平仍偏低。这种社会不公平不仅造成了贫困人口的急剧增多及资源分配的不均衡，还造成了公民在参与社会事务及接受良好文化教育上的差异。

在此背景下，职业技术教育的重要性凸显。从国家层面来讲，职业技术教育对于促进社会融合及公平具有战略意义，是国家经济可持续发展的关键要素。从地区层面来讲，在提高劳动力质量、生产力水平和地区竞争力方面，职业技术教育的作用不可忽略。

（二）适应经济发展需求的教育发展战略

阿根廷是联邦制国家，全国共 24 个行政区域，每个区域拥有独立的教育行政权。各行政区域教育管理部门对本区域大部分的教育服务拥有管理及监督的职权，但其大学体系以及部分非大学高等教育评估服务除外。各行政区域教育管理体系根据该国现行法律、该地区历史及文化的特殊性、该地区教育体系的发展及复杂程度来确定。

1993 年《联邦法》对阿根廷教育体制进行了彻底的改革，将教育服务管理权分配到各省，联邦政府只负责各省间的协调工作，而联邦教育委员会则变成了一个联邦协调平台。由于各省政治意愿和资源可得性不同，各省教育改革的实施进展极其不均衡，这导致了越来越分裂的国家教育体系。结果，教育改革不但没有使阿根廷的教育状况得到改善，反而使教育质量大大下降，这种下降尤其体现在偏远贫困地区和弱势群体上。首先，教育体制面临严峻的结构性问题，如：低出勤率、高辍学率、教学内容烦冗，初等教育和高等教育阶段学生入学年龄与正规入学年龄不符。其次，阿根廷教育体系中起初标志性的相对公平的方面也在教育不公平问题进一步加剧的情况下——被打破。从个体层面来说，来自低收入家庭的学生不仅受教育年限短且教育质量也较低；从区域层面来说，各省间的教育不均衡问题也越来越严重。如，北方各省情况较差，存在受教育机会不均等、教学质量差、教师培训水平低、教师工资水平低并经常被拖欠、课程内容与劳动力市场对技能的需求不匹配等问题。高辍学率使得大批缺乏就业技能的 15—25 岁年轻人进入社会，由失业导致贫困的恶性循环出现。

受 1993 年教育改革影响严重的另外一方面就是阿根廷的职业技术教育与培训。省级职业技术教育与培训可得资源有限、课程内容陈旧，使教育服务质量偏低，进而导致一些生产领域缺乏专业技术人员。

在经历了 2003 年的社会和经济危机后，面对新的政治和经济环境，人们对于阿根廷教育，尤其是职业技术教育政策的想法和探讨也发生着转变。

阿根廷政府认为，教育能够使人掌握进入劳动力市场所需要的核心技能，因此教育能够在降低一国贫困程度、提高公民的社会和政治参与度、建立公平机制和促进经济增长方面起到积极的作用。另外，教育对于提升国家的经济竞争力也尤为关键。政府开始重新审视 20 世纪 90 年代确立的教育政策，以及教育理论、模式和概念，构建与 2003 年社会形势关键要素相吻合的战略和项目，并予以执行。

在经济与社会危机的背景下，人们对 1993 年《联邦法》执行以来所显露的种种限制、弊端和问题进行了细致的分析和论证，并在政策层面和学术层面达成了诸多重要共识。近些年，阿根廷在全国范围和省级范围颁布实施了新的教育法律法规。出台这些法律的目的在于使国家教育体系内部统筹一致，承认国家对受教育权利的充分落实负主要责任，确认各省政府在指导方针方面达成一致，从而能够使各省教育取得均衡进步，确保教育政策的实施能够有效引导教育的发展，提高教育质量。

（三）阿根廷职业技术教育发展

阿根廷的职业技术教育大致起始于 20 世纪 60 年代，由于历史原因，发展比较缓慢。阿根廷共有 4 所公立职业技术学院，50 多所私立职业技术学院。尽管越来越多的人进入了这类学校，但仍然不能满足市场的需求。阿根廷职业技术教育主要针对的是没有能力继续进入大学进行本科学习的学生。据统计，阿根廷的高中毕业生中有 50% 会选择职业技术学院，同时，职业技术学院的学生同样有机会在结束专科教育之后升入大学本科，本科新生中每年约有 5.3 万人来自职业技术学院，而过去从职业技术学院毕业的学生要想进入大学是非常困难的。大约有 75% 的学生能够通过大学考试。①

阿根廷职业培训体系为正规技术教育和非正式的"专业"培训。正规技术教育颁发毕业证书或者其他正式的证书（中级、高级）。非正式的培训旨在通过劳动市场的短期培训提高从业者的特殊技能。阿根廷《终身学习项目》工作报告认为，终身学习对加强教育体系和劳工市场之间的联系、提高中等学校水平、使年轻人和成人获得一定的回报都有作用，这也说明更高层次的教育与培训对于提高就业率来说很有必要。②

阿根廷的经济特点决定了职业技术学院的科目设置偏重于农林畜牧业和三产服务业。高中毕业生在经过 2—3 年的学习后能够得到相关的职业资格证书，以此来获得职业竞争的机会。根据阿根廷教育法律，进入公立院校学习的学生是免费参与各项学习项目的，而进入私立院校的学生则必须交付相应的学费，一般在每月 120 比索左右，专业不同，收费也有所不同。

二、阿根廷职业技术教育的核心政策：《职业技术教育法》

20 世纪 90 年代，阿根廷的职业技术教育受当时强势出口经济以及本国去工业化的影响，处于次要地位，因此，20 世纪 90 年代的经济危机过后，阿根廷国内缺乏训练有素的工人。由于长期缺少强化和改善职业技术教育的政策和策略，且对职业技术教育的投入长期不足，在阿根廷工业联盟以及大批企业家的要求下，2005 年 9 月，阿根廷颁布了《职业技术教育法》。

《职业技术教育法》的目的在于：承认职业技术教育（作为国家教育

---

① 傅筠，王颖. 阿根廷职业教育考察情况及随想 [J]. 无锡职业技术学院学报，2008，7（1）：14-16.

② 关文静，陆云鹏. 世界银行教育投资项目：以阿根廷《终身学习项目》为例 [J]. 世界教育信息，2013（3）：41-46.

体系的一种模式）的专业性，以及职业技术教育在促进经济社会发展方面的战略意义，确立全国范围内统一且相联系的标准；确保将各省份职业技术教育政策和策略统筹一致，为阿根廷职业技术教育建立一个全国性、联邦制、分层且整体协调性高的政策体系。由于与科技发展和工业发展关系密切，这项法案被看作社会包容、公平，科技发展，经济持续稳定增长和国家生产力发展的基本战略之一。

《职业技术教育法》规定了职业技术教育的目标，如为人们提供技能培训、更新和发展的机会，使其能够更好地进入劳动力市场。它设定了阿根廷职业技术教育的范畴，将高中和大学阶段的教育和职业技术教育系统地联系起来，并为与科学技术、工业及经济发展相关的职业技术教育领域提供紧跟社会需求的教学内容。

《职业技术教育法》设立了三个工具，在尊重各省标准和地区差异性的基础上，在全国范围内对职业技术教育进行规范化，从而为不断提高教育质量打下基础。这三个工具为：职业技术教育机构联邦注册、学位和证书国家总目、经不同培训获得学位和证书的统筹。

此外，政府还设立了职业技术教育国家基金会，每年所融资金不少于国家公共部门综合年度预算收入总量的 0.2%，从而渐进而持续地确保满足不同培训模式发展的需要，满足中级技术学校、高级培训学校和职业培训中心发展的需要。

《职业技术教育法》确立了职业技术教育管理制度，明确了联邦教育委员会、国家技术教育协会、不同省份的教育厅以及联邦职业技术教育委员会的职责。

联邦职业技术教育委员会于 2005 年 11 月正式成立，由全国 24 个司法管辖区小组构成。每个小组由该委员会的一位委员（由相关部长特别指定，代表该部）以及中级技术教育、高级技术教育、职业培训三方面各一位负责人或协调人组成。

联邦职业技术教育委员会每年组织召开 8 或 9 场会议，会议历时 2 天。会议议程主要为政府和各省份项目的策划、跟踪和评估，以及文件的制定。这些文件将呈报联邦职业技术教育委员会。需要指出的是，联邦职业技术教育委员会负责制定《职业技术教育法》执行的纲领、标准和程序，其决议对于所有教育部门都是强制有效的。其中较为重要的决议是关于职业技术教育学历和证书的统筹、不同培训模式的框架，以及中高级技术教育、职业培训制度和课程纲领等方面的。

《职业技术教育法》奠定了阿根廷职业技术教育与培训的国家资金资助的基础，保证了职业技术教育发展的财政支持，进而改善了职业技术学院的办学条件，促进公平就学机会。自该法案颁布以来，阿根廷的职业技术教育财政预算从 1500 万比索增长到 2.9 亿比索。该法案提高了职业技术教育的地位，促进职业技术教育向更公平、更高质量、更高效率发展，有利于社会各阶层融合、社会经济发展以及科技进步。

三、近年来职业技术教育政策分析

（一）职业技术教育政策的基本定位

阿根廷职业技术教育的显著特点有以下几方面。

（1）长期缺少强化职业技术教育方面的政策，职业技术教育财力、人力和管理长期投入不足。

（2）职业技术教育体系管理分散。20 世纪 90 年代，部分国家级职业技术教育机构转为省级机构，省级政府的治理和管理能力不一。地理分布上，教育机构过于集中于某一区域，与行业经济活动不相符。此外，在加强宏观和微观层面的政策和制度联系性方面困难重重。

（3）缺少能将不同职业技术教育机构的治理和管理统筹一致，且能解决职业技术教育内部分裂问题的政策和标准。

（4）中高级技术培训方面，多种关于制度和课程的概念、形式并存；不同的培训模式在职业资格水平、所获学位和证书方面差异较大。

（5）对于中级技术工人的培训专业性不足，职业教育颁发的学位缺乏法律保障。

（6）高级技术工人培训方面，注册人数增长幅度较大；不同的培训机构培训内容差异性较大，有些领域内缺少培训班，特别是应用科学和技术领域；与大学高级培训、中级技术工人培训之间严重脱节；职业技术教育准则和制度不明朗。

（7）职业培训方面，培训大多是为了满足社区需求和提高个人就业能力，与行业需求脱节。培训质量一般，系统性不足，导致培训效果令人失望，从区域和行业的角度看，不能适应社会生产要求。

（8）职业技术教育机构相关可信的基础数据信息不足，缺少对职业技术教育的专题调研。

尽管阿根廷职业技术教育存在着上述问题，但另外三个方面为改善和强化职业技术教育创造了有利条件。

一方面，经历了 2001 年底爆发的严重的经济和社会危机后，阿根廷国内生产水平强势恢复，工业和农业生产持续发展，国内净投资大幅上涨，就业率明显提高。除了社会和经济方面趋于好转之外，政府也决心出台教育方面，特别是职业技术教育方面的公共政策，以施加积极的影响。

另一方面，阿根廷中级技术教育和职业培训具有鲜明的特点和优良的历史传统，使得众多教育机构能够经受并适应 20 世纪 90 年代发生的变化。

最后，国家职业教育委员会、各行业论坛、联邦会议等组织和机制的创立，促进了劳动人口与科学和技术人员的融合，促进了 23 省和布宜诺斯艾利斯市技术教育政策负责人就有关议题达成一致，共同设计、制定和执行有关政策，改善职业技术教育现状。这一点在 2005 年 9 月颁布的《职业技术教育法》中得以体现。

鉴于此，新制定的职业技术教育政策集中反映在以下四方面：

（1）联邦政府通过的政策的有效性；

（2）培训模式与社会生产力的关联性；

（3）培训机构、培训模式的质量；

（4）为达到预期变化，经济、金融财政方面的可行性。

（二）政策目标

阿根廷职业技术教育有鲜明的特点和悠久的历史传统。与其他教育类型相比，职业技术教育已经取得了长足的进步，具体表现在：推进职业文化发展；在向社会生产部门，尤其是中小企业转移技术方面作用突出；具有全面的特点，涵盖了从初级培训到关系国家技术发展水平的高级专业培训的各个层次的培训；培训集中在基础科学方面；组织构架和教学方式呈多样性，同时加入轮岗和实习的部分，增加针对欠发达社会经济部门的教育和培训内容；毕业生往往具备突出的劳动和生产管理能力，就业率更高。

出台有关职业技术教育的政策的主要目的在于回应青年和成年人的需求，这关系到他们的期望值和生活条件；与此同时，应社会和经济生产部门的需求，科学和技术的不断创新和进步也需要对有关政策进行更新，从而使教育和人才更加适应社会发展、就业和经济增长的需要。

近年来，阿根廷社会环境和情况发生了变化，使得政府从宏观和微观的角度考虑出台新的政策。这些变化主要体现在以下几方面。

（1）劳动市场和劳动力结构发生变化，劳动内容和过程发生变化，新的职位和岗位出现。

（2）不同部门之间、部门内部的发展水平不均衡，技术差距显而易见，活跃的部门和生产力低下的部门并存。

（3）以竞争力和生产力的提高为支撑的新的生产模式、经济和社会管理模式出现。竞争力和生产力的提高越来越多地依靠科学和技术知识的运用程度。

（4）劳动市场就业形式日趋多样化，非正规就业增加，创业、失业和社会排斥现象增加。

（5）生产、劳动组织和劳动者素质三者之间的关系日趋复杂。

（三）政策实施效果

阿根廷职业技术教育政策实施效果主要有以下几个方面。

（1）在全国、省级范围内，强化了政府宏观调控，使得职业技术教育成为促进社会进步和国家经济可持续发展的工具。

（2）强化了教育、科技、经济、生产力和劳动之间的关联性，使得培训更加适应各行业、各区域社会生产力发展的需要。

（3）培训机构得以完善，项目准则制度化，对职业技能学位和证书进行规范。

（4）出台了其他针对职业技术教育机构的政策，改善其领导层和教学组的学术水平和职业素养。

（5）从家庭和职业发展的角度，引入了有关准则，从而厘清、联结、更新、指导不同水平的职业和技术培训，解决了培训重叠、学位和证书多样化的问题。

（6）开展了致力于结构创新的项目，完善了制度和课程管理模式。

（7）在各类培训中安排实习和实践内容的同时，保证至少保留最小比例的科学技术课程内容。

（8）为培训创造了必要的条件，解决了培训基础设施和机构教室、实验室等硬件设备、生产环境等不能满足需求的问题。

（9）在职业技术教育机构和项目有关基础数据、质量研究方面，以及毕业生情况的追踪方面，掌握了有效且可信的数据，为今后出台决议提供了参考、打下了基础。

目前，阿根廷颁发的职业技术教育学位和证书达 14321 个，公立和私立职业技术教育机构共计 2427 所，其中工农业中级职业学院 1379 所，高级职业学院 312 所，专业培训中心 736 所。

巴西：职业技术教育改革走向

李延成　庞文英

巴西是当今世界八大经济体之一，也是金砖五国成员，其经济发展成就有目共睹。近 20 年来，巴西各级各类教育也有了很大的发展，政府把职业技术教育作为提升劳动力竞争力的途径。本文通过对巴西国家政策和相关文献的分析，描述了巴西教育与经济发展之间的关系，重点考察了巴西职业技术教育的发展，尤其是金融危机以来的发展情况，并对其借鉴意义予以评述。

一、巴西的经济与教育发展

进入 21 世纪后，巴西的经济发展很快，但金融危机后总体趋势不佳，2011—2013 年，巴西年度经济增长率分别为 2.7%、1.0% 和 2.4%。分析认为，除了投资下降因素外，基础设施和教育投入不足是影响巴西经济发展的主要因素。[①]

巴西经济与教育发展可分为以下四个阶段。

（一）20 世纪 30—50 年代：工业化与职业技术教育的成型

巴西自 1822 年独立到 20 世纪 30 年代，都是以种植咖啡豆和橡胶为主业的单一农业经济国，工业和技术水平较低，对技术人才的需求也不高，职业技术教育只是零星地存在，正规的大学体系也是在 20 世纪 30 年

---

① 杨志敏. 对近年巴西经济增长态势的分析［J］. 学海，2014（3）：38-45.

代才开始建立。[1]

20 世纪 30 年代开始，巴西开始发展工业。出于发展新兴工业对工程技术人员的需要，政府开始重视职业技术教育。1942 年，工商业界的一些私人机构成立了由工业联合会管辖的国家学徒服务社，此后很多行业都成立了类似的培训机构。1959 年巴西颁布了《职业教育法》，正式规定按行业建立校外职业技术教育体系，形成了巴西校外职业技术教育的一大特色，该体系一直影响至今。这一时期正规教育领域也开始发展职业技术教育。1942 年有一些普通中学转为联邦技术学校，但这类学校数量非常有限，难以与校外非正规职业培训机构匹敌。[2]

（二）20 世纪 60—80 年代末：进口替代政策与职业技术教育大发展

从 1964 年开始，巴西开始了长达 21 年的军政府统治。军政府采取强硬政策稳定政治，经济上实行"专家治国"政策，巴西经济发展战略逐渐由进口替代经济战略转为进口替代与促进出口相结合的战略。1968—1973 年间，巴西经济实现了前所未有的高增长，国内生产总值年均增长率达 10% 以上，创造了巴西"经济奇迹"。[3] 但是受经济发展的周期性和国际石油价格上涨的影响，20 世纪 70 年代中期，巴西"经济奇迹"结束。进入 80 年代后，费格雷多政府拒绝实行经济紧缩政策，结果导致了巴西的债务危机和经济的全面衰退。[4]

这一时期，巴西政府把教育与国家经济发展联系在一起，把人才培养作为实现国家经济现代化的战略措施之一。在政府政策引导下，巴西的职业技术教育走向制度化和多元化，校内校外职业技术教育规模急速扩张。1971 年，巴西政府颁布《初中等教育改革法》，规定中等教育（14 岁之后）的主要任务和目的为：一方面要传授科学基础知识和进行基础理论训

---

① 张红颖，李润华 . 职谱一体的双体系职业技术教育模式：巴西的经验 [J]. 比较教育研究，2013（9）：45-47.

② 宋霞 . 巴西与中国职业技术教育比较研究 [J]. 拉丁美洲研究，2009（4）：42-48.

③ 吕银春 . 1968—1973 年巴西经济奇迹剖析 [J]. 拉丁美洲研究，1987（4）：42-47.

④ 董经胜 . 巴西政府的经济政策和债务危机的形成（1974—1985）[J]. 安徽史学，2005（2）：11-17.

练，为学生进入高等院校深造打基础；另一方面也要结合社会经济发展需要，培养学生的实际工作能力，使其掌握一定的专业技能，成为具有中等技术水平的劳动者和有一定文化知识的管理人员和服务人员。此后巴西中等教育机构的课程中都加入了技术教育课程。同时，巴西还大量增设职业技术学校。正规学校中等职业技术教育在这一时期成为政府优先发展的目标。据统计，1970年，巴西职业技术学校学生为68万人，占全国中学生总数的17.0%，到1978年，职业技术学校和实现职业化改革的学校已有学生150多万人，占中学生总数的59.2%，半数以上的中学毕业生具备了服务社会的条件。这一时期巴西校外职业技术教育体系进一步发展壮大，1972年巴西支持小微企业培训中心成立，该中心旨在推动巴西小微企业的发展。① 1987年，巴西颁布了《职业技术教育国家政策》，着手建立国家职业证书制度。

（三）20世纪90年代至21世纪初："新巴西"与职业技术教育的调整与巩固

20世纪80年代末，巴西军政府倒台，90年代初政府放弃了进口替代政策，提出了有关工农业现代化的多个"新巴西"计划，着力提升巴西产品的国际竞争力，同时，实行经济全面开放战略，积极吸引外资和引进技术，发展科技与教育。经济国际化势必要求产品达到更高的国际标准，这就对劳动力的素质提出了更高的要求。② 2003年卢拉政府开始采取更为稳健的经济政策，坚持了通货膨胀目标制、初级财政盈余制和浮动汇率制三大政策，提高工作的效益，增加巴西在世界经济市场所占的份额。同时，强调社会公正，重视社会全面发展，政府采取行动，进行社会保险和税制改革，改善收入分配的不合理状况，加强医疗、教育等民生投入。③

这一时期，高等教育领域的职业技术教育得到了重点发展，中等职业

① 张红颖，李润华. 巴西普职一体化的职业技术教育及其启示 [J]. 教育与职业，2013 (11)：21-23.

② 王洁. 外商投资引发巴西教育体制改革 [J]. 科学新闻，1999 (31)：11.

③ 聂泉. 卢拉政府时期（2003—2010）的巴西经济和社会政策初析 [J]. 拉丁美洲研究，2013 (2)：24-30.

技术教育相对稳定，校外职业技术教育体系进一步完善。1996 年，巴西政府对高等教育进行改革，要求在高等教育阶段开设职业技术教育课程，培养适应劳动力市场需求的高级技术工人。1999 年巴西全国有 178 门技术教育课程，至 2002 年底增至 612 门，仅圣保罗州的 1 所大学就开设了 60门技术教育课程。2000—2002 年，选择技术课程的大学生数量增加了29%。① 在国家学徒服务社的框架下，1992—1998 年，巴西成立了农业、交通等方面的培训机构，进一步丰富了校外职业培训的内涵。②

21 世纪初，卢拉政府十分重视教育，义务教育由 8 年制改为 9 年制。与此同时，联邦政府加大了直接投入设立职业技术学校的力度，巴西职业技术学校由 20 世纪 90 年代末的 140 所增至 2010 年的 300 多所。政府扩大了高等教育规模，为 76.1 万在私立大学就读的贫困大学生提供了奖学金；推行了"支持全国青年包容计划：教育、培训和社区行动"，为贫困青年的学习和培训提供资助，到 2010 年底，共计资助了 310 万青年，投入 52亿雷亚尔。③

（四）2009 年至今：金融危机与职业技术教育再出发

2008 年以来，受国际金融危机和美国次贷危机的影响，巴西经济起伏不定，经济增速变慢，国际竞争力有所下降，但经济状况总体良好：失业率始终保持在 5%左右；通胀率略有升高但仍控制在 6.5%的政府上限内；经常性项目赤字占国内生产总值的 3.5%，低于其他新兴国家；居民收入稳步提高，社会环境较为平稳。这一时期，巴西政府意识到要摆脱困境，仍需加大人力资源开发力度，提高人力资源的竞争力。④

与此同时，政府积极发展职业技术教育。从 2009 年开始巴西实施 14年义务教育，2011 年实施国家普及技术教育与就业计划，协调各级各类

① 宋霞. 巴西与中国职业技术教育比较研究 [J]. 拉丁美洲研究，2009（4）：42-48.
② 张红颖，李润华. 巴西普职一体化的职业技术教育及其启示 [J]. 教育与职业，2013（11）：21-23.
③ 聂泉. 卢拉政府时期（2003—2010）的巴西经济和社会政策初析 [J]. 拉丁美洲研究，2013（2）：24-30.
④ 杨志敏. 对近年巴西经济增长态势的分析 [J]. 学海，2014（3）：38-45.

职业技术教育提供者，扩大受教育规模，使之惠及弱势群体，通过课程改革等方式提升教育质量，加强学习与就业之间的关联度，进一步加强联邦政府在职业技术教育中的直接作用。①

二、巴西职业技术教育的结构与趋势

（一）巴西职业技术教育结构

巴西的正规教育体系包括基础教育与高等教育两个部分。基础教育包括托儿所（0—3 岁）、学前教育（4—5 岁）、小学（6—10 岁）、初中（11—14 岁）、高中（15—17 岁）。高等教育包括本科、硕士、博士教育。

巴西的职业技术教育可以分为三类。

第一类是大学层次的技术教育，一般 2—3 年，任何类型的高中毕业生都可以通过考试就读，此类学生占所有职业技术教育学生的 2%，修读人数最多的专业是财经。

第二类是高中阶段的技术教育，通常为 4 年，此类学生大约占所有职业技术教育学生的 19%，毕业生从事最多的职业是商业、服务业以及天然气和石油产业。高中阶段的技术教育有三种方式：第一，在同一所学校同一个项目里面实施学术与职业课程，贯穿高中 4 年；第二，学生在一所学校完成学术课程的同时，在另外一所学校完成技术课程，一般 2 年；第三，已经完成高中学术课程的学生修读 2 年的技术教育课程。2007 年，这三部分学生的比例分别为 23%、21%、53%。总体上，技术教育往往吸引社会和学术背景比较好的学生，许多学生继续读大学，而且他们高中阶段流失率为 24.7%，而修读学术课程的学生的流失率为 37.3%。②

第三类是起步与继续教育，这种通常是短期培训，不和特定水平的教育相联系。短期的起步与继续教育面向的对象是不在正规教育体系之内的

① Almeida R, Amaral N, Felicio F. Assessing advances and challenges in technical education in Brazil［R］. World Bank, 2016.

② Almeida R, Anazawa L, Menezes-Filho N, et al. Retornos da educação profissional e técnica no Brasil［R］. World Bank, 2014.

低技能人员。此类学生大约占所有职业技术教育学生的 79%，他们从事最多的职业是汽车产业。①

（二）学生与学习方式

职业技术学校的学生录取方式是多元的。公立职业技术学校，不论是联邦政府举办的还是州政府举办的，都以考试成绩作为录取标准，学生要参加申请学校的考试，达到一定的标准才能被录取。国家学徒服务社根据考试成绩和"先到先得"的原则录取学生。但是，联邦政府和国家学徒服务社还对来自公立学校的学生使用"配额指标"的方式录取，并保证学生社会经济背景的多样性。这些学校在成绩和先到先得原则的基础上，分配50%的指标给来自公立学校的学生，同时保证学生中非洲裔和印第安土著人的比例与该群体占所在州总人口的比例一致。但在州和市层面上，它们有自己的优先标准和配额方式。有的州给来自公立学校的学生加 10 分，非洲裔学生可以加 3 分，学生最高可能加 13 分。

巴西职业技术教育中学生的学习方式主要有三种：课堂学习、远程学习、学徒制在岗培训。课堂学习是技术教育的主要形式，但是近年来远程教育蓬勃发展。远程教育可以为偏远地区的学生和距离太远不能天天到校的学生提供方便的学习机会。学徒制在岗培训形式多样，要求不一，也不是学生获得毕业证的必备条件，不可以替代课堂学习。国家学徒服务社举办的技术教育要求一定的学徒实习，但现在已有部分机构不再要求了，因为难以为学生提供这样的机会。

（三）职业技术教育的举办者与经费投入

在巴西，州政府对于中等教育，包括技术教育承担主要的责任，85%的中学是州立中学。每个州负责技术教育的政府部门不尽相同，有的由教育局负责，有的由科技局负责。

职业技术教育主要的举办者是公立机构（联邦政府的教育机构和州政

---

① Almeida R, Anazawa L, Menezes-Filho N, et al. Retornos da educação profissional e técnica no Brasil [R]. World Bank, 2014.

府)、国家学徒服务社、私立学校与培训机构。市政府也可以举办职业技术教育,但份额极少。在联邦政府、州政府举办的学校和国家学徒服务社学习的学生大约占了全部职业技术教育学生的40%,其他60%的学生在私立学校学习。联邦政府教育机构、州政府、国家学徒服务社这三类组织提供三种学制和水平的课程:初等技术教育、高中阶段技术教育、大学阶段技术教育。就高中阶段的技术教育而言,联邦政府承担了经费投入的15%,州政府承担36%,市政府只承担3%,其他由私立学校和国家学徒服务社承担。

从2003年开始,联邦政府举办的学校数量快速增长。20世纪末到2002年,联邦政府建立了140所联邦职业技术教育机构,2008年达到218所,2010年达到366所,每个州至少有1所。这些机构包括联邦职业教育学院、技术大学、联邦技术教育中心、联邦大学附属技术学校等。

国家学徒服务社创立于20世纪40年代,目的是动员商业组织、产业协会、不同的经济部门的代表一起培训市场上短缺的高质量专业人员。目前,国家学徒服务社的宗旨是通过职业和技术教育、医疗保健等提高工人的生活品质。

巴西州政府和市政府财政收入的20%用于教育开支,联邦政府另外提供10%的资金,主要是考虑有的州和市财政困难,对教育投入不足,同时通过联邦政府的介入,尽量减少社会性不平等。2012年,联邦政府职业技术教育投入是50亿雷亚尔,共资助190万学生。国家学徒服务社的经费为2.5%的工资税,2010年该收入为120亿雷亚尔,占中等教育公共支出的3/4。国家学徒服务社经费的3/5要用于社会服务,2/5用于学习服务,从2014年开始,2/3要用于学生免费学习。

任何就读联邦或者州政府学校的学生都不用缴费。就国家学徒服务社而言,学生可以通过公共社会福利项目、教育部与国家学徒服务社签署的免费学习项目、企业付费等方式,免费参与学习。如果学生不符合享受这些政策的条件,则要自己付费,依据学习课程的不同而缴纳不等的学费。

（四）职业技术教育的管理与证书体系

巴西教育部是职业技术教育管理机构，每个州也设有州教育委员会。教育部负责制定教育政策，包括职业技术教育政策，各州的教育委员会或者科技局行使相似的职能。教育部还负责组织发布国家技术课程目录，列明国家认可的专业、课程、最低学术要求。目录会明确毕业生应掌握的技能、对口的职业领域、特定课程的基础条件、学习时间、是否要求在岗学习（由学校决定）等。

2007 年，巴西教育部和劳动与就业部联合建立了证书网络。在证书网络中，联邦机构负责开发管理证书项目，负责证书教育机构的认证。公立职业技术教育学校、国家学徒服务社、行会或者非政府组织的职业技术学校则具体负责落实开发证书项目和培训。政府机关和非政府组织负责评测、标准化、检查专业活动等工作。证书网络对诸多领域在职学习的员工进行资格认证。任何年满 18 岁的公民无论其教育程度如何，都可以申请进行知识测评，该测评免费且不限人数。通过测评的人可获得一个资格证书。如果没有通过，可以参加相关的课程学习，提高自己的技能并最终获得证书。完成了基础教育的学生需要学习 160 课时；没有完成基础教育的学生需要 2—3 年的时间来学习基础教育课程和职业证书课程。

（五）职业技术教育师资

根据 2012 年的统计数据，巴西高中阶段技术教育领域有 7.2 万个教师岗位，其中 91% 的教师有大学以上毕业证书，53% 的教师在私立学校，30% 的教师在州立学校，13% 的教师在联邦政府教育机构。

技术教育是基础教育的组成部分，但公立学校和国家学徒服务社的技术教育类教师的资格比学术性高中和私立职业技术学校的教师高，联邦政府和州政府的公立技术教育教师的薪水和职业轨道要比普通学术高中教师的好。他们的工资高，工作稳定性强。联邦和州技术教育机构的教师通过公开招聘的方式选聘，考核的因素包括竞聘人的学术水平、特定领域的知识水平，以及以往的教学表现。竞聘成功者还有实习期，通过实习期考查的就可签订劳动合同。教师的专业发展和工资增长是基于其学术水平和专

业经验的。教师可以从事管理岗位，管理岗位有一定的津贴，即使将来卸
任，津贴也会保留在工资里面。

私立学校和国家学徒服务社聘任教师与私营公司聘任其他专业人士的
程序一样。私立学校一般更具有灵活性，依据需要聘任教师。私立学校的
管理者通常是任命的，也没有固定期限，这与公立学校采用的选举方式不
一样。私立学校教师的质量会差一些，因为其工作稳定性差、工资较低，
难以吸引高水平的教师。

三、金融危机以来的职业技术教育新政策

（一）教育总体发展

过去 30 多年，巴西的教育有了长足的进步，7—14 岁人口的入学率从
1980 年的 80.9% 提高到 2010 年的 98.5%。公共教育投入占 GDP 的比例从
2004 年的 5.8% 提高到 2011 年的 6.1%。2000—2010 年，初中教育的公共
投入占 GDP 的比例从 1.2% 增长到 1.7%，高中从 0.6% 增长到 0.9%。
2002 年高中毕业生占 21—25 岁群体的 42%，2011 年提高到 60%。但巴西
教育面临的挑战依然严峻。巴西人平均受教育年限只有 8.4 年，学生的留
级率和辍学率很高，2011 年，小学和初中的留级率和辍学率分别为 9.6%
和 3.0%，高中分别为 13.1% 和 11.6%。许多学生就读夜校，每天学习 4
小时，而其他经济合作与发展组织成员和东亚国家为 7 小时或更长。学校
基础设施比较差，缺少图书馆、实验室、计算机以及语言设施。几乎所有
的州都缺乏合格的数学和科学教师。[①] 2011 年，26—35 岁的人口中只有
14.5% 的人接受过高等教育。

（二）金融危机以来的职业技术教育改革

2008 年金融危机以来，巴西政府在应对经济问题的同时，采取了持
续的措施扩大职业技术教育规模，改进和提升职业技术教育质量。这些措

---

① Bruns B, Evans D, Luque J. Achieving world-class education in Brazil：the next agenda［J］.
David K Evans, 2012, 1：10-20.

施是综合考虑了多种因素的。第一，职业技术教育提供实用的职业性课程，可能会帮助那些有退学倾向的学生完成中学教育。第二，尽管高等教育规模有所扩大，但进展并不是那么快，况且，高等教育不一定能吸收所有的学生。第三，职业技术教育是帮助低技能或者无技能劳动力适应新产业、新机会的有效途径。第四，巴西在生产力上面临的挑战部分源于劳动力是否拥有相应的技能，劳动力技能的提升能够为提升巴西竞争力做出贡献。[1]

巴西在职业技术教育领域实施的变革有以下几方面。

1. 扩大职业技术教育规模，提升质量

近年来巴西不断增加支出扩大职业技术教育规模，2007—2011 年间，巴西接受职业技术教育的学生增长了 60%，联邦政府举办的职教机构快速增长；政府面向弱势群体提供各种资助，帮助他们掌握工作技能；建立了证书网络，为想要获取职业资格的人提供了平台；增强课程的针对性，将企业岗位标准和能力要求纳入教学中。所有职业技术教育毕业生都要掌握分析性思维能力，提出批判性的问题，快速掌握新技能和内容，拥有高水平的人际沟通技能，适应团队工作，掌握一定的外语水平。[2]

2. 加大州政府在职业技术教育中的作用

传统上，巴西的职业技术教育是由联邦机构或者私立学校实施的，但最近有的州对中学的技术教育提供了更多支持。例如，圣保罗州和米纳斯吉拉斯州就开发了本州的技术和职业教育与培训项目。圣保罗州通过购买服务的方式，支持中学生报读通过审核的私立职业教育机构的课程，如果这些机构的教学效果通过考核，州政府则按每生一定的额度将经费拨付给这些私立教育机构。2013 年巴西共有 5000 名学生可以在 174 所私立学校中修读 56 个技术类课程。[3]

---

① Almeida R, Filho J. Demand for skills and the degree of mismatches: evidence from job vacancies in the developing world [Z]. Washington, DC: World Bank, 2011.

② Almeida R, Amaral N, Felicio F. Assessing advances and challenges in technical education in Brazil [R]. World Bank, 2016.

③ 同②。

3. 实施国家普及技术教育与就业计划

为了更有效地推进职业技术教育的改革与发展，2011 年，巴西政府实施了国家普及技术教育与就业计划，该计划由教育部组织实施，各州参与。该计划的总体目标是：第一，扩大职业技术教育供给，包括基础设施供给，改革并扩大国家和各州职业技术教育网络；第二，通过职业资格培训和继续教育，扩大工人的受教育机会；第三，配置教学资源；第四，提高中学教育质量。国家普及技术教育与就业计划采取双轨制，一种是长期项目，面向中学生群体，另一种是短期项目，面向校外群体，既包括待业人员也包括在职人员。该计划的主要措施包括以下几方面。

（1）扩大目前的职业技术教育规模。一方面，扩大联邦政府科技职业教育机构的规模；另一方面，在 2014 年投资新建 208 所学校，容纳 60 万名学生就读。

（2）通过"巴西专业化"项目扩大国家职业技术教育体系。该项目的目的是整合中学的技术教育与学术教育，联邦政府对各州给予经费支持，帮助各州建设基础设施、培训教师、提高管理能力以及改进教学实践。

（3）通过"E-Tec Brasil"项目扩大电子学习网络。提供免费的远距离职业技术教育和证书课程。目前该网络通过联邦政府科学技术专业教育网络连接各国家学徒服务社和职业技术教育学校。

（4）监管教育部和国家学徒服务社的免费职业技术教育协议。该协议是要大力推进国家学徒服务社面向低收入群体的免费教育。到 2014 年，工资税支持的国家学徒服务社收入的 2/3 要用于免费职业技术教育。

（5）通过职业技术教育学生资助计划扩大对学生的资助。该资助计划是要资助那些不能享受免费教育，但愿意在私立教育机构或者国家学徒服务社接受技术教育和继续教育的学生。这个资助计划还帮助那些为其员工提供培训和职业资格教育的企业。

（6）实施一个新的项目，为公立中学低收入学生提供免费的技术教育课程，为社会弱势群体提供培训和证书继续教育课程。因为公立技术教育是免费的，那么通过这个项目还可以为学生的课程资料、交通膳食提供补贴。接受该项目支持的学生可以接受联邦和各州中学或者国家学徒服务社提供的课程。

2012 年，国家普及技术教育与就业计划受益学生为 250 万，2014 年达到 727 万。联邦政府将启动该计划的第二阶段工作，2015—2018 年，要使受益学生规模达到 1200 万。国家普及技术教育与就业计划的经费主要来自教育部预算、工人支持基金、社会行动系统、国家学徒服务社以及巴西开发银行。

4. 实施跨部门职业技术教育项目

诸多政府部门在国家普及技术教育与就业计划框架内，着手实施了面向相关产业的职业技术教育活动。如联邦旅游部启动了面向旅游企业的员工免费培训课程，为世界杯做准备。通信部结合国家普及技术教育与就业计划，实施了面向通信产业 7.6 万名电信技师的职业技术教育课程。①

四、巴西发展职业技术教育的经验

综上所述，巴西政府通过政策措施，调节、发展、改革校内校外职业技术教育，以配合经济社会发展。尽管仍然存在职业技术教育份额较低、教师水平有待提升、不同的社会阶层和地区之间差距较大等问题，近 10 年来，通过政府对整个教育体系以及职业技术教育的改革，巴西职业技术教育已取得了明显的进步，如教育与培训投入不断增加、职业技术教育规模有所扩大、学生学习效果有所提升等。巴西发展职业技术教育的以下经验值得我们借鉴。

（一）持续扩大投入，并提高公共教育支出中职业技术教育所占份额

近几年巴西经济发展缓慢，但教育投入没有停滞不前。公共教育投入占 GDP 的比例从 2004 年的 5.8% 提高到 2011 年的 6.1%。巴西职业技术

---

① Almeida R, Amaral N, Felicio F. Assessing advances and challenges in technical education in Brazil [R]. World Bank, 2016.

教育的经费来自政府、特殊的税收以及私人投入等多种渠道。2012 年，联邦政府对职业技术教育的投入是 50 亿雷亚尔。巴西长期以来征收特殊的税费用于职业技术教育，2.5% 的工资税由国家学徒服务社掌握，2010 年该收入为 120 亿雷亚尔。另外，巴西高中阶段职业技术教育学生的生均经费为普通学生的 3 倍。

（二）关注弱势群体，为他们学习实用技术提供资助

巴西的职业技术教育政策特别强调对弱势群体的关注，公立学校的学生是免费入学的，国家学徒服务社提供的各种教育也是免费的。对弱势群体的资助，有助于他们掌握一定的工作技能，改善自己的处境，进而促进整个社会的和谐发展。

（三）发挥行业协会作用

巴西职业技术教育体系的一大特点是学校职业技术教育体系和校外职业技术教育体系并行发展。巴西的国家学徒服务社从 20 世纪 40 年代开始就在职业技术教育领域发挥了巨大的作用，当前国家依然依靠该组织为待业和在岗人员提供及时的教育培训机会。

（四）提高职业技术教育的相关性

巴西意识到劳动力的素质是国家竞争力的基础，而职业技术教育与实际工作岗位要求之间存在着差异，学生顶岗实习实训存在障碍。为此，巴西教育部和劳动与就业部合作探讨将职业资格标准纳入教育教学中。国家课程标准希望职业技术教育提供者能够在不影响课堂教学时间的前提下安排相应的实习实训。在职业技术教育课堂教学中加强认知技能与非认知技能的培养，全面提升学生学习水平。

南非：构建开放综合的职业教育体系

孟庆涛

本文分析了自 1994 年南非民主政府成立以来南非的主要教育政策，参考近年来南非政府相关部委的官方文件以及国内学者的相关研究，重点探讨职业教育领域的改革。文章首先概述南非民主政府成立以来的经济与教育发展，然后分析南非政府围绕职业教育的管理体制、教育体系、课程设置等方面进行的一系列改革，最后论述南非职业教育面临的挑战以及未来改革的趋势。

一、南非民主政府成立以来的经济与教育发展

20 世纪 70 年代末至 90 年代初，由于国际社会对南非白人种族主义政权的制裁，南非经济长期陷于衰退，年均经济增长率刚刚超过 1%。1994 年，南非废除种族隔离制度，成立民主新政府，实现了政治稳定和种族和解，为经济发展创造了有利的政治环境。

（一）经济发展战略

南非新政府执政后，将经济重建和发展作为首要任务，适时推出了一系列重要经济政策。1994 年，政府颁布了《重建与发展计划》，强调提高黑人的社会、经济地位，解决种族主义统治留下的黑人与白人在经济上不平等的问题，并以此带动南非经济腾飞。1996 年，政府颁布《增长、就业和再分配计划》，通过推进私有化、削减财政赤字、促进出口、放松外汇管制、鼓励中小企业发展等措施推动增长，增加就业，逐步改变分配不

合理的状况。2006年，政府颁布《南非经济加速和共享增长倡议》。该文件认为，由于以往的种族隔离制度，并且由于教育与技能开发进展缓慢，无法适应目前经济的加速增长，技能人才短缺成为阻碍当前经济发展的最大障碍。政府因此加大了干预经济的力度，通过加强基础设施建设、实行行业优先发展战略、加强教育和人力资源培训等措施，促进就业和减轻贫困。在新政府一系列政策的推动下，南非经济总体保持平稳增长。1994年至2008年，南非经济增长率接近4%，与世界其他中上等收入国家基本保持一致。①

2008年，受国际金融危机影响，南非经济增速明显放缓。为了应对金融危机冲击，南非出台了下调利率、增支减税、刺激投资和消费、加强社会保障等综合性政策措施，遏止经济下滑势头。2010年，政府提出"新增长道路"经济发展战略，将就业和体面的工作机会置于经济政策的中心位置，计划未来10年优先在基础设施建设、农业、矿业、绿色经济、制造业、旅游及服务业等领域挖掘潜力，争取创造500万个就业岗位，重点解决社会贫困、失业及贫富差距问题。② 在政府经济刺激措施和国际经济环境好转的共同影响下，2009年，南非经济逐渐回升向好。2010年至2012年，南非经济增长率分别为2.8%、3.1%和2.4%。③

（二）教育法律与政策框架

自1994年以来，南非新政府努力消除教育领域的不平等，并且依照平等、自由和可持续发展的原则着手建立新的教育体系。1996年的《南非共和国宪法》规定，每个人都享有接受基础教育的权利，包括成人，国家必须通过各种合理措施不断推动人民享有继续教育和培训的权利。政府颁布了两项关键的教育法案——《国家教育政策法案》和《南非学校法案》，这两项法案于1997年开始实施。

---

① South African Economic Development Department. The new growth path: framework ［R］. 2011.

② 同①。

③ 同①。

《国家教育政策法案》主要涉及国家教育部门和 9 个省级教育部门的权力分配。该法案规定，国家级教育部门负责制定教育的规划、治理、监管和评估等方面的规范和标准，而省级教育部门负责实施国家的教育政策，管理各省的普通教育与培训、继续教育与培训和成人基础教育与培训，同时负责制定与国家教育目标相一致的地方教育政策。

《国家教育政策法案》还设立了教育决策机构，包括教育部长理事会（由国家教育部部长任主席，成员包括各省教育管理机构负责人）、教育部门负责人委员会（由国家教育部部长任主席，成员包括各省教育总督学在内的教育部门高级官员）以及若干法定的咨询会议，它们负责监管教育系统的整体运作，协调各级教育系统之间的关系，并确保教育部重点工作的顺利实施，促进教育系统的协调发展。

《南非学校法案》的目的是为学校的组织、治理和经费保障提供一个统一的规范，以确保所有学生在不受歧视的前提下获得优质教育。法案规定所有年龄为 7—15 岁或者未完成 9 年级学业的儿童必须参加学校学习，这是南非首次以立法的形式确立 9 年义务教育制度。该法案还对公立学校的教育供给、学校治理（特别是学校管理机构的设立和运作）、经费保障（包括国家的责任、学校预算、学费、融资规范框架）和私立学校的设立等做出了明确的规定。

1995 年，南非颁布《南非资格署法案》，成立国家资格署，着手开发国家资格框架（National Qualifications Framework，NQF）。国家资格署对教育部和劳工部负责，监督质量标准的设置，记录学习者的成就，并在国家资格框架下进行资格登记。1998 年，南非颁布《继续教育与培训法案》，对继续教育与培训进行规范和管理。该法案后来被 2006 年通过的《继续教育与培训学院法案》所取代。根据以上法案，继续教育与培训被界定为"达到国家资格框架规定的 2—4 级学历水平或经国家资格署认定达到同等水平的所有学习和培训课程"，"这一水平的教育介于普通教育与高等教育之间"。因此，继续教育与培训包括高中教育（10—12 年级）和继续教育与培训学院举办的培训。中等学校教育的最后 3 年不属于义务教育，但政府有责任保障学生接受继续教育和培训。学生既可以在学校完成 12 年级的学业，获得继续教育与培训学历证书，也可以在全国 50 所继续教育与培训学院（2002 年由 152 所继续教育与培训学院精简合并而成）或私立学院参加学习，获得同等学历。在以上法律框架的基础上，南非政府还针对不同教育阶段颁布了一系列法律法规和教育政策。1997 年的《高等教育法案》确立了高等教育统一的国家协调制度。2000 年的《成人基础教育与培训法案》为创办公立和私立成人学习中心及其经费、治理和质量保证机制提供了法律保障。

（三）南非职业教育体系概况

南非职业教育不是强制性教育，没有年龄限制，其目标是促进终身学习和在职学习。南非职业教育的显著特点是有明确的职业方向，重视开发增加就业机会的技能课程，培养熟练技术工人，确保教育系统更好地为年轻一代提供优质教育，传授核心的能力、技能和态度，形成终身学习的文化和精神。

南非职业教育起始于高中阶段，它包括国家资格框架 2—4 级或学校系统中的 10—12 年级的学习和培训，是国家资格框架中直接和普通教育衔接的部分。学习者在 9 年义务教育完成后，或者在国家资格框架 1 级、成人基础教育与培训 4 级水平的基础上开始接受职业教育。完成 3 年学业达到国家资格框架 4 级的学习者可获得继续教育与培训证书，但是只有在具备实际职业资格的条件下才能就业。

南非大学层次以下的职业教育主要由遍布全国的 50 所综合性的公立继续教育与培训学院承担。继续教育与培训学院开设的教育项目主要有两类：国家证书课程系列和 2007 年推出的国家职业教育证书课程系列。前者是学徒教育的课程学习环节，而后者在理论上既可以通向升学，也可以通向就业。高等职业教育主要由公立的 6 所科技大学和 6 所综合性大学承担。此外，还有一小部分隶属于教育部门以外的其他政府部门的公立技术学院也提供职业教育。

技能培训体系则由劳动部负责，通过行业教育与培训局，借助技能税来推动。正规的技能培训统称学习项目，包括获取部分职业资格的短期技能项目和通向完全的职业资格的学徒教育与工作学习教育。短期的技能项目类型多样，两类通向完全职业资格的学习项目则都要求必须包含实际的岗位工作和系统的理论学习这两个环节。①

二、1994 年以来的职业教育改革

1994 年以来，高达 20%—31% 的失业率和制约产业发展的技能人才短缺成为南非政府面临的严峻挑战。在 2011 年的人口普查中，南非人口为 5177 万，其中 15 岁以下人口占 29.0%，64 岁以上人口占 5.3%，绝大多数人口处于工作年龄。然而南非是世界上失业率最高的国家之一，失业率超过 25%，其中中学毕业生的失业率超过 40%。② 尽管投资环境不明朗、高犯罪率、腐败和不稳定的公共政策也是造成高失业率的重要原因，但是薄弱的教育系统却倍受指责，职业教育尤为突出。此外，南非继续教育与培训被认为缺乏吸引力，"只适合那些学术方面天赋较差的学生"③。2005 年，高中阶段的入学总人数接近 250 万，其中，公立和私立继续教育与培训机构的入学人数占 30% 左右。④

为了应对这一局面，南非政府围绕职业教育管理体制、教育体系、课程设置等进行了一系列改革。

（一）优化职业教育管理体制

2009 年，南非教育部被拆分为基础教育部和高等教育与培训部。在新的架构里，职业教育从多头管理变为了统一由高等教育与培训部负责。不仅高校、继续教育与培训学院和成教中心被划归高等教育与培训部管理，原先由劳动部负责的技能开发工作也连同行业教育与培训局、国家技

① 王琳璞，徐辉. 祖玛时期南非职业与技能教育改革：管理、结构及规模 [J]. 外国教育研究，2013（6）：98-104.

② Prew M. South Africa: the education struggle continues [M] //Wang Y. Education policy reform trends in G20 members. Springer: Springer-Verlag Berlin Heidelberg，2013：61-66.

③ OECD. Review of national policies of education：South Africa [R]. 2008.

④ 同①。

能基金和国家技能开发局一并移交了过来。继 2006 年通过立法获得除任命正、副院长以外的人事权之后，继续教育与培训学院接受中央和省教育部门双重管理的局面结束，从而获得与大学相似的地位，直接隶属于高等教育与培训部。对继续教育与培训学院的"提级"和放权是与其职能定位和服务对象的多样性相称的。在管理上，继续教育与培训学院与普通中学的差异将会进一步拉大，而与大学的差异将会缩小。

新的管理体制理顺了对职业技能开发进行规划的责任。2009 年提出的南非"人力资源战略Ⅱ"已经变成了在副总统的领导之下由高等教育与培训部牵头、各相关部委和合作伙伴协同推进，而此前，2001 年的Ⅰ期战略是由教育部与劳动部共同负责。2011 年出台的"国家技能开发战略Ⅲ"是高等教育与培训部接管技能开发工作后主导制定的首个技能战略。与 2005 年的Ⅱ期战略相比，Ⅲ期战略视野更加广阔，突破了仅仅涵盖技能培训的局限，综合考虑学校职业教育、技能培训、基础教育、人生导向、公众参与和规划能力建设等一系列问题。

（二）创建国家资格框架

推进以国家资格框架建设为中心的教育和培训发展战略，是南非新政府大力发展教育、消除种族隔离时代遗留下来的教育不公、提升人力资源开发质量、推进终身学习的一项重大战略。1995 年，南非颁布了《南非资格署法案》，标志着南非通过立法手段设立专门机构开发和实施国家资格框架。1997 年政府出台了《2005 课程：21 世纪的终身教育》。这两项法律文件共同确立了南非的新学制。

国家资格框架将南非国民教育体系分为三个级别。第一级别为普通教育与培训，从学前班一直到 9 年级。第二级别为继续教育与培训。学生完成 9 年义务教育（达到资格框架 1 级）后可以有三种不同选择：一是升入普通学术性学校，继续完成 10—12 年级的学习，对应资格框架中的 2—4级；二是进入普通职业性学校学习；三是直接进行职业训练，在校外工作场所进行具体学习。三种选择殊途同归，都可以达到资格框架的 4 级水平。第三级别为高等教育与培训。

国家资格框架是一种依照行业标准对学习者专业水平进行考查的评价制度，适用于包括职业教育、普通教育在内的所有教育系统。国家资格框架将教育和培训纳入同一体系，有效整合了教育和培训两大领域。南非资格认证管理局作为职业教育的一个外部保障机构，代表国家制定资格框架的标准，从宏观上监督和调控职业教育的运行，以保证学习者接受高质量的职业教育。

国家资格框架的另一贡献在于创立了学分累积制度，即学习者通过远程教育、在工作场所及非全日制学校中所受的教育及其学习成果均能得到承认，并以学分的形式在资格框架中获得一定级别。资格框架确立了一种由低到高的学业晋升体制，参加职业教育的毕业生在取得资格框架 4 级后还可以升入高等教育阶段继续深造。这样一来，南非职业教育就实现了与高等教育的有机衔接，成为国民教育系统中的一个开放的教育环节。实行国家资格框架制度是南非职业教育改革中最具影响力的一项举措，它确立了南非新学制的基本模式，不仅对职业教育体系产生了巨大影响，也对普通教育乃至整个国民教育体系进行了重构。

国家资格框架建立后，经过多次评估与修订。2008 年的《国家资格框架法》规划了由普通和继续教育与培训资格框架、高等教育资格框架和职业资格框架组成的国家资格框架体系。前两个框架起步较早，相应的质量委员会均早已建立。而行业与职业教育质量管理委员会一直到 2010 年才投入运转。该委员会的建立并不取代设在各行业教育与培训局里的教育与培训质量管理委员会。但是，此后这些委员会在职业资格的制定、认证，以及在培训项目的质量保障方面的职能都将在行业与职业教育质量管理委员会的授权之下进行。由此，各委员会各自为政、资格重叠、标准混乱、尺度不同的弊端有望革除。

（三）改革职业教育课程

1997 年，南非正式发布了"2005 课程"，它被定位为"新南非"的课程。该课程的发布标志着南非教育与过去充满歧视性价值观的教育传统彻底决裂。新课程中包含三个核心要求：（1）反映"新南非"的社会价值观；（2）促进承认、重视地方和本土知识的非独裁式教育；（3）必须以民主的方式实施。这一改革可以说是近百年来南非进行的最为重大的课程改革。①

2007 年，国家职业资格新课程取代传统课程，将传统的继续教育与培训课程的学术学习与应用学习相分离，理论与实践相分离，知识与技能相分离。它提供灵活的课程以适应继续学习、终身学习、高等教育和培训的要求，同时适应一系列职业背景下新的就业要求。继续教育与培训包括学术培训、职业训练导向的培训和针对某种职业的培训三种途径，就课程而言，包括基础课程、核心课程和选修课程。

国家职业资格课程（National Curriculum for Vocation，NCV）包括三项必修课程：官方语言、数学或数学素养以及人生导向课程。南非在 11 个经济领域颁发 NCV 证书，这 11 个领域是继续教育与培训优先发展的技能领域，分别是土木工程与建筑，电力基础设施建设，工程及相关设计，金融、经济和会计学，餐饮服务，信息技术和计算机科学，管理，销售，办公室管理，农业，旅游业。职业教育有 4 门必修科目和 2 门选修课，在必修课程中，有 3 个是 NCV 规定的必修课程，第 4 门可以任意选择。

（四）建立开放的职业教育体系

高等教育与培训部成立后，南非在 2010 年相继召开了高等教育、继续教育与培训、技能开发三个峰会，2012 年形成了《中学后教育与培训绿皮书》，提出建立一个"统一、协调、多样化并且高度互通的中学后教育与培训体系"。这意味着南非的教育体系沿着学校教育和中学后教育这两条线进行了重新规划。基础教育部主抓普通学校教育，提高公民素质，奠定职业发展的基础。高等教育与培训部及所辖的各类教育机构则连接了正规教育与劳动岗位，直接对国家的人力资源、经济产业战略和就业问题做出回应。整个中学后教育体系涵盖了义务教育（9 年级）之后，除普通

---

① Prew M. South Africa：the education struggle continues［M］//Wang Y. Education policy reform trends in G20 members. Springer：Springer-Verlag Berlin Heidelberg, 2013：61-66.

的中等学校教育之外的所有类型和层次的教育与培训，突出了教育与培训和就业之间的关系。从宽泛的意义上来看，中学教育就是一个庞大、开放的职业教育体系。在南非，公民对"系统学习/在岗培训→正式就业"这一成才链条的关注多过对纵向升学的关心。在此基础上，借助国家资格框架，尤其是职业资格框架和先前已有的学习认证制度的完善，中学后教育体系试图为南非人在工作岗位（包括正式就业和在岗培训）和教育与培训机构之间，以及在不同层次的教育与培训项目之间建立迁移的通道。

（五）提升教育与培训的适切性

为了提升教育与培训的适切性，南非政府对继续教育与培训学院职教项目的类型、层次进行了按需调整，在职技人才的培养模式上强化了教育与实践的结合。

第一，暂停淘汰继续教育与培训学院的国家证书课程。以工作学习教育逐步取代种族隔离时代延续下来的学徒教育是姆贝基时代劳动部的既定方针。因此，与学徒教育配套的国家证书课程在国家职业资格课程推出后就开始逐步削减。但是，就技工的培养而言，雇主们仍然比较信赖旧式的学徒教育制度，而非灵活性更强的工作学习教育。而在另一方面，国家职业资格课程虽然内容会更新，但是难度过大且缺少实践机会，不仅造成了严重的复读和辍学现象，其毕业生在就业市场上也未被看好。因此，尽管过时的国家证书课程必然要淘汰，但是南非政府已经停止执行直接将其淘汰的政策，转而讨论对两类课程进行改革的问题。

第二，增加中等后层次的职业教育机会。按照先前的规划，在教育层次上，继续教育与培训学院和普通中等学校同级，因此中等教育后的国家证书4—6级课程得不到政府的支持。然而，高中毕业生在南非的就业市场上已经没有什么优势了。事实上，即便在压缩国家证书课程的大趋势下，国家证书4—6级在各校的实际招生规模不但没有减少反而略有增加。在继续教育与培训2010规划峰会一再强调继续教育与培训学院职能多样化的背景下，高等教育与培训部正视中等后层次的职教需求，鼓励继续教育与培训学院在大学的指导下开设中等后的各类职教项目，并且已经决定要在原先国家职教证书2—4级（与国家证书的1—3级同级）的基础上增设中等后层次的国家职教证书5级，并将其纳入国家资格框架。与此同时，高等教育与培训部还在《中学后教育与培训白皮书》中将继续教育与培训学院更名为"职业技术教育与培训学院"，凸显了职业教育与培训跨界发展的趋势。

第三，增加实践机会。技能开发职能并入高等教育与培训部后，南非政府在职业与技能教育的各个层次和类型上强化了教育与实践的结合。高等教育与培训部除了要求行业教育与培训局加强与产业界沟通，为继续教育与培训学院的学生（尤其是国家职教证书项目的学生）争取更多的实践机会，并且要求国营的企事业单位做出表率外，还计划在技能税的分配中压缩固定经费的比例，增加不固定经费的比重，为"专业、职业、技术和学术教育项目拨款"提供充足的经费保障，以便资助愿意承担此类项目的实践环节的雇主。该项目实际上正是先前的优先技能获得联合行动计划的升级版本，囊括了人才紧缺领域中任何一项以获得完整的职业资格为目的的教育与培训项目。项目须符合三个条件：（1）属于人才紧缺领域；（2）获取完整的职业资格；（3）项目必须包含在校（继续教育与培训学院、技术学院、各类大学或培训机构）的课程学习和有指导的在岗实践。项目的主要形式是工作学习教育和学徒教育。为了探索教育与培训机构和产业联合培养人才的模式，扫清合作的障碍，高等教育与培训部提出了职业技能合作计划。该计划逐轮实施，每轮选取人才最为紧缺的10—15个中等职业技能领域，由高等教育与培训部组织教育系统和技能培训系统的相关各方协商建立长效的人才培养合作机制。通过该计划的逐轮实施，合作模式最终将在整个中等后教育系统中推广。

三、未来教育改革的总体趋势

高失业率和技能短缺是制约南非经济发展的瓶颈。为满足产业的需要，"新增长道路"战略要求从2013年起每年提供120万个经认证的在岗技能培训机会，到2014年新增3万名工程师，将继续教育与培训学院的学生规模扩至100万，到2015年新增5万名技工。而为了降低年轻人的失业率，促进减贫和社会稳定，也需要将大量已经离校或是未能完成普通学校教育的待业青年纳入教育与培训体系中来。高等教育与培训部计划在 2030 年实现高等教育入学率达到 23%（150 万人）的目标，其他各类中等后教育机构入学率达到 60%（400 万人）。而职业教育将成为吸收入学的主体。

阻碍职业教育规模扩大的因素主要来自三个方面：（1）质量堪忧的基础教育对生源数量和质量的限制；（2）弱势群体的经济困难；（3）符合需要的教育与培训机会不足。为了缓解基础教育的制约，南非政府在国家的 12 大优先战略目标中将"基础教育的质量提升"列于榜首，基础教育部为此采取了一系列措施。为了缓解弱势群体的经济压力，南非政府将原本仅面向大学生的国家学生资助计划向在继续教育与培训学院参与国家证书课程和国家职业资格课程的学生开放。与此同时，获得资助的国家职业资格课程的学生还能进一步享受免交学费的待遇。按照计划，国家职业资格课程最终会对所有学生免费。对于教育与培训机会的问题，南非已经从以下三个方面着手解决。

第一，鼓励继续教育与培训学院开设中等后层次的职业教育课程，为那些完成了中等教育但是无缘进入大学的人提供通向职业资格的中等后、大学前发展机会。

第二，筹划建立以社区学院为主体的新的成人教育体系，取代以成人学习中心为主体，以扫盲和复读为特点的旧的成教系统。将成人教育的职能从提供扫盲和学历补偿教育延伸至职业教育，为成人和辍学的年轻人提供适合他们，且有别于普通学历教育和普通学校职业教育的第二次发展机会。继续教育与培训学院也将为此采取开设夜校、培训班和延长工作日等措施。

第三，发展远程教育，向更多的人提供包括职业教育在内的中等后教育机会。南非在高等教育领域拥有实施远程教育的丰富经验。高等教育与培训部计划在大学层次以下，依托各成人教育点、各类学院以及拟议中的一批国家开放学院来提供远程教育服务。

第二部分
政 策 篇

投资美国的未来——职业技术
教育改革蓝图

奥巴马总统描绘了一幅建立在美国制造业、能源、工人技能以及美国价值观更新基础上的经济蓝图。他坚信教育是建立这种经济蓝图的基石。

今天，拥有中等教育以上学历和培训经历是在新的经济形势下就业的前提。在发展速度较快的 30 个行业中，大约有 2/3 的行业要求有中等教育以上学历或培训经历。本科毕业生的平均收入是只有高中学历的工人收入的 2 倍，很明显，中等教育以上学历和培训经历是通往中产阶级和未来财富并重建我们的经济以及更光明的未来的捷径。

为此，奥巴马总统为美国设定了一个新的目标——到 2020 年，美国重新成为全世界中等教育及以上学历人口比例最高的国家。他还要求每一个美国人都能够承诺至少接受一年的高等教育或中等后培训。

为达到奥巴马总统的目标，我们必须确保我们国家的每一个学生都能够达到高中毕业或获得同等学历。而且我们必须确保我们国家越来越多的青年人和成年人能够承受得起中等后教育和培训的学费，获得入学机会并能够顺利毕业，从而获得行业认证或许可和中等后教育毕业证书或学位。

但不幸的是，我们的中等后教育与培训系统让太多的学生和行业失望了。在高等教育阶段，美国被世界上很多其他国家赶超。美国青年人大学入学率在世界排名第 19，25—34 岁成人获得证书和学位的比例排名第 16，排在了韩国、加拿大、日本等国家之后。另外，我们在大学生源上也存在很大差异，美国来自经济条件优越家庭的高中毕业生基本都能够进入大学接受高等教育，而来自低收入家庭的学生中只有一半的学生在完成高中教育后能够进入大学学习。同时，超过一半的来自经济条件优越家庭的学生能够在 6 年内完成高等教育，而来自低收入家庭的学生的教育完成率只有约 25%。这种不公平只能使收入差距日益扩大。

很多商业报告指出，很多产业如医疗保健、高技术和先进制造业在雇佣拥有行业所需技能的工人方面存在困难。即便在今天，失业率虽然在下降，但仍然很高。全面加强我们的教育系统并创造更多的高质量教育培训机会对于促进我们国家的经济和兑现美国对所有学生的承诺非常有必要。

改变职业教育在这一过程中至关重要。职业教育体现了我们在国家未来发展中的一项关键性投资。学生通过职业教育，树立职业意识，学习必要的学术和技术知识以及与今后就业相关的技能，为就业做准备。雇主们则把职业教育与培训当作为公司招揽人才的重要途径。

有效的、高质量的职业教育项目不仅要符合大学和就业预备标准，还要迎合雇主、企业和劳动力市场的需求，要能够为学生提供基于完整的学术和技术内容和强大的就业技能的课程，以及以就业为导向的学习机会，从而使学生能够把所学知识与现实工作情景和抉择结合起来。

参加正规职业教育课程的毕业生能够获得产业行业证书或许可证和中等后教育证书或学位，雇主将此作为雇佣和升职的标准。这些学生被定位为国家今后的领导者和企业家。他们也有权根据他们今后的教育和事业发展需求继续通过职业教育与培训进行深造。

然而，学生、家长、教师和雇主们也知道现存教育体系中，高质量的职业教育课程太少。2006 年的伯金斯第四法使联邦政府对职业教育的支持产生了重要的变化。这些变化有助于增加学生的学习经验，但远远不足以系统地帮助学生和雇主在 21 世纪的全球经济竞争中创造更好的产出。

政府关于重新授权的伯金斯法描绘了职业教育改革的蓝图，并围绕以下四个核心原则，开启了一个职业教育的新时代。

（1）一致性。高质量的职业教育课程与劳动力市场需求之间有效的一致性要使学生具备 21 世纪所需的技能，并为学生获得快速增长的行业领域中炙手可热的岗位做准备。

（2）合作。中等和中等后教育机构、雇主和企业伙伴间需要合作以提高职业教育的质量。

（3）问责制。在共同的定义和明确的成绩度量的基础上，有意义的问责制能够提高所有学生在职业教育中的学业成绩和就业技能。

（4）创新。重视国家政策所支持的创新，支持职业教育在地方各级政府的有效实施与实践。

政府的提案反映了政府在一致性、合作、问责制和创新方面促进公平和提升质量所要做出的努力，进而确保更多的学生能够有机会接受高质量的职业教育。这种承诺根源于这样一个事实，就是每一天无论是在中等教育还是中等后教育中，女性、有色人种学生、低收入家庭学生和残障学生的教育经历都在时刻动摇着美国承诺的核心信念——公平。除非我们把教育公平公正地覆盖到每一个人身上，否则我们的国家就很难在高等教育毕业生比例上领先于其他国家。政府的提案将会结合使用技术辅导、竞争和结构性奖赏制以确保每一个学生，不论其背景如何，都有机会接受高质量的职业教育。

表1根据改革原则简要描述了政府提出的改革措施。

表1　伯金斯法简述及改革提案

已有法案的问题	改革原则	改革提案
鼓励高质量职业教育的条款有限； 在与经济发展机构合作以明确职业教育项目重点方面没有对政府做出要求。	高质量的职业教育课程与劳动力市场需求之间有效的一致性要使学生具备 21 世纪所需的技能，并为学生获得快速增长的行业领域中炙手可热的岗位做准备。	对高质量课程的明确期望：为各州在高质量课程设置方面提供更好的指导。 提高州政府参与度：为各州提供快速增长的行业领域中炙手可热的岗位。

续表

已有法案的问题	改革原则	改革提案
中等教育与中等后教育独立享有财政资助；雇主、企业和劳动力没有明确的途径参与项目与课程的设计和实施；没有利用私人财物与现金资源来共同分担项目支出。	中等和中等后教育机构、雇主和企业伙伴间的强强合作以提高职业教育的质量。	企业联合融资：建立企业联合体来确保中等和中等后教育机构间的合作。私人企业匹配：提高私人企业如雇主、企业和劳动力合作伙伴在课程设计和实施中的参与度。
政府基金通过公式计算方法由政府下发到地方；各州定义参与和问责的方法不同；没有对业绩突出的州的奖励机制。	在共同的定义和明确的成绩度量的基础上，有意义的问责制能够提高所有学生在职业教育中的学业成绩和就业技能。	州内企业联合体资金分配竞赛：提高各州自主选择并资助那些满足当地劳动力市场需求的高质量课程的权力。定义标准化以加强数据系统并缩小参与度的差异：使用统一的参与和业绩指数的定义来创建高质量数据系统，从而促进有意义的比较和公平差距划定。激励业绩突出者：激励和奖励当地超水平表现的基金受益者。
没有明确国家在促进高质量职业教育项目发展繁荣中的角色；财政资金目标分散，用于创建业绩与创新激励机制的资金极为有限。	重视国家政策所支持的创新，以支持职业教育在地方各级政府的有效实施与实践。	州政府为成功与创新提供实施环境：确保各州的政策和体制能够支持地方层次上的职业教育项目。一项竞争性职业教育创新与转变基金：在地方层次上探索并实施新的模式；在国家层次上支持系统的改革。

郭潇莹　译

德国国家资格框架

德意志联邦共和国各州文教部长常设会议、联邦教育与科研部、经济部长会议和联邦经济与技术部关于德国国家资格框架（DQR）的共同决议。

前言

欧洲议会与欧盟理事会根据 2008 年 4 月提出的关于制定欧洲终身学习资格框架（EQF）的建议建立了欧洲参考框架，该框架应在保持教育多样性的情况下促进欧洲范围内资格能力的透明度和可比性。欧洲参考框架起到译介的作用，使欧洲各国的资格能力明白易懂。欧洲终身学习资格框架因此成为加强欧洲各国教育体系间流动性的重要组成部分，也成为加强不断开放的欧洲劳动力市场的流动性的重要组成部分。

欧洲终身学习资格框架是制定德国国家资格框架的出发点，后者考虑到了德国教育体系的特点。德国国家资格框架旨在成为全面的、在教育领域起决定作用的区分资格能力的标准，它一方面能够使人们更加容易地了解德国的教育体系，另一方面也应该对德国资格能力的可比性做出贡献。

一、对象

德意志联邦共和国各州文教部长常设会议、联邦教育与科研部、经济部长会议和联邦经济与技术部一致同意，将欧洲终身学习资格框架转换为德国国家资格框架。德国国家资格框架可将普通教育、高等教育和职业教育（均包括进修）的资格能力归类到以学习结果为基础的欧洲终身学习资格框架的相应级别内。

签约各方就以下内容达成共识：将资格能力按照德国国家资格框架水平进行归类并不意味着授权。该归类不能替代德国业已存在的授权体系，尤其是不能干涉此授权体系中的认证决定。除此之外，各方还在以下方面达成一致：将资格能力归类到德国国家资格框架和欧洲终身学习资格框架的相应级别内，这并不影响在德国适用的教育规定和考试规定以及上述规定适用的管辖范围。

为将资格能力归类到德国国家资格框架和欧洲终身学习资格框架中相应等级这一程序提供归类一览表和手册，两者应保障在归类各种资格能力时的程序质量。

二、参考水平证明

参考水平证明争取达到以下目标：关于资格能力的证明（2013 年逐步开展）包含对德国国家资格框架及欧洲终身学习资格框架各自参考水平的提示；所有教育领域与此相关的部门通过合适的措施保证该提示与相应的归类一览表相符合。这不仅适用于公立中小学和高校，也适用于非公立中小学和高校、非公立的教育机构和《联邦职业教育法》及《德国手工秩序法》所规定的相关部门。

非公立中小学和高校以及其他因国家政策未被包括在内的非公立教育机构所代表的资格能力，可以被纳入德国国家资格框架和欧洲终身学习资格框架的目录当中，前提是它们接受德国国家资格框架和以此为基础的原则，并且熟悉在手册中描述的归类程序。

三、德国国家资格框架联邦与州之间的协调机构

为协调由此共同决议而产生的任务，由文教部长会议代表、联邦教育与科研部代表、经济部长会议代表以及联邦经济与技术部代表组成德国国家资格框架在联邦与州之间的协调机构，共同举行会议。如果需要，也请

其他专业部委的代表参与。德国国家资格框架委员会作为顾问委员会参与。按照欧洲议会与欧盟理事会于 2008 年 4 月的推荐，德国国家资格框架联邦与州之间的协调机构作为国家协调机构处理事务，检查总体结构连贯性方面的归类问题，尤其要承担以下各项任务。

（1）提交建议，如何将德国国家资格框架的能力水平与欧洲终身学习资格框架的能力水平相对接。

（2）保证方法透明化，借助该方法可以将德国国家资格框架的能力水平与欧洲终身学习资格框架的能力水平相对接，便于二者相比较（手册）。

（3）实施由相关部门决议施行的德国国家资格框架和欧洲终身学习资格框架等级归类一览表，至少一年出版一次新版一览表。

（4）保证相关人员的信息，如何以及按照何种标准通过德国国家资格框架将在德国获得的资格能力与欧洲终身学习资格框架相对接。

（5）保持与社会伙伴、经济机构和其他相关机构的联系。

德国国家资格框架联邦与州之间的协调机构由 6 名成员组成。其中由各州文教部长常设会议和联邦教育与科研部各任命 2 名，由经济部长会议和联邦经济与技术部各任命 1 名。该机构一年一般举行 2 次会议并制定出议程。

德国国家资格框架联邦与州之间的协调机构的工作由各州文教部长会议和联邦教育与科研部各自负责的秘书处工作小组提供支持。在完成任务期间工作小组共同工作。

各州文教部长会议和联邦教育与科研部各自任命 1 名成员共同担任主席。

德国国家资格框架的工作组由来自普通教育、高等教育和职业教育以及职业进修方面的专家、社会伙伴以及其他来自学界和实践领域的专家组成。

规划及实施本共同决议时所产生的意见分歧，由德国国家资格框架调控委员会听取德国国家资格框架委员会的建议并通过磋商解决，调控委员会分别由联邦和各州任命的 3 名代表组成。

四、费用

因实施本共同决议而产生的费用，按预算计划范围内的可能性，由各方按其所负责领域承担。决议认为，按此方式产生均等的费用负担，因而就费用而言无须进一步规定。

为举办会议而花费的必要的人力和物力由派遣部门自行承担。

完成本共同决议所规定的义务以提供所需的预算资金为前提。

五、生效

本共同决议自 2013 年 5 月 1 日起生效。

六、结束语

按欧盟委员会的建议，本共同决议应在未来几年扩展到其他的学习领域（非常规的学习、非正式的学习）。因此也欢迎其他专业部长会议及联邦各部加入本决议中。

李小龙　译

俄罗斯联邦国家资格框架

一、解释

国家资格框架是连接劳动领域和教育领域的工具，它对在俄罗斯联邦范围认可的技能水平，以及获得相应技能水平的基本途径予以概述。

《俄罗斯联邦国家资格框架》（以下简称《框架》）是在俄罗斯教育科学部与俄罗斯工业家和企业家协会合作协议的基础上制定的，同时也借鉴了欧洲终身学习资格框架制定的经验，以及博洛尼亚进程和哥本哈根进程成员国家制定资格框架的经验。根据缔结协议各方的提议，下一步将会对《框架》进行修改，将会补充反映《框架》实际使用经验的内容。

《框架》是俄罗斯联邦国家资格体系的组成部分，也是构建俄罗斯联邦国家资格体系的基础，国家资格体系除了资格框架，还应该有行业性资格框架、职业标准和教育标准、国家教育结果认证评价体系，这些标准和体系规定对所有职业教育层次都统一的国家和国际资格累计和认可机制。

《框架》可以视为建立行业性资格框架的基础，以此保证跨行业的资格比照。在此情况下，行业性资格框架的特点可以通过引入补充性指标和下位指标体系来体现。

《框架》适用于不同使用者（企业家联合会、教育管理部门、企业、教育组织、公民），而且《框架》有助于以下工作的开展：

制定劳动力市场发展以及教育体系发展的总体战略，其中包括（发展）规划多种学习途径，以获得特定的资格，提高技能水平，获得职业发展；

在制定职业标准和教育标准时，从一致的立场出发，描述对工作人员和毕业生技能的要求；

制定评价教育结果以及技能认证的程序，建立证书体系；

创建行业性资格体系和等级体系；

在欧盟和其他国家类似的框架结构原则基础上，制定国家资格框架；

资格层次对所有使用者的说明的透明性；

劳动资格结构层次与俄罗斯联邦教育体系层次的对应性；

在制定国家资格框架结构和内容时吸取国际经验；

国家资格框架以表格形式体现不同资格层次的特点，并通过一系列概括性指标展示。

与欧洲终身学习资格框架类似，《框架》包括了对一般技能资格的描述和对技巧及知识的描述，这些一般技能、技巧和知识通过以下相应的职业活动指标得以体现：权利和责任的广度；活动的复杂程度；活动的科技含量。

"权利和责任的广度"指标决定了劳动者的一般能力，与活动的规模相关，与可能发生的错误需要付出的代价相关，与活动的社会、生态、经济后果相关，甚至和职业活动中领导职能（目标设定、组织、监督、执行者的动机）的落实相关。

"活动的复杂程度"指标决定了对于技能的要求，该指标由职业活动的特点、完成职业任务的方式的多样性、选择这些方式的必要性、工作环境的不确定程度以及环境发展的不可预见性所决定。

"活动的科技含量"指标决定了对于职业活动中要使用的知识的要求，由使用信息的数量和复杂程度来决定，由使用知识的创新性和知识（理论知识和实践知识的相关性）的抽象程度决定。

二、《框架》描述

《框架》分九个层次（见表1）。

表1 《框架》层次

层次	权利和责任的广度（一般能力）	活动的复杂程度（技能特点）	活动的科技含量（知识特点）
第一层次	在（他人）领导下行动；个人责任感	在未知情境中，完成标准化的实践性任务	基于日常经验，应用最简单的事实性知识；在工作岗位或者在短期培训班的短期学习过程中获得信息
第二层次	在（他人）领导下开展活动，在解决非常熟悉的问题时，表现出自主性；个人责任感	解决典型的实践性问题；按照规程指南，选择一种熟悉的行动方式；根据行动完成的条件，调整行动	基于实践经验，应用事实性知识；在职业性培养过程中获得信息
第三层次	在（他人）领导下开展活动，在解决非常熟悉的问题或者类似问题时，表现出自主性；根据领导提出的任务，设计自己的活动；个人责任感	解决典型的实践性问题；基于知识和实践经验，从已知的行动方式中选择一种；根据行动完成的条件，调整行动	根据经验，应用实践性专业知识；在职业性培养过程中获得信息
第四层次	在（他人）领导下开展活动，并在从已知的方法中选择完成活动的方法时，融入独立性；根据确定的任务，设计自己的（或他人的）活动；（进行）指导；对既定任务的完成负责	开展活动，完成要求独立分析工作环境及其可预见变化的不同的实践性任务；从已知途径中，选择开展活动的途径，对活动进行日常和总结性监督、评估和调整	应用职业知识和信息，在职业教育和实际职业经验中获得职业知识和信息

续表

层次	权利和责任的广度 （一般能力）	活动的复杂程度 （技能特点）	活动的科技含量 （知识特点）
第五层次	（开展）独立活动； 提出部门任务； 参与管理部门任务； 对部门工作完成结果负责	在不同的工作条件下，在选择完成任务方式的基础上，开展解决实践性任务的活动； 对活动进行日常和总结性监督、评估和调整	应用在职业教育和职业实践经验中获得的职业知识； 独立寻找完成既定职业任务所需信息
第六层次	（开展）独立的专业活动，提出自己和（或）下属的工作目标； 保证员工和相关部门的协作； 对部门和组织完成工作负责	（开展）旨在完成技术和业务任务的活动，这些任务要求选择和丰富完成任务的方法； 开发、实施、监测、评价和调整职业活动	综合专业知识和经验（包括创新型知识和经验）； 独立寻找、分析和评价职业信息
第七层次	决定大型机构及其下设机构的战略，做出决定，并管理其过程和活动（其中包括创新活动）	开展解决发展问题的活动，以及研究新手段、使用不同方法（包括创新方法）的活动	综合专业知识和经验，在某一确定的领域和（或）在不同领域的对接处创造新知识； 确定扩展活动所必需的信息源，并探寻信息
第八层次	决定大型机构及其下设机构的战略，做出决定，并管理其过程和活动（其中包括创新活动），并承担责任	开展用于解决研究性和设计性问题的活动，以提高可控过程的效率	创造并综合跨学科的新知识，评价和选择扩展活动所必需的信息
第九层次	确定战略，管理复杂的社会、生产及科学研究过程，并在行业、国家、国际范围内为（这些活动的）结果负责	开展用于解决方法性、研究性和设计性问题的活动，以提高复杂的社会、生产和科学过程效率	创造并综合跨学科和跨行业的基础性新知识，评价和选择扩展活动所必需的信息； 管理信息流内容

资格始终是掌握具体教育计划和（或）实际经验的结果。为了提高技能，或改变每一层次的专业，可以通过进修和接受补充教育，或在具有相应许可证的机构接受再培训。

随着实践工作经验的增多，技能水平也可以得到提升。

在行业资格体系内部，要考虑不同的教育教学形式。根据工作人员的工作实践经验，可以构建个性化的教育路径和进修课程，这样可以纵向和横向提高技能水平。

三、取得职业等级的基本途径

在俄罗斯，取得职业等级的途径有如下几种（见表2）。

表 2　取得职业等级的途径

职业等级	取得职业等级的途径
一级	实践经验；在岗短期学习和（或）在具备不低于初等普通教育的基础上的短期课程
二级	实践经验；在具备不低于基础普通教育的基础上接受职业培训（教育机构的短期培训或者企业学习）
三级	实践经验；在具备不低于完全普通教育或初等职业教育（接受基础普通教育没有接受完全普通教育）的基础上，接受职业培训（教育机构一年以下的职业培训或者企业学习）
四级	获得与完全普通教育同等的初等职业教育；完全普通教育基础上的初等职业教育和实践经验，或者职业培训（教育机构一年以下的职业培训或者补充教育）；实践经验
五级	获得与完全普通教育同等的中等职业教育，或者完全普通教育基础上的中等职业教育，或者初等职业教育基础上的中等职业教育；实践经验
六级	通常是学士；个别情况下，获得与完全普通教育同等的中等职业教育，或者完全普通教育基础上的中等职业教育；实践经验
七级	硕士（学士教育计划完成基础上）；实践经验 （完全普通教育完成基础上的）专家；实践经验 学士或者补充职业教育（MBA 或其他）；实践经验

续表

职业等级	取得职业等级的途径
八级	大学后教育（获得副博士学位的教育计划；实践经验） 完成硕士培养计划或专家培养计划、补充教育计划（MBA）；实践经验
九级	大学后教育（其中包括科学副博士学位和实践经验，或者科学博士学位和实践经验）；补充职业教育计划；实践经验，以及行业、跨行业和国际的认可和专业认可

姜晓燕　译

"面向全体澳大利亚人的技能"
国家改革计划①

一、澳大利亚职业教育与培训改革的主要政策措施

面对经济环境的急剧变化以及国内产业结构的调整，澳大利亚的国家培训体系需要通过改革变得更具活力以及对环境变化更加敏感。若不改革，澳大利亚将失去其在全球劳动力市场上的优势地位。

"面向全体澳大利亚人的技能——使更多澳大利亚人具有技能并实现更具竞争活力的经济"国家改革计划（Skills for All Australians：National Reforms to Skill More Australians and Achieve a More Competitive，Dynamic Economy）陈述了联邦政府对国家培训体系的改革计划。这些改革将使更多人获得能负担得起的高质量培训，劳动力具有更高的技能，能更好地适应变化的经济环境。

主要的改革措施包括：

提供国家培训补助，使更多澳大利亚人获得职业技能；放宽获得按收入比例还款型贷款的条件，降低学生预付款额度；更多投资带来更好产出，提高质量；提高职业教育与培训的透明度；为困难学生提供更好的支持，使更多人获得进入劳动力市场的技能；建立更有效的国家培训体系。

---

① 本文为"面向全体澳大利亚人的技能"国家改革计划主要政策内容摘编。

二、建立国家培训体系，为全澳人民传授技能

澳大利亚国家职业教育与培训体系为澳大利亚的发展服务了数十年。联邦政府的技能改革计划旨在确保这一体系能够更有效地使澳大利亚的企业和个人获得必要技能，使之在急剧变化的经济环境中持续发展。联邦政府的经济政策重点关注那些确保澳大利亚经济更快更好发展的技能基础，并将其置于优先发展的位置。技能是确保劳动人口能够生产和提供创新性、高质量和高价值产品及服务的核心，这些为 21 世纪澳大利亚经济发展注入活力。

为了推行与各州和地区在澳大利亚政府委员会协商中达成共识的主要改革项目，联邦政府已经批准在 5 年内拨款 17.5 亿澳元。其目的在于：

（1）提供一项国家补助，使处于劳动年龄的澳大利亚人至少获得初级职业教育与培训三级证书资格，从而在澳大利亚新的经济环境中有机会找到一份体面的、可持续的工作；

（2）放宽学生贷款限制，降低文凭和高级文凭阶段学习的贷款预付款标准；

（3）提高有关培训课程、费用以及培训机构质量的信息的可获得性，新建一个名为"My Skills"（我的技能）的网站，更好地为学生和企业提供与个人需求和经济需求紧密相关的培训信息，选择一个高质量的培训机构以帮助他们发展所需技能；

（4）支持高质量的教育和考试，包括对培训机构考试进行独立审核的实验性模式，这样学生和雇主才能够信任其购买培训项目的质量和持续性；

（5）通过实施改革，支持形成强有力的培训机构网络，确保澳大利亚人都能够获得高质量的培训；

（6）刺激更多的人完成全部资格认证，为企业提供所需的合格人才，并为所有澳大利亚人提供提升技能和参与工作的机会，特别是针对较高层次资格认证以及有困难的学生。

三、未来五年职业教育与培训的改革计划

澳大利亚政府的全面改革将形成一个更为有效的国家培训体系，从而支撑更加强健公平的澳大利亚经济。未来五年的改革目标计划包括：

（1）向澳大利亚劳动年龄人口公示劳动力市场需求、他们所需的技能以及在其职业生涯中如何获得这些技能。人们能够通过登录一个独立的网站"My Skills"找到有关培训课程以及培训提供方的重要信息，如价格和质量等。

（2）企业将更加信任培训提供方以及政策制定者，他们可以了解企业对技能的需求。技能的发展和使用将与行业企业的员工计划和发展紧密结合。

（3）学生们将有资格到一个培训场所学习直到获得他们的第一个职业教育与培训三级证书，国家能够通过使用"独特学生标识"追踪学生的培训进程。

（4）学生的学习文凭和高级文凭将不需预付课程费用。他们将能够取出一笔免息贷款，并且只需在个人年收入达到一定数量时才开始还款（目前门槛值为个人年收入至少达到47196澳元）。

（5）入选政府资助培训点的培训机构必须达到更严格的质量标准。培训机构的考试将受到独立审查。公立培训机构将继续提供高质量的商业培训，给予有困难的学生良好的支持，并且为当地和澳大利亚其他地区提供培训。

（6）国家培训体系将更加灵活并且更快地响应产业需求，同时还能够应对技能短板，支持更多劳动人口参与技能培训，能够为澳大利亚经济新形势提供所需要的高水平技能。

这些引领澳大利亚提高劳动人口技能水平的重要结构调整举措将需要几年的时间才能得到全面实施，并且需要国家和地方政府的详细计划。

2012年的里程碑将是"My Skills"网站第一阶段的启动，各级政府在提高困难学生学习效果的目标、提高师资队伍水平的策略以及支持一个强

大有利的公共培训机构网络等方面达成共识。未来的两年将会看到国家培训补助在职业教育与培训三级证书培训点的完整实施、"独特学生标识"的全面使用以及对考试进行外部审查的实验。

在这一计划最终的几个阶段，人们将会看到在高等职业资格教育中按收入比例还贷政策的完整实施，"My Skills"网站的功能全部实现以及培训机构普遍申请独立的、外部资格认证审查。

2015 年 6 月底，政府将考察及评估这些改革的影响，特别是对培训资金透明度和地方改革的评估。2015 年，还将建立专家小组对数据及证据进行考察，从而为联邦、各州及地区计划未来的资助预算提供参考。

王　纾　译

阿根廷《职业技术教育法》

此法包括应用目标、适用范畴，宗旨和目的，职业技术教育的整合和规范，职业技术教育质量的不断改善，职业技术教育的治理和管理，资金支持，过渡和补充条例共七章内容。

一、应用目标、适用范畴

1. 本法旨在规范、引导国家教育体系和职业培训体系框架内的中等和高等（非大学）职业技术教育。

2. 本法在全国范围内适用，同时尊重各省标准的不同和地区间的差异，在继续教育和终身教育框架下，将正规教育和非正规教育、普通培训和职业培训联系起来。

3. 职业技术教育是阿根廷每个公民的一项权利。这项权利在终身且系统地接受教育的过程中得以实现和保障。职业技术教育服务涵盖道德提升、公民教育、一般人文教育、科学培训、技能培训和技术培训等。

4. 职业技术教育促进人们学习能力的提升、知识的积累、技能的掌握、正确价值观的树立、职业表现的改善以及对社会生产环境的理性认知等，促使人们通过对实践的系统性思考和对理论知识的系统运用，更好地认识现实。

5. 职业技术教育覆盖、联系并统筹各种类型的教育机构和项目，这些机构和项目根据职业能力、科学技术知识的情况，调整培训方案。

二、宗旨和目的

1. 《职业技术教育法》的宗旨主要体现在以下几个方面。

（1）使国家和各省的教育政策结构更清晰、更全面、更具层次性、更协调，从而巩固职业技术教育。

（2）由此法创造其他的机制、工具和途径，对职业技术教育进行整合和规范。

（3）创造并发展更多的针对特定职业和职位的培训机会。

（4）在国家政策和各司法管辖权框架下，改善、强化职业技术教育机构和项目。

（5）在将个人的能力与知识以颁发证书的形式予以认可方面提供便利，满足一部分人重新接受正规教育、获得不同水平和形式学习经历的愿望。

（6）促进职业技术教育公平、质量、效率和效果的提升，使该法成为促进国家和各地区社会融入、社会经济发展、技术创新和教学完善的重要推动因素。

（7）加强职业技术教育机构和项目与科学、技术、生产力和劳动之间的关联性。

（8）强化生产部门需求与职业技术教育之间的一致性。

（9）促进劳动和生产文化的发展，推动国家可持续发展。

（10）增强人们充分行使劳动权利的意识。

2. 中等和高等（非大学）职业技术教育所要达到的目的如下。

（1）培养特定岗位的中级和高级技术工人，这些岗位的复杂性要求任职人员通过长期、系统的培训，获得某些职业能力，在此基础上，能够胜任该职位。

（2）通过后续、终身的职业技术教育，为学生的个人成长、劳动能力提高和在社区发挥更大作用方面创造条件，促进其全面发展。

（3）发展系统性的培训，从而强化学习与劳动、研究与生产之间的关联性，增强理论培训—实践培训、公民教育、一般人文教育与特定领域职业培训之间的互补性。

（4）拓展职业化的教育渠道和途径，使学生获得基础职业技能和知识的权利得以保障，在此基础上，可进行终身学习和继续深造。

3. 具体来说，职业培训的目标在于培养、发展、更新个人的劳动能力，无论其初始教育水平如何，通过培训，使其能够获得科学技术方面的知识，掌握基础的职业和社会技能，从而适应某一领域的一个或者多个岗位的需求，融入经济生产领域。

三、职业技术教育的整合和规范

（一）职业技术教育机构

1. 此法涵盖了国家教育体系下提供职业技术教育的所有机构，包括国家级的和省级的、公立的和私立的、中等的和高等（非大学）的以及在职业技术教育联邦注册系统内的专业培训机构。

（1）中等职业技术教育机构。

（2）高等（非大学）职业技术教育机构。

（3）职业培训机构。职业培训中心、劳动技能培训学校、农业教育中心、技术学校、工艺美术学校、成人职业培训学校等。

2. 在各司法管辖区教育职权部门颁布的具体准则框架内，提供职业技术教育的机构将：

（1）推动发展创新性的管理模式，引入质量和公平标准，使得此法制度层面的目标和宗旨得以实现；

（2）发展常规的、系统的评估模式；

（3）实施国家和各司法管辖区的项目，在各司法管辖区积极开展创新性活动，满足不同社会团体对于职业技术教育的需求；

（4）在团结、合作和对话的基础上，建立与教育系统的所有其他参与者和谐并存的系统；

（5）对咨询团体和代表教育、社会生产社区的团体予以关注；

（6）发展教育项目，使得这些项目能够通过教育活动促进货物与服务的生产，推动学生与教职人员参与实习、实验和其他产教活动。

3. 不同司法管辖区在其职权内均建立相关机制，促进职业技术教育和其他正规教育之间的衔接，促进学生在不同学习和工作环境之间的转换。

4. 高等（非大学）职业技术教育由本法所述的教育机构提供，使人们继续职业发展道路。为此，须注意两点：一是多样化，通过接受适用于宽领域岗位的基本培训，与此前个人的教育水平衔接；二是专业化，目的在于深化中等职业技术教育中所获得的培训。

5. 中等和高等（非大学）职业技术教育机构开展具有专业性的职业继续培训项目。

6. 各司法管辖区的教育主管部门推动职业技术教育机构与非政府组织、公司、合作社、生产部门之间建立合作关系，促进就业，同时促进小企业、工会、国立大学、国家工农业研究院、科技秘书处、国家原子能委员会、教学培训研究所以及其他旨在促进科技发展的公立机构的发展，以实现此法既定的目标。执行权力机构对有关机制进行规范，并不断更新其职责。

（二）教育机构与生产部门之间的联系

1. 公司与教育主管部门建立合作契约，根据各自的规模和运行能力，为教育实习提供便利。实习可在公司内进行，也可在教育机构进行。公司将技术和资源提供给学校和教学中心，用于学生培训。这种合作可以推动教学不断更新、与时俱进。

2. 若实习在公司内部开展，要确保学生的安全，方便教师对学生进行辅导和指导，完成学习过程。公司不得要求学生从事生产活动，以牟取经济利益。在任何情况下，都不允许学生代替公司工作者劳动。

（三）职业培训

1. 职业培训是社会劳动培训活动的总体，其目的在于使劳动者掌握技能、提高素质，促进社会进步和个人职业发展，推动国家、地区、社区经济增长和生产力提高。

2. 职业培训允许不同的入学方式和接受培训的方式。不同水平和周期的正规培训对于学术水平的要求也不尽相同。

3. 职业培训可以是有关扫盲的项目，可涵盖义务教育和非义务教育阶段。

4. 获得职业技术教育机构联邦注册系统以及学位和证书国家总目颁发的证书的教育机构和职业培训项目，其培训可视为正规教育。

（四）培训的定义

1. 不同的职业技术教育，可根据社会生产活动不同部门的职业特性，分为不同的层次。

2. 联邦教育委员会将划定一系列针对中等和高等（非大学）技术专业和职业培训的基本标准和最低参数，涵盖以下几方面：职业特性，学位和证书的应用范畴，课程设置，一般培训、科学技术培训、职业实习内容，最低课时数等。上述标准为职业技术教育学位和证书的统筹划一、培训和学习计划的结构化提供了重要参考，从而使其有效性获得承认。

3. 在从事部分职业的过程中，人的健康、安全、权利或者财产可能受到威胁。设计课程时应考虑到从事不同职业的规则，尤其是那些由国家制定的规则。

4. 中等职业技术教育学习计划应至少持续6年。学习计划根据各地区的组织标准制定，保证职业教育服务的质量和水准。

5. 在尊重前面几条提到的基本标准和最低参数的基础上，各司法管辖区的教育主管部门须根据本地区的发展情况，设计中等和高等（非大学）职业技术教育课程，确立入学要求和每年学时数，并规定职业培训的总课时。

（五）学位与证书

1. 各司法管辖区的教育主管部门须根据各自制订的学习计划，确定相应的职业合格标准。教育部须在文化与教育联邦委员会所达成的共识的框架内，给予所获学位有效性，该有效性适用于全国范围。

2. 文化与教育联邦委员会须制定素质等级，在该等级框架内，保障每个劳动者有权利申请对于通过各种正规和非正规的教育形式获得的知识和技能予以评估、认可，并颁发证书。

四、职业技术教育质量的不断改善

（一）教学人员与资源

1. 不同司法管辖区的教育主管部门须根据联邦教育委员会制定的素质等级，对劳动者的知识和技能进行评估，并授予证书。

2. 教育部和联邦教育委员会相互协作，开展多个继续教育项目，保证各专业的项目收到良好效果，同时不断更新针对职业技术教育机构管理层和教学队伍的培训内容，发挥职业技术教育机构在推动社会、教育和生产进步方面的效应。

3. 教育部和联邦教育委员会相互协作，共同致力于：

（1）接受职业技术教育、大学高等教育和非大学高等教育的学生，可在大学或非大学高等教育机构从事教育学研究；

（2）毕业于中等职业技术有关专业的学生可在中等教育机构从事相关活动，接受最新内容的科技培训和教学培训。

（二）设备

教育部在国家技术教育研究所的配合和各司法管辖区的参与下，以渐进、持续和稳定的方式，确保教育机构配备相应的操作室、实验室和虚拟学习设备，方便学生在各技术教育机构接受最新的科技知识，开展专业实习或生产实践。

（三）教育服务的整合和组织

1. 为了职业技术教育质量的持续改善，在国家技术教育研究所的框架下，设立了职业技术教育机构联邦注册系统与学位和证书国家总目，并规定了学位和证书的统筹程序。上述几项工具共同致力于发挥以下作用。

（1）保证在全国范围内，在读生或者毕业生有权利接受培训，且其学习经历、所获学位和证书能够得到认可。

（2）确定了不同区域和等级的职业技术教育学位和证书。

（3）强调了不同区域和等级职业技术教育之间相互联结。

（4）促进各省份制定、开展职业技术教育项目，巩固并改善各职业技术教育机构教育质量。

2. 教育部在国家技术教育研究所的配合和各司法管辖区的参与下，负责管理职业技术教育机构联邦注册系统以及学位和证书的生效程序。

（四）职业技术教育机构联邦注册系统

1. 职业技术教育机构联邦注册系统主要针对可授予职业技术教育学位和证书的机构。这些职业技术教育机构须符合所在司法管辖区的有关规定。该注册系统提供的信息能够在以下方面发挥积极作用。

（1）判断、筹划、实施针对某些学校的先行改善计划，相比其他学校，这些学校需要更多的改进和完善工作。

（2）巩固那些可以作为某些特定技术专业示范中心的职业技术教育机构。

（3）督促注册的职业技术教育机构达到联邦教育委员会规定的职业技术教育标准和参数。

2. 教育部在国家技术教育研究所的配合和各司法管辖区的参与下，针对职业技术教育机构联邦注册系统内的教育机构，实施一系列巩固、促进项目，在教学人员培训、技术、资金等方面给予上述机构一定支持。

（五）学位和证书国家总目

1. 学位和证书国家总目是针对本法"培训的定义"部分第 2 条提及的培训设立的，是符合本法有关规定的职业教育学位和/或证书方面唯一且排他性的系统。学位和证书国家总目旨在避免某一职业培训学位和证书的复制，避免同一证书或者学位的授予要求的课程标准与联邦教育委员会规定的学位和证书生效所要求的最低标准不一致。

2. 教育部通过国家技术教育研究所确保上述总目永久性地提供最新的关于培训证书和学位方面的信息。

（六）学位和证书的统筹划一

1. 在联邦教育委员会确立统筹划一的标准（主要侧重于职业特性和培训方式方面）的基础上，中等和高等（非大学）技术学位以及职业培训证书在全国范围内统筹一致。

2. 在国家技术教育研究所的配合和各司法管辖区的参与下，教育部确立了不同职业学位和证书的统筹的框架和程序，并且获得了联邦教育委员会的通过。

（七）机会均等

针对处于危险社会状况中且有学习困难的青年，教育部须采取措施，保障这部分青年持续接受并完成不同形式的职业技术教育。上述措施包括但不限于以下几方面。

（1）通过提供材料或者专项奖学金的方式，解决这部分青年的学费及其他费用，包括饮食、交通费用。

（2）通过为这部分学生安排导师和课外辅导，扩展其学识，以便其更好地备战考试，并满足个人的学习需求。此外，还须采取一系列措施促使女性参与不同形式的技术教育，例如，开展宣传活动，给予资金支持，调整课程以更适合女性特点，以及其他必要的、能增加女性接受职业教育机会的措施。

五、职业技术教育的治理和管理

（一）总纲

职业技术教育的治理和管理由国家执行权力部门以及各省份、布宜诺斯艾利斯自治市的执行权力部门负责，须遵守国家统一、民主，各司法管辖区自治、平等，行业间紧密联结、创新、高效等相关原则。

（二）教育部的职责

教育部应遵照联邦教育委员会的有关精神，做好以下几方面的工作。

（1）在本法的框架内，在获得社会各角色的认可、参与的基础上，制定职业技术教育的总则。

（2）确立职业技术教育质量标准，引导职业技术教育机构联邦注册系统内的机构达到该标准。

（3）制定学位和证书国家总目下的中高级技术工人学位和职业培训证书的有关准则。

（4）制定将中高级技术学位和职业培训颁发证书统筹划一的标准。

（5）确立本法提到的素质等级。

（三）联邦教育委员会的职责

联邦教育委员会有以下几方面的职责。

（1）统筹职业技术教育机构的创立、变更和（或）更新。

（2）统筹中高级技术工人培训和职业培训所授予的学位和证书的样式、要求的课程结构及其应用范畴。

（3）统筹职业技术教育质量标准，引导职业技术教育机构联邦注册系统内的教育机构达到该标准。统筹学位和证书国家总目下的关于中高级技术工人学位和职业培训证书的规定。

（4）统筹国家职业技术教育基金会的管理程序以及基金在各司法管辖区的分配办法。

（四）各司法管辖区政府的职责

各司法管辖区政府有以下几方面的职责。

（1）制定有关准则，在文化与教育联邦委员会有关规定的框架内，规划、组织并管理各司法管辖区的职业技术教育。

（2）建立有关机制，成立省级、区级和市级的教育、劳动和生产委员会，提供空间和平台，鼓励人们参与各司法管辖区职业技术教育政策的提议、制定。

（3）参与设备购买、设备维护及运行、项目发展等方面的决议，从而充分利用基金会资助职业技术教育机构的有限资源。

（五）国家技术教育研究所的职责

在教育部和国家职业教育研究院的框架下，国家技术教育研究所须履行以下责任和职责。

（1）决定并向联邦教育委员会提出设备购买、设备维护及运行、项目发展等方面的建议，从而充分利用基金会资助职业技术教育机构的有限资源。

（2）提高职业技术教育质量，按照联邦教育委员会制定的有关规定协调项目，确保教育公平，保证职业技术教育的提供与社会、生产需求持续相符。发展有关必要工具评估职业技术教育质量。

（3）将职业技术教育系统化，参与职业技术教育课程的设置并提出建议。

（4）采取有关措施对教学人员进行培训，提高其素质。

（5）发展并管理职业技术教育机构联邦注册系统、学位和证书国家总目，完成学位和证书的统筹过程。

管理第 22.317 号法令的有关规定。

（六）国家教育、劳动和生产委员会

在国家教育劳动委员会的基础上，成立国家教育、劳动和生产委员会。该委员会系本法关注的有关问题的协商和建议部门，旨在向教育部提供涉及如何发展、巩固职业技术教育等方面的意见和建议。

1. 职责。国家教育、劳动和生产委员会的职责在于：协调职业技术教育相关的生产部门、社会活动者，促进其利益和解；通过创立各省份的教育、劳动和生产委员会，促进职业技术教育与劳动领域间的相互联系；引导资金投向职业技术教育领域，促进其发展；向南方共同市场以及其他双边和多边的地区组织或者机构谋求建议、策略，促进职业技术教育的地区一体化过程。

2. 构成。国家教育、劳动与生产委员会由职业技术教育领域有突出贡献的人组成，同时还有来自以下领域的代表：教育部，劳动、就业与社会保险部，经济与生产部，联邦教育委员会，企业尤其是中小企业的董事会，劳动者组织，教育行业协会，技术工人的职业协会，以及以私营方式提供职业技术教育的企业家协会等。该委员会的委员经上述行业、部门推荐而定，在特定、有限时间内，履行"名誉"委员的职责。

（七）联邦职业技术教育委员会

1. 联邦职业技术教育委员会创立的目的在于，在联邦教育委员会的有关框架下，在开展和跟踪服务于本法的联邦项目时，保障技术咨询和协商的路径畅通。国家技术教育研究所负责协调上述技术咨询和协商活动。为了跟踪本法执行的过程、效果以及产生的影响，联邦职业技术教育委员会须与可提供充分教育资讯的部门保持联系，获取教育机构的具体信息；须与国家教育与文化研究所保持联系，通过持续开展家庭问卷调查，获取关于不同形式的学习对于就业影响方面的有效信息。

2. 此委员会由各省及布宜诺斯艾利斯自治市的各代表组成。代表由所在省份和自治市的最高司法权力部门任命，行使"名誉"代表的职责。

六、资金支持

1. 确保每位公民都有接受高质量教育的权利是政府的职责所在。各省、自治市向职业技术教育投入资源的多少是由所在省份、布宜诺斯艾利斯自治市的政府预算决定的。

2. 国家职业技术教育基金会的资金一部分来源于国家公共部门综合年度预算，投入比例不低于正常收入的 0.2%，一部分来源于教育部对学校项目的投入。此外，该基金会还将接受来自自然人、法人的支持，以及国内外其他渠道的资助。

3. 各省份、布宜诺斯艾利斯自治市关于资金的分配比例，以及国家职业技术教育基金会的管理程序，须在联邦教育委员会的框架下得到统筹。资金将用于设备购买、设备维护及运行、项目发展和硬件条件建设等方面，从而充分利用所筹资源。

4. 承认国家职业技术教育基金会为教育部以及国家技术教育研究所框架下执行、修改第 22.317 号法令的机构。

七、过渡和补充条例

1. 教育部和联邦教育委员会协作制定有关过渡程序，督促相关职业技术教育机构进入职业技术教育机构联邦注册系统与学位与证书国家总目，并保障上述机构学生的权益。

2. 督促各省份和布宜诺斯艾利斯自治市根据本法调整各自立法。

3. 将此法通报予执行权力机构。

赵灵双　译

南非《中学后教育与培训白皮书》

——建设发展的、有效的、综合的中学后教育体系

摘要

2012 年,《中学后教育与培训绿皮书》（以下简称《绿皮书》）公开征集公众意见。《绿皮书》的发布引起了中学后教育体系中各方利益相关者的强烈关注。在制定《绿皮书》的过程中，我们征集了来自教育机构、行业教育与培训局、用人单位、工会以及其他机构与个人的近 200 份关于《绿皮书》的反馈与意见，并充分考虑了高等教育与培训部所面临的挑战。在此基础上，我们制定了《中学后教育与培训白皮书》，并提出了到 2030 年应建立的中学后教育与培训体系的相关规划。

中学后教育是指完成中学教育的人员、未完成中学教育的人员以及从未入学的人员所参加的所有教育与培训。中学后教育与培训体系包括高等教育与培训部管理的以下机构：

23 所公立大学（2014 年将增至 25 所）；

50 所职业技术教育与培训学院（之前称为继续教育与培训学院）；

公立成人学习中心（即将并入新成立的社区学院）；

私立中学后教育机构（即注册私立继续教育与培训学院以及私立高等教育机构，以上机构即将更名为职业技术教育与培训学院）；

行业教育与培训局以及国家技能基金；

南非资格认证管理局以及质量管理委员会负责中学后教育与培训体系的资格认证与质量监管工作。

另外还有一些国有的中学后教育与培训机构，它们归其他政府部门管理，主要（但不仅仅）负责培训公务员。各省、市政府也运营自己的中学后教育与培训机构，用于培训政府工作人员。通过质量管理委员会，高等教育与培训部负责保证各大学与学院的教育质量，并确保所颁发的资格证书均经过注册。

针对南非国情，《绿皮书》制定了提高中学后教育与培训体系服务能力的国家战略。它概括了高等教育与培训部以及相关机构为建设政治活跃、经济繁荣的发展型国家所制定的政策导向。主要政策目标有：

所建立的中学后教育与培训体系将促进建设公平、平等、无种族歧视、无性别歧视、民主的新南非；

建立统一的、协调的中学后教育与培训体系；

扩大入学机会，提高中学后教育与培训的质量与多样性；

中学后教育与培训机构与用人单位需建立更紧密的合作关系；

所建立的中学后教育与培训体系需满足普通市民、公共部门和私立部门的需求，并有助于实现更广泛的社会统一、发展目标。

一、学院体系

（一）职业技术教育与培训学院

高等教育与培训部的工作重点是：将公立职业技术教育与培训学院做大做强，提高它们对中学毕业生的吸引力。2010 年，全国职业技术教育与培训学院入学总人数刚刚超过 34.5 万人，2013 年预计增加到 65 万人。到 2015 年和 2030 年，全国入学总人数将分别增至 100 万人与 250 万人。改进职业技术教育与培训学院的主要目标有：改进运营管理，提高教学质量，增强学校应对地方劳动力市场的能力，为学生提供更好的服务，改善学校设施。

此外，无论从整个体系层面还是从具体的学院层面，都应加强教育培训机构与用人单位的合作关系。学院与用人单位保持合作伙伴关系，将有利于学生开展工学结合的学习，有助于安排学生就业，而教师则能够与工作场所保持经常接触，紧跟行业的最新发展。同时，用人单位应就课程等问题向学院提出意见与建议，行业专家也可以在学院兼职授课。在加强学院与用人单位的联系方面，行业教育与培训局的作用很重要。如果教育培训机构的课程积极回应了地方劳动力市场的需求，或者说满足了行业教育与培训局、用人单位或政府部门提出的具体发展目标，那么一个专业化、多样化的学院体系就建立起来了。

当前，职业技术教育与培训学院的课程与资格证书对于管理者来说过于复杂，对于学生与家长来说难以理解，并且通常难以保证质量。因此，职业课程与资格证书的所有内容都将进行重新审定并合理规范。审定工作最好由高等教育与培训部和基础教育部共同领导，因为它们都提供职业课程。此外，各学院、用人单位以及相关的协会都应参与其中。

（二）社区学院

针对未完成学校教育或从未入学，因而未达到进入职业技术教育与培训学院或大学的标准的青少年和成人，将建立一种新型的中学后教育与培训机构——社区学院。社区学院由现有的公立成人学习中心合并而成，拥有多个校区，提供足够的基础设施与全职教师队伍。随着入学人数的增多和专业数量的增加，还将增设新的校区。虽然社区学院属于公立学院，但也可以与社区机构或私人机构开展合作，如教会运营的教育与培训中心或其他类型的教育与培训中心。

社区学院将建立在现有的公立成人学习中心的基础之上，以便扩大职业课程、技能发展课程和非正式的课程。正式的专业课程包括现有的普通教育与培训文凭以及高等文凭，还将包括计划新设立的全国成人高等文凭以及由行业教育与培训局或国家技能基金资助的职业课程。社区学院应利用其非正式部门的优势（尤其是对社区的响应能力以及对公民和社会教育的重视），加强对公众的公民教育与社区教育。

社区学院还将与各个公共计划项目建立直接的联系，如公共事务扩大计划、社区事务计划等，为它们提供技术和知识人才。这些计划将为社区学院提供工学结合的机会，而基于课堂和工作坊的学习则由社区学院提供。对于社区学院与公共计划项目之间的合作，行业教育与培训局能够起到重要的促进作用。

社区学院将采取阶段性发展方式，先建立试点展示社区学院的理念，进而在全国逐步推广。预计社区学院到 2030 年招生总人数将达到 100 万。而公立成人学习中心 2011 年的招生总人数仅为 26.5 万人。

（三）其他公立学院

由政府其他部门支持的公立学院都应遵守南非资格认证管理局、教育与培训质量保障机构以及国家资格框架所提出的要求。所有公立学院的资格证书都应与其他中学后教育与培训机构的专业学位相衔接。

政府最近出台了一项政策，将农学院从农业部划归高等教育与培训部，这个决定即将生效。

（四）职业和继续教育与培训学院

南非将成立职业和继续教育与培训学院，为学院体系提供必要的支持。职业和继续教育与培训学院的主要职责包括：

为职业技术教育与培训学院和社区学院开发创新型课程；

更新职业技术教育与培训学院和社区学院现有教师队伍的专业技术知识与教学技能，提高讲师、教员及培训师的职业化水平；

开设专家论坛，为职业技术教育与培训学院和社区学院的课程开发素材；

为分管职业教育和继续教育的部长提供建议；

启动职业技术教育与培训学院、社区学院以及整个学院体系的研究；

推动职业技术教育与培训学院和社区学院之间，以及学院与大学、行业教育与培训局、用人单位和员工之间的对话、协调与联系，以此加强相互之间的衔接与贯通；

对职业技术教育与培训学院和社区学院进行监督与评估。

（五）大学

关于大学体系，高等教育与培训部的工作重点是提高教学质量，增加多样性，确保大学能够提供宽口径、高质量的受教育机会，加强高等教育机构之间以及大学和其他中学后教育机构之间的衔接。南非需要一个多样化的大学体系，需要对大学进行"有目的"的区分。《绿皮书》提出了具体准则，指导大学正在进行的区分化工作，并提出制度化任务的构想。

大学入学率有望从目前的 17.3% 提高到 2030 年的 25.0%，也就是说，从 2011 年的 93.7 万人增加到 2030 年的 160.0 万人。在提高入学率的同时，大学应关注提高学生的学业成绩。增加大学入学机会，提高学生成才率，是大学体系面临的十分严峻的挑战，也应当成为国家政策以及教育机构自身的工作重点。在种族、性别或身体等方面处于弱势的群体尤其应得到关注。对于南非来说，加强经济发展所需的稀缺技能与关键核心技能培训，是提高学生入学率与成才率的重要方面。

随着教育资源的增多，高等教育与培训部将逐步对低收入人群实施免费大学教育。

新成立的中央申请服务中心对于帮助学生更好地了解大学和其他中学后教育与培训机构的入学机会十分重要，同时也可以让学生更加有效地在体系中选择学校，并进行入学安排。

高等教育与培训部的政策将着眼于加强研究与创新、提高研究质量，发展对国家发展有重要作用的优势领域。同时，大学的师资队伍也是重点。高等教育与培训部将研究制定相关政策，关注学者队伍的招聘与维护，确保学术工作的吸引力，并在需要的时候从其他国家引进学者。成立国家人文社科学院，促进关键学科的科研与研究生培养。高等教育与培训部还将为各大学的非洲语言研究与发展提供支持。

总体上讲，大学体系将采取综合的中学后教育制度理念。一些大学已经开始与其他中学后教育与培训机构（尤其是职业技术教育与培训学院）建立良好的合作伙伴关系。政府将鼓励这种合作，以实现构建充满活力的中学后教育与培训体系的一系列目标。此外，大学应与用人单位建立良好的合作伙伴关系，以增加工作实践机会，尤其是在那些依赖工作实践经验的资格证书或执业注册领域。行业教育与培训局的参与将让这些合作伙伴获益良多。

二、私立教育机构

当前，关于私立中学后教育与培训机构可获得的数据都不准确、不完整，而且不同的数据分散在不同的机构。高等教育与培训部将采取统一措施，协调、集中并拓展数据采集工作。这些数据分析与质量管理委员会的数据分析相结合，能帮助我们更好地了解私立教育的发展程度与质量，更加全面地理解私立教育机构做出的贡献。

高等教育与培训部将开展一次关于私立教育机构监管与质量保证工作的全面审查。这次审查工作将检查现有的私立教育机构体系，并提出具体建议，确保政府以及相关机构（尤其是南非资格认证管理局以及质量管理委员会）最大限度地调动资源，实现监管与质量保证的目的。

高等教育与培训部认可私立教育机构所发挥的作用，同时认为公立教育是教育与培训体系的核心。因此，政府的主要目标应放在引导公共资源用于国家发展的重点，通过公立机构为大部分年轻人与成人学习者提供教育资源。

据估计，到 2030 年，私立职业技术教育与培训学院和私立高等教育机构的招生人数将达到 50 万左右。

三、重视残疾人教育问题

高等教育与培训部将出台战略性政策框架，为残疾人接受中学后教育与培训、提高入学率和成才率提出指导性意见。该框架将要求所有中学后教育与培训机构在制度范围内出台相关政策，针对残疾人做出制度性计划。以上举措都应基于相应的范式与标准，通过出台的战略性政策框架，保障残疾学生与教师在大学或学院生活的各个方面（包括学术、文化、体育、住宿等）的融合。

要进一步了解残疾学生与教师的需求，在各类中学后教育与培训机构中提高正确对待残疾人员（包括讲师、服务人员以及管理人员）的能力。应格外关注女性残疾人员以及来自低收入家庭的残疾学生的困难，关注残疾学生的招生率，以及这些学生在校及毕业时所需的培训和工作机会。

高等教育与培训部将提高自身能力，寻求新办法，重视中学后教育机构中的残疾人教育问题，包括信息管理、残疾人研究、政策支持，并且提供必要的资源，确保在重视残疾人方面的转变。

四、通过多样的教育模式提供开放式学习

高等教育与培训部将本着开放学习的原则，建立一套中学后教育与培训远程教育体系，以弥补传统校园教育的不足。这套体系将由一个教育供应网络构成，包括学习支持中心，为更多潜在的学生提供就近、适时的学习机会。该体系的其他优势包括：开发并拥有基于充分研究的国家优质学习资源（像开放教育资源一样易于获取）；学习资源的合作开发；现有设施的更高效利用；以及为终身学习做准备的独立学习（这种学习方式当前受到越来越多的重视）。

政府将鼓励大学（尤其是综合类和技术类大学）增加职业导向的文凭课程，扩大远程高等教育。当前，与纯学术课程的远程教育相比，职业课程的远程教育发展较慢。高等教育与培训部还将鼓励所有大学通过在线学习和混合学习的方式提供更多的专业课程。

当前，大学以下的中学后教育与培训机构很少使用远程教育。高等教育与培训部将认真研究在职业技术教育与培训学院和社区学院提供远程教育项目的可行性，包括相应的师资和设备。学徒式教育的理论部分也可通过远程教育向学生提供，尤其是那些住址或工作地离学校较远的学生，或是喜欢远程教育方式的学生。

为中学后教育与培训机构的全职人员提供持续的职业发展机会，并且随着接受远程教育的人数的增加而增加员工人数，这些都是十分必要的。此外，保证人们获取信息通信技术资源的渠道更加公平也十分重要。在推

广开放与远程教育模式的同时，质量保证也是一个问题，高等教育与培训部和质量管理委员会需对此加以关注。

五、连通教育与工作场所

包括课程在内，培训体系的设计需要教育与培训提供者和用人单位之间的紧密合作，对于职业培训课程来说更是如此。在技工行业，学徒制是获得职业资格证书的传统途径，然而，自20世纪80年代中期以来，学徒制不断走向衰亡，导致工程与建筑中级人才短缺。重建一套良好的技工培训制度成为当务之急。当前南非的目标是：到2030年，每年培养3万名技工。此外，增加其他形式的在职培训也十分重要，包括非技工领域的工作学习与实习。行业教育与培训局对于促进用人单位与教育机构之间的工学合作起到重要作用。

行业教育与培训局和国家技能基金所扮演的角色将得到简化与厘清，而且二者的服务能力也将与自身的核心功能相一致。行业教育与培训局将着眼于在现有企业中的人才培养以及为企业输送人才。重心将集中于与工作场所中的利益相关者一道确定需求，并保证教育机构有能力提供有针对性的教育。国家技能基金将负责与国家发展战略及重心相一致的人才培养，包括在人才体系中建立联系，并为国家战略（如青少年项目、小型企业与合作社建设、农村开发等）提供资金支持。国家技能基金还将为无法限定在某一具体领域的科研与创新工作提供资金支持。

高等教育与培训部将成立专门的规划部门，与重点公立教育机构合作，巩固国家人才规划体系的相关举措。行业教育与培训局将为国家人才规划提供专门的、可靠的定量数据，与主要利益相关者一起，测试国家人才规划过程中出现的场景，制订计划，为重点领域提供教育支持。高等教育与培训部将和行业教育与培训局一起，利用全国及行业人才需求信息，制订人才供给计划。

行业教育与培训局的固定经费将全部用于对精确的行业人才需求数据的采集工作。各公司每年要提交一份全面的文件，包括员工当前的技能水平、经验以及资格；所有的员工培训；短期与中期内公司人才需求的重点以及缺口等信息。提交上述信息的雇主将有权免去20%的税款（即固定经费）。

行业教育与培训局的培训基金将从不固定经费中拨付。这是为了支持现有企业的项目——培训现有员工以及潜在的新晋职工。教育提供者可以是公立机构、私立机构，甚至是用人单位自己的内部培训机构，条件是用人单位有能力提供全部或大部分的资格认证。行业教育与培训局和国家技能基金也将使用不固定经费为公立教育与培训机构的人才培养提供资金。行业教育与培训局必须证明所花费的资金与战略计划中的目标相一致。

国家技能管理局将重新调整，并重新确定工作重心，专门负责监督与评估行业教育与培训局的工作。这说明，国家技能管理局将成为负责高级技能监督与评估的专家机构。

六、国家资格框架与质量管理委员会

质量管理委员会现有的结构与职权范围在很大程度上并未改变。但在国家资格框架层面，各个委员会将会有更大的灵活度，对资格认证进行质量保证（之前在这个层面的质量保证往往受到限制）。比如尤马路西委员会（Umalusi）将可以对"普通和继续教育与培训资格认证体系"的某个5级资格认证工作进行质量管理。南非资格认证管理局将协调各个质量管理委员会之间的差异。

对于高等教育与培训部、南非资格认证管理局以及质量管理委员会来说，资格认证之间的相互衔接也是十分重要的问题。南非资格认证管理局必须对三个子框架之间的衔接提出指导性意见，并确保各机构避免对资格互认和学分转移等设置不公平、不合理的障碍。中学后教育体系中的所有机构应当共同保证，对学习者来说，永远不存在死胡同。

质量管理委员会必须利用外部评估体系揭露学生学业成绩较差的机构（大学除外，大学评估工作以各自机构为基础，通过同行互审的外部评估体系进行协调）。质量管理委员会必须对学生学业成绩持续较低的教育机

构进行调查，采取相应的补救措施，提高其教学能力。在必要的时候，持续存在问题的教育机构应当停办。

结论

《绿皮书》为中学后教育与培训体系的改革与发展提出了设想。中学后教育与培训体系是南非政府为建设国家，改善人民经济、社会与文化生活所采取的政策的重要组成部分。《绿皮书》所勾画的中学后教育与培训体系将更公平、更广泛、更多样化，并赋予用人单位提供教育与培训机会的重要职责。中学后教育与培训体系的各个部分相辅相成，共同致力于提高南非中学后教育与培训的质量、规模与多样性。

孟庆涛　译

第三部分
访谈篇

对美国国家教育与经济中心主席 马克·塔克（Marc Tucker）的访谈

问：美国政府自 2008 年金融危机以来推出了什么样的教育政策以应对经济发展对教育的需求？

答：在金融危机期间，美国联邦政府采取了一系列措施，一些是与教育相关的，也有一些是其他方面的。教育方面的主要政策措施是政府所称的"力争上游计划"。这是继《不让一个孩子掉队法》后政府又推出的政策。《不让一个孩子掉队法》的核心是在美国的中小学建立新的问责制度，它要求各州规定教育的有关标准，向联邦政府说明将努力为学生提供什么水平的教育，并进一步要求各州承诺到 2014 年让所有学生达到这些标准。

《不让一个孩子掉队法》针对的是小学和中学教育，关注学生的英语、数学和科学成绩，其重点是学术标准，而非职业标准。可以说，这样对学术标准的关注，牺牲了职业教育和培训。奥巴马总统为应对 2008 年金融危机的严重影响，提出了"力争上游计划"。该计划建立在《不让一个孩子掉队法》的问责框架基础之上，将问责的重点从学校转移到教师个人，但总体思路是一样的，即由教师对学生的表现负责。对于那些没能足够快地提高学生成绩的教师，政府会做相应的处理。因此，为了让教师对学生的表现负责，美国在开发标准化考试上做了大量努力。然而对职业教育的讨论仍然很少，职业教育沦落为低优先级。虽然政府声称学生要做好进入大学和进入职场的两种准备，但中等教育的政策重点仍是为上大学做准备，不是为工作做准备。这进一步将关注点推向学术成就，而非职业成就。这种倾向对美国的学校造成了重要的影响，包括在学术课程上投入更多的注意和时间。在学术课程上增加的时间是以牺牲职业教育课程为代价的。这种情况持续了一段时期。金融危机只是加剧了对职业教育和培训关注的缺失。

问：能否介绍对美国职业教育产生重要影响的政策？例如，伯金斯法是否如许多研究者认为的那样，对美国职业教育产生了深远影响？

答：伯金斯法是美国主要的职业教育法律。当它被重新授权立法时，有些条款得到修改。美国还没有统领全国的职业教育政策（但我们知道我们需要这样的政策）。这使得在职业教育方面鲜有作为的州与做了一些有趣的项目的州，往往呈现出不同的情形。例如，马萨诸塞州的区域职业教育高中被许多人认为是非常有效的。在加利福尼亚州，职业路径项目正催生有关立法，这可能会成为一项主要的变革。路易斯安那州也有一些政策革新。有几个州非常重视职业教育，如佐治亚州、田纳西州和俄克拉何马州。它们通过社区学院使职业教育系统成为吸引全球企业落户该州的手段，通过提供税收优惠和为每家企业定制个性化职业培训，并为意图引进的企业免费提供这种培训。

问：这些政策的实施带来哪些学校教育结构方面的变化？

答：目前职业教育政策没有显著的变化，教育结构也仅有有限的变化。最显著的政策变化是由州政府负责有关部门的高级官员和全国州长协会开发的"州共同核心标准"。这是一套被美国 45 个州采纳并得到联邦政府认可的英语和数学的学术标准。有少数州在采用该标准后，又选择退出。与此同时，奥巴马政府为两个团队提供资金，用来开发英语和数学的"州共同核心标准"配套的量表。目前量表还没有完成，也没有与标准配套的全国性课程，但各州都在努力为新的标准和测试做准备。在短期内，这一发展可能使得职业教育再受贬损。但是从长远来看，这种状况可能会改变。

目前已有迹象表明美国对职业教育的兴趣，而这将提升职业教育的优先权。哈佛大学曾公布过一份报告，呼吁加强对职业教育的重视，这直接促成了"繁荣之路计划"。该计划正由哈佛大学教育学院和"未来职业"（Jobs for the Future，一个非营利性机构）共同执行，面向初中和高中学校的职业教育课程的需要，提供雇主本位的教育和培训。在此之前，我们并没有多少这种雇主本位的教育和培训。不确定这是否会促使美国高中发生明显的变化。但该团队希望这样能够使教育得到显著的改善。

在美国，教育的另一项发展是生涯学院的建立。生涯学院设立在美国高中内，专注于一个行业，向学生提供在该行业谋求就业的机会。生涯学院的课程设计并不是为了让学生获得某种业界认可的文凭，而是将学术课程与某个行业的更具应用性的工作相融合。生涯学院的设计主要是为吸引能力广泛的学生，他们中有些人想要直接进入职场，有些则想进入大学。

"未来职业"的另一项工作是另一种高中教育形式，即学生完成高中课程的同时完成两年大学课程。如果他们通过了大学课程考核，就可以获得相应的学分，并减少在社区学院学习的时间。在许多情况下，学生在高中所修的被称为大学前期课程的社区学院课程是职业类课程。

最后要提的是美国的社区学院。我们有美国政府核准并资助建立的国家科学基金会，它创立了一个特别的项目，帮助社区学院设置先进制造业专业，从而培养能够在先进制造业工作的学生。

何　美　译

对德国国际合作机构职业教育主任沈禾木（Helmut Schönleber）的访谈

问：您认为 2008 年后德国职业教育领域发生了哪些重大变化？涉及什么新的政策？

答：我个人认为，2008 年后德国职业教育领域最重大的变化是德国国家资格框架的实施。德国国家资格框架已经被讨论了很多年，直到 2013 年才开始付诸实践，这是一个非常重要的变化。尽管不应该这样复杂。之所以历时如此之长，是因为德国国家资格框架多少也推进了德国传统体系的改变。德国的传统体系是建立在职业教育是一个完整的体系这样一个概念上。几百年来，这个体系都是一个整体，很难分成更小的部分。将职业教育变成一个矩阵是非常困难的。学习某一职业的相关技能，就学习这一职业的一切，很难将它分成不同片段。但是，资格框架需要将职业分成较小的片段。因此，这也是理念上的转变。2008 年以来，一些组织开始推进职业教育体系的模块化。模块化与整体性并不相同。我们的传统是整体的方式，德国国家资格框架更像是模块的方式。有一些德国人并不喜欢这种方式，德国国家资格框架也引起了很大的争议。专家们现在也不确定哪种方式更好，他们往往前进一步，又后退一点。德国国家资格框架目前也没有全部完成。

问：为什么有这些改变？有哪些国家也启动或实施了类似措施？

答：大多数国家制定资格框架的原因是全球化和国际化的发展。在统一的劳动力市场上，能够让学历可以相互比较，每个国家都会感兴趣。例如，一个中国人希望到德国工作，雇主应该能够很容易地了解他的学历层级和知识水平。这就是为什么各国都在建立资格框架。当然，这项工作很早就启动了，但德国的体系很难整合进这个矩阵中，然而我们不能因为某种传统就脱离全球化。

问：德国国家资格框架将会给德国职业教育体系带来什么样的改变？

答：改变将是一个缓慢的过程。我们每年都会对一些职业的定义做出微小的改变，或者定义新的职业。现在我们有更容易的措施，有标准了。我们可以按照德国国家资格框架的层级来操作。例如，对于德国的师傅，德国国家资格框架的六级相当于本科学历，这在德国是一个很大的新闻。以前，本科学历与职业教育很难进行比较，现在可以了。德国国家资格框架有一定的优势，但需要对职业教育进行一些必要的调整，甚至包括考试。我们仍然认为，好的考试关键在于动手实践测试，而不是选择题，必须生产出某种东西或者展示你所做的东西。在我们看来，操作非常关键，比书面考试更重要。

问：德国国家资格框架的制定是从什么时候开始的？

答：2008 年前后开始。首次实施在 2013 年。

问：为什么耗费 5 年的时间来制定德国国家资格框架？

答：欧洲终身学习资格框架制定后，德国和其他欧洲国家开始考虑如何调整各自的体系以达到欧洲终身学习资格框架的要求。在德国，调整很不容易，耗费了很长时间，主要因为：首先，在德国，所有事情节奏都非常慢；其次，政策需要经过很多讨论，特别是在职业教育领域，因为所有的社会伙伴都要参与，包括行业协会、雇主代表、各州政府、联邦层面的部委等，有很多的参与者和利益相关者，讨论耗费了很长时间。

问：谁是德国国家资格框架制定的主导者？

答：德国国家资格框架的主导者是一个以前没有的新机构，其成员来自所有的相关机构，包括：联邦教育与科研部，联邦经济与技术部、各州文教部长常设会议和德国工商总会。作为雇主和雇员的代表组织，德国工商总会实际上是全联邦工商业的联合体。所有这些部门、各州代表、商会组织和其他人组成了一个委员会，这个委员会制定了德国国家资格框架。

问：谁是这个委员会的领导者？

答：委员会的成员间是平等的，但有一个起草者，这个起草者会发出邀请或做一些组织性的工作。

问：这个委员会的目的就是制定德国国家资格框架吗？

答：这个机构出台了一些文件，包括德国国家资格框架。委员会包括两个层面的成员，两位联邦的部长，两位各州的代表。委员会颁布的文件类似于法律（虽然并不这样称呼），我们称之为关于德国国家资格框架的决定。这是德国国家资格框架的官方文件，约有 200 页。文件由这个委员会通过，是实际的资格框架。

问：这会给德国的教育结构体系带来哪些改变？

答：对德国来说，并不涉及教育结构体系的改变。它还只是对职业描述和标准的收集整理，实际的改变还没有开始。实际的变化我刚才已经提到，是一种新的课程，一种新的描述，更多的措施将会被提到。过去这种变化并不多，这会是一个渐进的过程，这才是巨大的改变。学生表现、测量学习成果的方法等会变得更加片段化。学习成果会被划分为更小的模块，变得可以检测。

德国国家资格框架并不是对学习成果进行新的定义，而是以一种新的方式进行描述。

问：您如何看待德国国家资格框架的未来或潜在的发展？您认为它会为德国职业教育体系带来哪些积极的变化？

答：行业、经济和企业可能会因此受益。企业可以通过矩阵了解一个人可以做什么，从而更容易选择员工，并因此受益。企业会有一个很大的可供选择的人才库，因为可以很容易地进行国际比较。德国到目前为止只有 350 个行业，在这些行业内的企业可以追求明确的技能。这对企业来说是好事。

对个人来讲，一些政治家认为对个人并不好，因为个人只学习到整体事务的一部分。在一家企业，人们只学习对这家企业有用的部分，当人们想转到另外一家企业时，所具备的技能并不一定百分百满足，转到另外一家企业就会变得困难。这对人们来说不是好事。

左翼的政治家一直强调，我们必须让人们有能力转换工作，人们需要终身学习。在这个前提下，个人需要有一个整体性的基础，而不是某些片段。这是巨大的认知差异。

问：我认为德国国家资格框架将促进个人在一生中进行多次工作转换，但似乎并非如此？

答：因为人们害怕没有基础。人们只掌握部分模块，或者第一个企业所需要的部分模块。如果要继续成长，还需要学习其他的模块。人们没有掌握基础，包括通识知识、整体性的知识，拥有的只是某些片段。这是两种看待事物的方式，所以制定德国国家资格框架用了很长的时间。

问：德国国家资格框架如何适应知识的更新，需要定期调整框架以满足需要吗？

答：新建立的委员会是一个常设或者永久机构，其职责并不只是开发德国国家资格框架，也包括不时地对其进行调整。在我们的体系里，有对于工作的描述和两种不同类型的课程，分别针对学校和企业。德国大多数职业的法律文件每7—10年就会进行调整。德国有350种行业，每年都会对其中一部分进行调整。如果我们每年调整5—6种职业，约70年才能都调整一遍。在过去，这种频率是可行的，但现在社会的变化快了很多，我们必须要适应。不仅是德国国家资格框架，德国整个体系都必须进行改变。

问：您在中国待了很多年，很了解中国的国情。您能否比较中、德两个国家的职业教育体系？中国有什么优势？

答：全世界的职业教育体系基本可以划分为三种。一种以学校为基础，一种以企业为基础，一种介乎两者之间。德国属于第三种。在德国，学校和企业扮演不同的角色，这就是双元制。中国的职业教育体系是典型的以学校为基础的，现阶段企业的角色并不重要。当然，学校在不断寻求与企业的合作，企业也在通过学校寻找他们需要的劳动力。但这中间没有一个制度性体系，没有法律确定谁来管理、谁来负责企业方、谁来负责学校方。中国和德国类似，人力资源部门和教育部门，甚至更多的部门都会负责组织和管理职业教育，都非常复杂，但区别在于，中国的职业教育体系中没有企业，企业可以自愿参与。在德国，企业也是自愿参与的，但国家对它们有一个参与的最低要求，这是巨大的区别。德国有一个传统，企业要负责教育自己的员工和他们所需要的员工。这个传统已经存续了上百年。实际上，我们最初是从中国的孔子身上学习到这一点的。

问：如果有两个部门对职业教育和培训负有责任，往往容易产生本位主义。在德国的体制下，这个问题似乎处理得非常好？

答：由于历史的原因，是的。我想你指的是中德的体制差异似乎没有那么大，但实际上有巨大的区别。中国没有真正的类似德国或其他国家那样的有法律授权的商业协会。例如，在德国，我们有关于商业协会的特殊法律，给予它们特定权力并要求它们承担相应责任。因此，商业协会是政府和产业的混合体。协会的选举过程——谁能够成为协会的主席，谁能改变某些规定，实际上又是商业性的。

张　智　译

对俄罗斯教育科学院前任院长尼古拉·尼康德罗夫（Николай Никандров）的访谈

问：我们知道，2008 年世界金融危机后，很多国家更加关注职业教育的发展问题。我们也很想了解俄罗斯的情况。1992 年的《俄罗斯联邦教育法》将教育分为普通教育和职业教育，俄罗斯教育体系中的 "профессиональное образование"，在您看来，是否等同于其他欧洲国家所理解的 "vocational education"？

答：如果 "职业教育" 用英语表述为 "vocational education"，俄语就是 "профессиональное образование"，无论是 1992 年的《俄罗斯联邦教育法》，还是 2012 年底俄罗斯联邦总统批准的新《俄罗斯联邦教育法》，都将教育（体系）分为普通教育和职业教育，在英语中用 "vocational education" 来表述。俄语中的 "高等教育"（высшее профессиональное образование）就是英语中的 "higher education"，俄语中的中等职业教育 "среднее профессиональное образование" 就是英语中的 "vocational education"，可见还是有一些不同，这些词的使用要取决于具体情况。

问：那是否可以这样理解，俄语中 "高等教育"（высшее профессиональное образование）相当于欧洲所理解的 "higher education+vocational education"？

答："высшее профессиональное образование" 也就是 "高等教育"，包括在综合性大学、专科性大学、专科性学院中所获得的教育，这类教育在任何时候都是职业性教育，而非普通教育，高等教育作为普通教育在很早时有过。目前，所有的高等教育都应当与职业相关，"higher education"总是和一定的职业、一定的职业活动相关。因此，所有的"higher education"都是职业性的。

问：那可否认为，俄罗斯的职业教育所涵盖的范围更宽泛一些？

答：是的，相对于普通教育而言，职业教育是一个非常宽泛的概念，就职业教育本身而言，包含初等、中等和高等职业教育。

问：您刚才谈到了新的《俄罗斯联邦教育法》，新法中缺少有关初等职业教育的专项条款？这是否意味俄罗斯不再有初等职业教育，或者说，它将以另外的形式存在？

答：初等职业教育培养生产技术工人，他们在工厂工作，同时学习成为工人，这就是初等职业教育，作为一个独立的教育层次，新法中确实没有出现。

问：那么这就意味着，初等职业教育作为一个独立教育层次将不再存在？

答：初等职业教育这个词不再使用，这就意味着在法律条文中这个词不存在了，但是在实践中，仍然有生产技术工人的培养。俄罗斯曾经有职业技术学校和中等技术学校，这些学校培养技术工人，它们均属于所谓的初等职业教育。以前的技校、中师等都属于中等职业教育。而综合性大学、专业性大学、专业性学院则属于大学教育，也就是高等职业教育。现在，就是我们刚才谈到的新的《俄罗斯联邦教育法》将教育分为普通教育和职业教育，这里的职业教育包含中等职业教育和高等职业教育。

问：这是否也意味着，初等职业教育机构不再单独存在？

答：这些机构存在着，但是以后它们可能会被纳入中等职业教育机构。现在市场对于从事技术工作的工人需求量很大，而且，对其技能水平要求越来越高。

问：新的《俄罗斯联邦教育法》中出现了应用型学士，这是个新的培养层次或者培养形式吗？

答：是的，"应用型学士"是高等教育的第一层次，培养从事实践性活动的人。

问：最近这些年，特别是落实俄罗斯"国家规划"以后，俄罗斯政府非常重视职业教育发展，将其置于优先发展位置，俄罗斯的教育有没有什么正面的变化？

答：是的，职业教育确实被置于优先发展的地位。正面的变化主要表现在几个方面。首先，学生可以更为自由地选择学什么和怎么学。自由选择不仅仅体现在职业教育领域，也体现在中小学教育领域。在职业教育领域，多层次的职业教育逐渐形成，职业教育综合体，包括高等教育和中等职业教育的设施要好于以前，现代化程度比以前高。另外，随着学士教育层次的引入，俄罗斯的教育结构与其他国家教育结构接近。从学术流动性角度来看，学生具有更大流动（自由性），学生可以在一个地方，甚至一个国家开始学习，然后在另一个地方，或者另一个国家继续，这样可以使我们的教育体系更具吸引力。

问：是否可以说现在职业教育的最大变化，就是职业教育体系的重构？

答：是的，重构在很多方面都在发生，如高等教育原来是培养专家的，现在，高等教育领域培养学士、硕士、博士，与英语国家趋同。

问：中国在职业教育领域的社会合作方面遇到了困难，能否介绍一下俄罗斯职业教育领域学校与企业界的合作情况？是否有成功的模式？

答：我们当然也在解决这样的问题。苏联时期，工业界、企业界、其他组织支持职业教育，而且，不仅仅停留于口头，而是实实在在行动，帮助了很多学生。另一方面，很多现在的企业，特别是私立企业也很困难。企业领导，特别是私人企业主不想投入，但是想获得最好的学校毕业生，这样可以节省经费。人们经常说，美国等国家企业在职业教育领域投入很多，为专业人员的培训和再培训投资。俄罗斯也开始有这样的情况，但我们的企业基本不想在教育、科学领域投入，却希望选择最好的人才。

姜晓燕　译

对韩国职业教育与培训研究院院长朴扬范（Youngbum Park）教授的访谈

问：能否给我们介绍几个 2008 年以来韩国政府发布的重要的教育政策文件？

答：在韩国，有 80% 左右的高中生可以进入大学。所以，大学毕业后很多年轻人很难找到工作。几年前，政府制定了"先工作后学习"的政策，即在高中毕业后，学生可以先工作，等有了工作经验再走进大学读书；或者是走进大学时正在工作；或者已经有了几年工作经验，再走进大学。所以，我们称之为"先工作后学习"。

政府还实施了师傅职业高中的政策，大概有 3% 的职业高中被选中，作为师傅职业高中进行建设。学生进入这种学校后，学费是全免的。经过三年的教育和培训，政府是保证学生能在大企业有份好工作的。这一做法的目的就是引导高中生不要直接读大学。受该政策影响，现在只有 70% 的高中生直接进入大学，而在以前这个比例是 80%。

韩国还制定了国家能力标准。

问：能否简要介绍一下韩国国家能力标准？

答：韩国政府在十多年前开始开发这个标准。一开始的时候，动作是很慢的。后来，政府下决心要全方位开发国家能力标准。目前已经开发了 700 多个领域的国家能力标准。依据该标准，我们将开发模块。有了模块，韩国政府将改变职业学校和技术学院的教学内容，这将是未来几年韩国职业教育领域的主要变革。

　　开发国家能力标准的真正意义在于减少对教育标准的依赖性。教育标准考查的是"你知道什么",但是国家能力标准评价的是"你能做什么"。国家能力标准打破了教育标准的限制,所以没有必要将其与教育程度联系起来。基于国家能力标准,评价一个工人,大可不必在意他是哪所大学或者哪个高中毕业的。大学的层次和水平都无所谓,评价标准只是"你能做什么",即使你小学毕业,但技术高超,仍然可以像博士一样受到尊重,与教育程度没有丝毫关系。这就是政府开发国家能力标准的原因,韩国太依赖学术教育水平了。

　　问:最近几年,韩国高等职业教育有什么变化吗?

　　答:在高等教育阶段,我们有 135 所职业技术学院。现在政府宣布,5 年内将选择 100 所进行重点建设。选择标准也是职业技术学院要基于国家能力标准改变教育内容。这就是现在在韩国,国家能力标准重要性凸显的原因。我们将继续减少职业技术学院的数量。

　　问:为什么要继续减少职业技术学院的数量?

　　答:我们有太多的四年制大学,当然还有职业大学,培养了太多的大学生,而没有足够的工作岗位。另外的原因是职业技术学院实践操作太少,只教理论,很多学生难以就业。

童苏阳　译

对南非全国商业组织技能发展部主任马卡诺·莫罗杰利（Makano Morojele）的访谈

问：自 2008 年以来，南非在职业教育与培训领域颁布了哪些政策？

答：2009 年南非设立了高等教育与培训部，将劳动部和教育部的相关工作整合到一起。2009 年之前，南非有两个独立的教育部门负责基础教育、成人教育、继续教育和高等教育。劳动部负责与培训相关的所有事务，掌管行业教育与培训局、国家技能基金、国家技能开发局以及其他相关的技能开发机构。涉及与培训相关的事务时，用人单位与劳动部的合作往往比教育部更加紧密。

南非政府多年来关注到这样一个事实，即一边是教育提供者，另一边是培训者，两者之间没有明显的、有意义的互动。高等教育与培训部的成立标志着一个新的起点，教育和培训从此融为一体，同处在一个部门管辖之下。有重要证据表明，要发展熟练劳动力队伍，培育更好的劳动力市场，需要教育提供者与消费者的持续参与。高等教育与培训部的成立，为教育和培训有机结合提供了一个机会。

可以预见的是，建立新的机构或架构要比履行其使命容易，尤其是期望该机构解决复杂多样的问题时更是如此。高等教育与培训部下设很多分支机构，包括职业和继续教育与培训司、技能发展司、高等教育司、规划和企业司。国家技能基金资助特殊技能项目，行业教育与培训局支持各经济部门的优先发展领域，它们都隶属于技能发展司。例如，在制造业，制造业教育与培训局确定各组成部门的需求，采取必要的应对措施，有些措施可能由用人单位和/或教育机构主导实施。职业和继续教育与培训司负责课程的设计与开发、教师发展、学习支持服务以及测试与评估。高等教育司分管大学。然而，还有一个问题存在：高等教育与培训部在多大程度上采用了教育和培训相结合的方法？可以参考一个关键的政策文件——《中学后教育与培训白皮书》。它是高等教育与培训部部长近期推出的，目的是为中学后综合教育与培训体系提供一个愿景，包括如何资助该体系。《中学后教育与培训白皮书》提供了中学后教育培训的概况，包括大学、成人中心、私立机构和培训学院。

问：在义务教育结束之后，与接受普通高中教育的学生相比，有多少学生入读职业技术教育与培训学院？

答：我们有 50 个公立职业技术教育与培训学院，共 200 多个校区，遍布全国。学院大小不等，规模较小的学院主要分布在农村地区。2009 年以来，职业技术教育与培训学院的入学率一直稳步提高，但与义务教育阶段毕业生数量以及入读大学的学生数量相比还较少。高等教育与培训部部长努力的目标之一是增加学生进入职业技术教育与培训学院的机会。部长对一些政策做了调整，鼓励年轻人入读职业技术教育与培训学院，他还鼓励学生将职业技术教育与培训学院作为首选。有文章说在南非，职业技术教育与培训学院被普遍认为只能吸引那些不具备学术天赋的学生，而事实并不总是如此。部长正努力改变这种看法，改善职业教育类院校的形象。

问：请列举高等教育与培训部颁布的几项政策，这些政策是如何制定和实施的？

答：南非高等教育与培训部的一个关键政策举措是发布了《中学后教育与培训白皮书》，为整合中学后教育与培训提供了愿景和框架。我们还注意到，通过全国学生资助计划，政府为学生提供了更多资助，帮助他们入读职业技术教育与培训学院。该计划的受益者是贫困学生。然而促进公平是一回事，提高教育质量则是另一回事，这是职业教育与培训所面临的一个主要挑战。

南非高等教育与培训部的另一个关键政策聚焦于提高职业教育教师的质量。有些职业教育教师没有教学资格但有行业经验，而另一些教师有教学资格但没有行业经验。高等教育与培训部已经出台了一系列政策，提高职业教育教师的能力和素质。

政府鼓励用人单位和职业教育院校共同努力，以便院校所提供的课程能回应业界的需求。高等教育与培训部为学生提供工学结合项目，为教师提供机会积累工作经历。在这方面虽然有一系列政策举措，但课程开发处于所有政策的中心。尤其是部长认识到了教育供给由需求驱动的重要性，用人单位在课程设计与开发中的作用很关键。话虽如此，但正如我刚才所说，职业教育院校的规模各不相同，总的来说，位于农村地区的院校的学生没有进入工作场所的机会。

在南非，政策制定采取咨询协商的方式。我们的政策历史反映了这一点。通常我们会搭建论坛或平台，以便听到不同的声音。例如，《中学后教育与培训白皮书》的研制就采取了严格的咨询方式，之前的《中学后教育与培训绿皮书》也采用了类似的方法。高等教育与培训部征询劳工组织、学生组织、社会组织、大学、企业、研究机构和众多团体的意见。一般来说，这就是我们遵循的方法，当然最终的决断还是由政府来做。协商的缺点是往往需要很长时间，但最终决议能反映大多数人的观点。值得注意的是，考虑到职业教育院校的多样性，一些农村地区的院校接触用人单位的机会有限，成功实施一项政策、战略或计划要比制定政策困难得多。因此把《中学后教育与培训白皮书》的各方面付诸实践将是一个很大的挑战。

问：您前面提到的政策对南非的经济发展、经济表现或经济政策带来了什么影响？

答：我认为这是关键的一点。国家发展计划概述了一些旨在推动经济增长的干预措施。在需要做什么以及教育与培训体系应该做出怎样的贡献方面，《中学后教育与培训白皮书》和国家发展计划是一致的。更广泛的教育和培训体系（包括学校、大学、学院、成人教育中心等）由此得到进军令，确定教育系统应该如何使青年为就业做好准备，包括自谋职业或继续深造。《中学后教育与培训白皮书》主张稳健的劳动力市场分析，进而获知技能需求。传统的做法往往将重点放在劳动力供给，很少重视技能需求。国家发展计划则将需求问题放在前面，然后再看经济和教育与培训体系如何交互作用。

问：评估 2009 年以来政策变化带来的影响可能很难，但我想知道您在这方面的观点，这些政策是否会取得成功？

答：我很乐观。我认为目前的政策是正确的，这些政策正指引我们朝着正确的方向前进。我们开始认识到，在缺乏对劳动力市场深刻理解的情况下，只关注教育（供给）本身是不行的。我们还认识到行业在提高教育质量中的关键作用。我认为，我们在政策协调以及（以协调的方式）将政策付诸实践方面做得还不够好。我是指在摆脱种族隔离教育制度、试图提高入学率和增加受教育机会、提高质量、降低失业率、实现包容性经济增长等方面——这需要各种干预措施。

《中学后教育与培训白皮书》是我们巩固、协调各种努力，简化干预措施的一次尝试。政策的初衷是好的，但在实施和运用方面还有困难。

全国企业倡议组织认识到下列做法很重要，即针对具体部门，提高改革成效，进而产生新知识，展示最佳实践典范并在体系内推广应用，最终实现体制改革。例如，我们在建设部门实施一项干预措施，鼓励用人单位积极参与学院开设的土木与建设课程的开发。通过这一举措，用人单位承诺为工学结合项目提供机会。

问：您认为目前南非在职业教育与培训领域面临的最大挑战是什么？政府会采取或进一步采取哪些措施应对这些挑战？

答：高等教育与培训部作为舵手，负责带动整个教育和培训机制发展，为各个行业提供指导和专业知识。面对众多复杂的、竞争性的行业需求，南非所取得的进展远远慢于预期。高等教育与培训部即便有最好的意图，也时常被淹没在具体事务之中。正如我所说的，现阶段我们面临的主要挑战之一是如何巩固各项政策，这样就不会在不知不觉中把教育提供者和用人单位推到一种顺应模式。所谓顺应模式，就是政府期望它们同时做很多事情，结果这种压力会导致它们尽量做最少的工作。我认为南非正处于这样一个阶段，这个阶段需要创新性、灵活性，需要尝试新事物，并让国际最佳实践模式成功适应南非的环境。高等教育与培训部部长计划成立一个机构，即南非职业继续教育与培训研究院，为职业教育院校提供专家支持。高等教育与培训部将继续提供政策指导，职业继续教育与培训研究院将在诸如课程设计与实施、学生支持、教师发展、伙伴关系、劳动力市场分析等领域提供专业知识。

问：请简要描述职业技术教育与培训学院的教师现状，比如教师资格，以及他们如何让学生为进入劳动市场做好准备。

答：我认为，将这一问题置于以下具体背景很重要：学生从学校教育系统毕业、进入高等教育和职业技术教育与培训学院时，对有些科目（如数学和英语）在很大程度上准备不足。他们的认知能力和分析能力普遍较弱。职业技术教育与培训学院接收的是学业准备不足的学生，有时他们没有能力应付职业教育院校的课程。有些职业教育院校的教师或讲师能够胜任教学任务。但我们确实发现，有些教师虽然曾经在学校任教，但他们缺乏行业工作经验，还有的教师拥有行业经验，但缺乏教学方法。对于一个负责开发熟练劳动力的部门，理解用人单位的角色和需求很关键。因此，教师应该很清楚用人单位在寻找什么。政府专门为职业教育院校教师引入了教师培训项目。这是一个新的尝试，我们还要看结果如何。

孟庆涛　译

对印度规划委员会应用人力资源研究所所长桑托什·梅赫罗特拉（Santosh Mehrotra）的访谈

问：2008 年以来印度颁发的关于职业教育和培训的主要政策有哪些？

答：2008 年以来印度发布了两个重要的与职业教育和培训有关的政策。一个是"十一五"规划，该计划于 2007 年定稿，实施期限为 2007—2008 年度至 2011—2012 年度。在印度的规划史上，首次将技能开发单独作为一个章节写入"十一五"规划。另一个是国家技能开发行动计划。该计划于 2009 年由劳动与就业部颁布，对国家技能开发的目标进行了陈述。除了这两个政策之外，再无其他政策出台。

问：印度政府为何要将技能开发首次作为一个章节写入"十一五"规划？

答：一是因为经济的快速增长或 GDP 的大幅提升。从 1950 年至 1980 年，印度的 GDP 年平均增长率为 3.5%，而 1981 年至 1990 年间，印度的 GDP 年平均增长率达到了 5.5%，1991 年至 2000 年间，印度 GDP 年平均增长率更是高达 6.4%。此后，印度的 GDP 呈波动性增长。如今，印度的经济特别是制造业和服务业发展很快，不可避免地要出现劳动力短缺现象。二是印度迫切需要提高劳动力技能开发能力。随着制造业和服务业的快速发展，印度非农就业人数也急剧增加，劳动力技能短缺现象凸显，主要表现为三种形式：（1）培训质量无法满足需求；（2）培训缺乏针对性；（3）缺乏实际操作方面的培训。由于上述原因，一方面企业抱怨找不到急

需的技能型劳动力；另一方面，大量劳动力失业。人们所接受的教育主要
为理论教育，即使他们接受了技术教育，也未必能找到工作。鉴于上述多
种因素，技能开发已变得非常迫切。

问：为什么"十一五"规划颁布后于 2009 年由劳动与就业部发布了国家技能开发行动计划？

答：在印度，五年规划是由规划委员会制定的。印度的规划委员会和
中国的发展改革委类似，负责五年规划的制定，而国家技能开发的相关政
策则由劳动与就业部制定。因此，在某种程度上，国家技能开发行动计划
与"十一五"规划中有关技能开发的章节之间缺乏一致性。在某些方面，
"十一五"规划比国家技能开发行动计划包含更多的实质性的内容。

问：国家技能开发行动计划将会带来怎样的变化？

答：要回答这个问题，首先得了解印度的职业教育和培训体系的结
构。在印度，职业教育途径通常有以下四种。

一是由劳动部门开展的职业教育，由行业培训机构实施，这类似于中
国的人力资源和社会保障部下辖的"技工学校"开展的培训。完成 8 年义
务教育的儿童或大多数完成 10 年普通教育的儿童可以进入此类机构学习
（参加培训）。行业培训机构学制为 2 年或 4 年，分公立和私立两种。

二是由中等学校开展的职业教育，类似于中国教育行政部门管理的中
等学校开展的职业教育。不同的是，在印度，学生完成 10 年普通教育后，
一部分可进入职业教育领域。因此，在 11 年级和 12 年级，政府首次为学
生提供职业教育。与中国不同的是，印度的高中学生比例较低（11 年级
和 12 年级属于高中），进入职业教育领域学习的学生比例就更低，占高中
生的 4%—5%。因此，我们曾经提议并已付诸实施的一项改革措施是从 9
年级开始为学生提供职业教育。印度为 8 年义务教育体系，学生完成 8 年
义务教育后即可进入职业教育体系。如今，越来越多的儿童在完成 8 年义
务教育后选择进入职业教育体系学习。在实施国家职业资格框架后，已有
22 个邦的 1000 所学校推行这项改革。目前，国家职业资格框架又被称为
国家技能资格框架。

印度有 10000 所中等职业教育培训机构，其中 8000 所为私立机构，由政府监管，2000 所为公立机构，由地方政府管理。印度鼓励公立培训机构与私立培训机构开展合作，这意味着地方行业也参与到行业培训机构的管理中来。国家拨付经费给各行业培训机构，当地私营企业也参与培训机构的管理。

三是由私营企业提供职业技能培训。和其他国家一样，私营企业招聘员工之后，都要进行内部培训。印度有行业联盟和工商联，它们对行业培训机构包括公立培训机构提供支持。除大公司外，一般提供内部培训的公司数量也不多。

四是由国家技能开发公司提供的培训。国家技能开发公司成立于 2010年 5 月。该公司主要从事两项工作。（1）为职业培训机构提供孵化或资金支持（股份或贷款）。许多私营公司委托它们为年轻职工提供培训。所以，印度国内各行各业成立了大量的行业培训机构，每年培训 100 万人次，这一数字还在迅速增长。（2）孵化或协助成立行业技能委员会，这也算一项改革。商品零售、汽车制造、服务业包括安保服务等行业的私营老板联合起来，在国家技能开发公司的支持下成立行业技能委员会。

上面提到了四种主要的职业技能培训提供者。然而，还有大量的小型培训机构遍布印度。这些机构既没有注册，也无人监管其培训质量。还有一些提供短期职业技能培训的非正规的培训机构。这些机构的可靠性和培训质量受到了质疑。这些机构主要针对非正规行业，也算作第五种职业技能培训提供者。

国家技能开发行动计划将使大量接受过非正规培训的人口接受正规培训，且这部分人口数量将会显著增长。我们所希望的另一变化是私营部门加入技能培训的行列，以多种方式开展技能培训和提供培训课程。

问：您前面提到过，国家技能开发行动计划所做的主要改革是将接受职业教育的年龄从 16 岁变为完成义务教育之后，请问是这样吗？

答：的确是这样。这一政策在过去几年里已经逐步得到落实，而且今后将会加快实施。

问：能否简要介绍一下国家职业资格框架？

答：行业技能委员会正着手做的一件大事是制定国家职业标准。国家职业资格框架设 10 个层级，9 年级为起点，定为 1 级。我们必须确保好的培训质量，确保私营企业能够提供中等或高级中等职业教育以及实习实训场所。比如，今天的中国，三年职业教育设置在高中阶段（10、11、12 年级），其中一年则安排学生在企业实习。在这方面，印度需要改革。德国也一样，实习占了较大的比重。为此，培训机构和企业必须进行合作。

问：是什么使得印度政府开始着手制定国家职业资格框架？

答：此项工作最早是由印度人力资源发展部发起的。人们认识到了许多问题，在一定程度上，制定国家职业资格框架是对这些问题的一种回应。在此，我对所遇到的问题做个解释说明。对于在行业培训机构完成培训的学生来说，在职业教育领域继续深造，尤其是进入理工类学校深造会受到限制。印度的理工类学校提供一年、两年和三年的课程，为高级中等教育和高等教育层级。对于在行业培训机构完成两年或三年培训的学生来说，他们无法进入理工类学校学习，这是一个方面的问题。第二方面的问题是职业高中毕业生无法升入理工类学校。此外，印度是一个发展中国家，农业劳动力占很大比例。当大量的农业劳动力离开农村进城从事非农工作时，他们往往缺乏技术。所以，他们往往在建筑行业就业。从事建筑工作的进城务工人员通常未接受过正规培训，这直接影响到了建筑工程质量。因此，很明显，建筑公司希望这些人能够得到培训。此外，印度和中国一样是一个文明古国，拥有大量的手工艺品，丝绸也由手工纺织而成。这些手工艺人技艺娴熟，但他们从未接受过正规培训。他们作为非正式学徒为老板工作，同时也从老板那里学习技艺。这部分人没有获得任何证书，工资收入较低且在劳动力市场的流动性也较差。这部分人之前的非正规学习需要得到认可，而这样的非正规学习在职业资格框架中有了规定。职业资格框架规定，这些通过非正规学习获得技能的人可以获得证书，这有助于他们提高收入。印度是一个人口众多、文化多元的国家，有大量的职业教育培训机构，但又缺乏共同的平台。因此，需要一个平台将所有利益相关者聚合起来。这就要求一个平台如国家职业资格框架将所有利益相关者聚合起来，共同面对难题和开发技能。

问：您能举出两个国家技能开发行动计划带来的教育体系结构发生变化的例子吗？如在中国，有职业教育学院，学制为 2 年或 3 年，颁发大专文凭而非本科学士学位。最近政府又建立了应用技术类大学。这意味着我们将有更多的大学将重心放在职业教育方面而非学术理论方面。韩国也在开发国家职业资格框架。有了该框架，即使是一个连小学都没有上过的人，只要掌握技能，就可以获得职业资格证书。

答：和你举的韩国的例子一样，印度的国家职业资格框架也要达到同样的目的。给那些不能读写的文盲颁发技能证书可能有些难度，但这并非不可能。在印度，有许多劳动力是文盲，但他们工作技能娴熟，如手工纺织艺人。

在高等教育领域，针对市场对高技能人才的需求，有两项应对措施。我们主要谈论了这样一个群体：他们可能要经历从没有技能向半熟练技能或从半熟练技能或非正规技能向熟练技能的转变。我并没有谈论高技能人群。例如，在过去的五六年里，印度私立工程学院数量有了大规模的增长。历史上印度颁发工程文凭或学位的学院是公立的工程学院。由于中等教育入学率有了明显的增长，高等教育入学需求也相应增长。在印度西部和南部，10 年前规模还相对较小的私营产业现已有了快速发展。北部和东部私营产业规模相对较小，但也有所增长。如今，当你驾车行驶在印度的主要交通干线上，你会看到一些新建的私立工程学院和管理学院。有人也许会质疑这些学院的质量，但是，由于有需求，这些私立学院的数量在逐步增长，以至于出现教师短缺的现象，这也是一个问题。

公立幼儿教育机构数量与 5 年前相比翻了一番，在莫迪政府的领导下，幼儿园数量预计增长更快。

问：您对近几年印度的技能开发相关政策（"十一五"规划中有关技能开发的章节、国家技能开发行动计划和国家职业资格框架）的影响如何

评价？

答：这些政策的影响还在慢慢显现中。在中央政府层面，制度需要保持连贯性。有 19 个中央部委各自都在开展较小规模的培训。很明显，这使得技能培训很分散，缺乏系统性。有趣的是新政府上台仅 10 天就创建了印度技能开发部，它会把原来由 19 个部委开展的培训工作纳入旗下。

问：您认为这些改革和政策面临的最大的问题或挑战是什么？

答：最大的挑战是技能型人口数量太少，需要通过培训而变成技能型劳动力的人口数量太多。

问：印度的职业教育培训体系面临的最大挑战是什么？

答：印度的职业教育培训体系扩张非常快。据分析，2012—2022 年间印度技能培训人数将会非常多。印度职业教育培训体系的最大挑战一是培训数量，二是培训质量。任何国家都不可避免地存在着培训质量以及职业教育培训能否满足快速增长的经济需求的问题。

陈贵宝　译

对澳大利亚劳动生产局首席执行官罗宾·施里夫（Robin Shreeve）的访谈

  澳大利亚劳动生产局是澳大利亚劳动力与生产力管理的专门机构。该机构是由政府资助但却独立的小型机构，约有 60 名研究人员。该机构设有行业委员会，行业委员会主席是 IBM 澳大利亚公司的首席执行官，委员会其他人员有些来自储备银行、主要行业协会，还有一些是雇主。该机构的工作是从供需的角度就劳动和技能需求为政府提供咨询，咨询领域覆盖了包括职业技术学院和大学在内的义务教育后教育的各个部门。澳大利亚劳动生产局预测了未来 15 年可能出现的技能需求与技能供给，并就如何变革职业教育与培训及高等教育体系来应对未来挑战向政府提出建议。最近，澳大利亚政府将职业教育与培训纳入工业部。澳大利亚劳动生产局不会设置独立的委员会，也不会成为工业部的一部分。因此，澳大利亚劳动生产局的工作是关注供求，确保澳大利亚的技术需求得以满足。澳大利亚人口较少，所以不能通过国内劳动力满足全部的技术需求。澳大利亚每年需要引进 15 万技术人才，同时还要加大国内的人才供给。

  问：2008 年全球金融危机爆发以来，澳大利亚颁布了哪些与劳动力的技能发展有关的政策？哪些是最重要的政策？

  答：中央政府或者澳大利亚政府委员会发布了一系列报告和政策。作为联邦制国家，职业教育与培训是州与联邦政府共同的责任。澳大利亚高等教育的职责主要在联邦政府。近几年来，澳大利亚将高等教育和职业教育与培训进行融合，称其为第三级教育。基于我们的模型预测，对更高级别学位及资格证书的需求将比职业教育与培训层次的资格证书的需求增长更快。澳大利亚雇佣机会增长最快的领域是服务业，包括专业性的服务诸如护理这样的服务，因为澳大利亚的人口正在老龄化。澳大利亚发生的所有变化都是基于国内正在发生的各种变化，包括全球化、互联网发展、人口老龄化等。

澳大利亚政府出台了一系列政策。第三级教育领域或者高等教育领域最大的变化是我们正从一个中央计划的体制转向一个教育券体制，这意味着满足入学条件的任何人都可以得到公共补助和学生贷款。我们的目标是35 岁以下的年轻人中有 40%获得大学学位。

问：您是指以学术性知识为主的 A 类高等教育和以专业与技术教育为主的 B 类高等教育吗？

答：是的。大多数澳大利亚学生都攻读职业教育领域的学位，最大的学科是商科和护理。按收入比例还款型贷款是澳大利亚政府给学生提供的资助方式。政府提供贷款给学生支付课程费用，学生工作后收入达到一定水平后开始偿还贷款。澳大利亚教育政策的基本理念就是让穷人也能上大学，因为他们在工作前可以不支付任何费用。最近这项制度有些新的变化，新的政府在提高学生的支付比例，尽管他们仍然只需在工作后偿还贷款，但上大学会变得更贵一些，因为政府将对贷款收取更高的利息。这是在高等教育领域。职业教育与培训领域也有类似的增长，对于一些高级的职业教育与培训课程，如文凭课程，也是通过学生贷款资助的，而且也是在学生开始挣钱之前不用偿还。但是从操作上来讲，如果学生从未受雇佣，那么他就不用偿还贷款。

证书项目是技能层次的学习项目。在澳大利亚，证书项目所颁发的证书被称为第三级证书。可以说，澳大利亚的所有资格证书都必须与澳大利亚职业资格框架一致。该框架将每项资格证书进行从第一级证书到文凭、学士学位、硕士学位、博士学位的分类，并列出了获得不同级别资格证书所要达到的各项标准。尽管职业教育与培训体系是由各州而不是联邦政府负责，我们也正转向教育券体制。

　　澳大利亚的职业教育与培训体系是由行业引领的，所有的课程都是基于能力构建。这些能力构成由所在行业决定和确认。大学负责开发自己的专业。显然，如果大学想让专业协会认证它们的专业，就必须满足行业的具体标准。例如，开设达不到会计协会或者牙医协会颁布的职业标准的会计专业或者牙科专业毫无意义，所以澳大利亚高等教育领域最大的变化是正向教育券体制和学位配额转变。澳大利亚的大学可以自主确定招收的学生数量，仅有一个专业例外，即医学专业，因为医学专业要求实习。澳大利亚需要更多有技能的人，希望能增加具有技能和持有资格证书的人。因此，为了满足这些需求，澳大利亚教育体系正转向基于需求的体系，这可能是最大的政策变革。在教育质量和注册方面也有很大的政策需求。高等教育领域和职业教育领域也有其他的变革。职业教育与培训领域的变革很早就开始了，但是高等教育领域才刚开始。高等教育体系不仅包括公立大学和学院，也包括私立学院，该体系中可能存在更多的竞争。

　　问：为什么该体系中存在更多的竞争？

　　答：因为政府认为这样可以提高效率，并且提供选择机会。

　　问：中国存在高等教育毕业生失业率升高的问题，这是中国发展和加强职业教育的原因之一。澳大利亚情况如何？

　　答：在澳大利亚，毕业生仍然有回报或者修完学位仍然有回报。尽管仍有一些毕业生失业，但是很少。所以毕业生比那些没有学历的人的失业率低很多。任何具有高等教育资格证书的人都比那些没有高等教育资格证书的人的失业率低。澳大利亚的另一个问题是，以前曾属于职业教育与培训领域的很多资格证书正在转移到高等教育领域。

　　问：为什么发生了这种改变？

　　答：因为职业协会想让学生学习更多知识，而且工作也变得更为复杂。

　　问：澳大利亚是如何促成这种改变的？

　　答：护士协会和医院说护士执业变得日益复杂，需要更多的技能；人们说仅有职业教育领域的资格证书已经不够了，需要获得一个学位才能成为一名护士，这大概在 20 多年前就发生了。在澳大利亚，大多数专业性的工作都是由大学输送人才。从事护士工作的人才一半由职业教育与培训输送，一半由大学输送。诸如电工这样的技能型人才主要由职业教育与培训提供。我认为更多从事管理工作的人才将从由职业教育与培训输送转向由高等教育输送，但是我不认为技能型的人才将由高等教育提供。未来职业教育与培训的核心角色将是培养技能型人才，如建筑工人、水管工、电工和厨师。职业教育与培训领域将为那些在学校错失学习机会的人提供基本技能，帮助他们进入劳动力市场，而专业性人才将越来越多地由大学培养。

问：所以我理解这是通过在大学开设新专业而不是建立更多应用技术大学或职业学院来实现的，是这样吗？

答：我们很多大学就是职业性的，而且一些大学在很多年前就是职业与技术教育学院。例如，悉尼学院就是一所规模很大的职业与技术教育学院。在 1948 年，该校所有的高级专业都被砍掉，组建了现在我们最知名的大学之一——新南威尔士大学。1974 年，同样的事情重演。悉尼学院所有的高级专业都被砍掉，成立了悉尼技术大学。墨尔本的一些大学，或者我们称为职业教育与培训和高等教育并存的双层次大学，如墨尔本皇家理工大学，仍然是双层次的大学。所以，我们有很多大学源于职业与技术教育学院，但是它们如今已经显然是高等教育机构，如与很多大学一样拥有众多博士学位专业的新南威尔士大学。

问：但这是一个渐进的变化过程，而不是仅发生在 2008 年全球金融危机之后的事情？

答：这是一个持续的趋势，这一变化已经产生了十多年了，还在继续。

问：在您提到的这些最重大的政策变革中，哪些人员或者主导机构是关键角色？

答：关键角色包括联邦政府、教育培训部等机构的决策者，他们通过部长委员会决策。还有作为关键影响者的行业群体，如澳大利亚行业集团、澳大利亚工商会、澳大利亚公会理事会等。还有两个中央政府部门——工业部和教育部。工业部负责管理职业教育与培训,教育部负责管理大学。由于大学通常都是自治机构,与州政府没有太多关系,所以它们也是关键角色。

问:尽管这些政策都是最近推出的,您可否对这些政策变革的影响进行评估?

答:影响会持续扩大,但是,如果没有中央规划,企业与个人会选择正确的道路吗?过去,澳大利亚的中央规划不是很成功,人们认为企业和学生个人最能够识别未来市场需求,这仍然需要评估。过去,中央政府决定大学仅可以提供 10 万个招生名额,现在大学可以按照自己的意愿决定招生名额。有些大学招生名额会增加,有些将会减少。大学会根据中央规划看它们是否满足了市场需求。

问:您认为这会对就业产生积极影响吗?

答:我认为没有任何体制是完美的,在一些领域我们可能会出现过量供给,在另一些领域可能会供给不足。但是我认为与过去相比,我们的体制更灵活了。

问:您认为澳大利亚的教育会有体制性的变化吗? 或者您愿意补充一些内容吗?

答:50 年前,澳大利亚有 25 所大学,大约上千所职业与技术教育学院。现在我们有 40 所公立大学,大约 205 所大学级别的学院,超过 4000 家职业教育与培训机构。

问:是公立机构还是私立机构或者两者都有?

答:都是小型的私立机构。例如,我们有几所诸如悉尼职业技术学院这样的大的公立院校,但是大多数都是很小很专业的私立机构,它们可能仅在某个阶段开设诸如培养铁路工人的课程,或者仅提供高度专业化的课程,而大型的公立院校会开设上百种不同的课程。

问:这是一个历经多年逐步变化的过程吗?

答:这都是在过去十多年发生的事情。实际上起始于 2000 年初,私立院校可以获得公共资金的时候。在 20 世纪 90 年代，公共资金仅支持公立院校，后来市场竞争开始，私立院校也能获得公共资金支持。

问：在 2008 年全球金融危机之后有没有重大的变革？

答：全球金融危机对澳大利亚没有对欧洲或者美国那样大或那样糟糕的影响，当然澳大利亚也出台了相应的刺激经济的政策，但是我认为这些并不能真正遏制全球金融危机的影响。

问：最后一个问题是关于"挑战"，您认为与其他国家相比，澳大利亚的职业教育与培训体系或者高等教育体系有何优势和劣势？

答：优势就是行业引导，行业详细规定学生要掌握的技能。澳大利亚职业教育与培训是基于能力的教育，这既是优势也是劣势。大多数职业教育与培训领域的学生在雇主那里兼职学习，这也是优势，因为在实际工作中比在学校里学到的东西更多。我们的行业是基于能力的，而且有扩张的潜力，因为我们实行的是教育券制度。我认为我们的挑战在于不同院校之间的一致性。我们还没有建立德国或者北欧国家那样成熟的学徒体制，部分原因可能是我们监管更少。和北欧国家相比，我们更具有自由市场经济的性质。我想另一个原因是人们讨论的职业教育与培训要有更高的吸引力。在澳大利亚，平均而言，大学毕业生比职业教育与培训领域的毕业生的收入高得多。对女性而言，尤其如此。例如，在澳大利亚，医生、护士、工程师中，男性和女性均有，但是澳大利亚传统的技能性工作中男性远多于女性，幼儿看护人员中女性则远多于男性。传统的男性的岗位比传统的女性的岗位收入要高，但是都比教师的收入低，于是，更多的女性选择上大学。年轻女性根据经济报酬选择进入大学而不是职业技术学院学习，因为大学毕业收入更高。所以尽管政府鼓励人们接受职业教育，但如果收入没达到大学毕业的收入，人们依然不会选择进入职业技术学院。

孟庆涛　译

对澳大利亚米切尔卫生与教育政策研究所研究员彼得·努南（Peter Noonan）的访谈

问：请您谈谈 2008 年金融危机以来澳大利亚职业教育领域有没有大的政策变化？

答：对澳大利亚来说，2008 年是一个很好的时间节点，因为最显著的变化可能都发生在这一时期。2009 年至今的主要政策改变都是由先前的自由党政府做出的。此外，澳大利亚是联邦制国家，州政府仍对各自的职业教育与培训体系负责。在制定标准和政策方面，澳大利亚有一个国家层面的体制，但在各州管辖的区域内，则由州政府负责为各自的体制运转提供经费。国家政策在各州的实施情况差异很大。在澳大利亚全国范围内推广实施某项政策是一项困难的工作。事实上各州之间的差别十分显著，比如维多利亚州和新南威尔士州，10 年或 15 年前，它们之间的差异还没有这么明显。理解澳大利亚非整齐划一的体制非常重要。大学和高等教育由中央政府提供经费，因此与职业教育相比更具统一性。下面我将从两方面总结主要政策目标。

一是提高拥有更高学历人口的比例，至少是在资格证书层面。在澳大利亚，大多数的资格框架非常相似。澳大利亚的奋斗目标是使至少一半人口成为合格劳动力，或者使不具备最低资格（三级证书）的劳动力明显减少，也就是确保大多数劳动力至少具备一个入门级的基本职业资格。

第二个目标是扩大培训机构的范围，使其不仅仅局限于传统的公立学院。目前有范围更广的教育机构提供学历教育。自 2009 年以来，增加持有资格证书的人口的数量和颁发资格的机构的数量一直是澳大利亚的一个主要目标。尽管政府已经更替，但这个目标似乎没有变化，仍然相当重要。

问：随着新目标的确立，政府出台了哪些新的政策或改革措施？

答：主要是引入了资格的概念，即让没有学历或没有接受过学校教育的人至少获得三级资格证书，为所有人创造获取资格的机会，尤其是劳动力，至少获得三级资格证书。

问：这一变化是从什么时候开始的？

答：2009 年，上届联邦政府和州政府签订了协议。但执行协议代价很高，而且各州执行的进度差异很大。维多利亚州进展比较明显，迈向目标的速度比其他州更快。除进度之外，各州对协议的诠释也不尽相同。由于职业教育与培训由各州而不是联邦政府负责，某些做法并不是所有的州都在实行，因此很难在全国范围内推广。

政策的设想是努力提高澳大利亚人口的受教育水平。澳大利亚还有近乎一半的劳动力没有正规学历。我们的目标是劳动力再培训和技能提升，因为我们现在面对的是技能竞争。我们在世界经济中必须依靠能力进行竞争，而不能通过价格，只有这样，我们才能保证制造业的可持续发展，或使教育培养出更好的熟练劳动力。越来越多的人已经获得三级资格证书或正规学历，人数是 10 年前的 2 倍。随着知识经济的到来，我们需要更多的高技能人口。因此我们的目标有两个，一是提高劳动者基本素质，二是提高高技能人口数量。

问：据了解，澳大利亚由行业领导的职业教育与培训体系出现了一些变化，是这样吗？

答：澳大利亚国家培训局有一个由企业领导的董事会。在这个独立的法定机构中，大多数州都有它们重点企业的人员。传统的职业教育与培训仍旧是为企业提供人力，但实际的管理、领导模式已经改变，因为企业并不直接参与体系的实际运行。联邦政府已宣布成立一个高层次的商业和行业咨询委员会，该委员会设在工业部。政府换届后，高等教育属于教育部管辖。因此联邦政府给出的信号很清楚，它希望把职业教育与培训看作行业政策的重要组成部分，并已宣布成立一个行业咨询委员会，赋予其重要的职能。因此，我认为联邦政府非常希望让行业在职业教育与培训体系中发挥作用。

问：哪些人是制定政策的关键人物？

答：政策制定在很大程度上还是联邦政府和州政府之间的合作。联邦政府与每个州和地区签订合作协议。作为交换，联邦政府为每个州和地区提供资金，以便贯彻重大政策目标。事实上这些政策目标也是经过由各州州长和联邦政府总理组成的委员会同意的。因此各级政府已对国家目标达成一致，20多年来情况一直如此。澳大利亚联邦政府和州政府共同制定政策，管理职业教育与培训体系。行业对政策有一定的影响，但与10年前相比，行业的影响力可能有所降低。

问：在集权治理或分权治理方面有什么变化？

答：我认为现在各州更加独立自主。与当初设立国家培训局相比，各州采取的方法可能存在更多差异。在建设国家职业教育与培训体系方面，我们正从一个高度下放的体系（因为从历史上看，职业教育是各州的责任）向更加集中、更加统一的体系转变。虽然各州拥有更多自治权，但仍然是在一个国家制度的背景下运行。需要强调的是，我们有国家职业教育与培训资格，这些资格有国家标准，我们还有国家技能委员会，这很重要。对培训机构我们也有国家规定。它们都受制于制度规定，即国家资格的质量保证体系。因此我们不是回到了基于各州的资格，关于教育机构的规定也不是基于各州的规定。事实上一切都更向国家层面发展，但更多体系管理和经费资助的权力或许已经下放。

这些政策以两种方式实施。首先是在州层面，由州政府负责开发自己的系统实施这些政策。然而更强有力的方式是由联邦政府实施，建立职业教育体系的国家监管机构。因此两年前联邦政府成立了澳大利亚质量标准局，负责监督国家规范制定和质量保证工作。

在经费支持方面，很大程度上仍由各州负责，资助水平各不相同。所以国家政策的执行在各州也不一致。维多利亚州已经在职业教育与培训领域投入了大量资金。

问：这些政策实施的效果如何？

答：我认为在提高资格水平、增加教育机构数量和提高公立机构在培训市场上的竞争力方面都有一定的效果。最主要的影响是最近职业教育与培训领域招生和产出持续增长。职业教育快速扩张也引起人们对质量的担心。如何保证质量是个问题，人们对加强培训机构监管标准提出了建议。从国际上看，澳大利亚似乎有一个很好、很强的职业教育体系。

问：您认为需要多长时间才能实现让所有的劳动力都拥有一定技能的目标？

答：我认为让一半劳动力获得三级证书可能是一个非常雄心勃勃的目标，我不知道国家对这一目标是否进行了监测，但教育机构大幅增加，职业教育的招生数整体上也增加了。

问：这些政策对教育体系尤其是教育结构产生了哪些影响？

答：主要的结构变化是非公立教育机构的增加，如民办高校、民办培训机构以及基于公司的培训机构。社区教育机构增加了很多。另一个变化是，国家加强了制度监管和质量保证。但除了澳大利亚教育体系分权的结构特征之外，联邦政府和州政府的责任仍大致相同。

问：与其他国家相比，澳大利亚的体系在改革前和改革后的优缺点分别是什么？

答：我认为优点是我们通过职业教育体系明确承诺要建立一个资格框架，我们正努力保持职业教育和高等教育之间的平衡。我们加强了教育机构的多样性，扩大了教育机构的范围，进而带来更多的学习者，我想这也是一个优点。缺点可能是如何保证不同类型的培训机构的质量。当你管理许多不同的机构时，如规模小的培训机构、行业培训机构等，情况会更加复杂。由于澳大利亚的很多资金都优先投入中小学和高校，如何在国家、州和地区各个层面优先保证职业教育经费投入是目前面临的最大挑战。类似的挑战也存在于财政环境和融资前景不好的美国、英国和许多其他欧洲国家。当政府有更大的动力将更多的资金投入中小学和高等教育时，保证公共资金投入职业教育，努力确保中小学、职业教育和高等教育等不同教育部门之间的平衡，可能就成为最大的问题。

关于入读大学的学生是否过多、职业教育和高等教育是否需要更加平衡尚有争论，尚未反映在限制或改变大学的定义政策层面上。

问：您对此有何看法？

答：我的观点是，我们需要在职业教育方面有更多的投入，而且从某种程度上讲，将职业和学术分离已经过时。现实情况是，学习者既需要良好的学术和理论基础，也需要良好的实践技能。如果你看看我所任教过的大学和机构，会发现 70% 的大学是专业和职业导向。澳大利亚大部分大学都非常职业化，护理、教学、医学、法律、社会工作，所有这些专业领域都具有职业特征。我个人认为将高等教育分为学术性与职业性是很陈旧的观念，就像试图将手和脑分割开来。现实情况是我们需要将学科的学术学习和应用学习很好地结合到一起。这可能是 21 世纪我们要采取的模式，职业和学术不能过度区分。

问：在快速多变的社会背景下，您对技能提升有何看法？

答：我认为我们需要非常灵活的职业教育体系，使成年劳动力、现有员工和技术工人能够迅速更新知识。我们不需要鼓励每个人接受漫长的、正式的学历教育。澳大利亚的一个优点是人们可以选择学习某个单元或模块，他们可以只参加一两个单元的学习，从而获得完成特定任务或工作所需要的技能。我认为这是该体系的一个优势。同样重要的是，人们不仅要通过学习具体单元获得特定技能，还要掌握基础的技能和知识。

问：韩国也在研发国家能力标准或国家资格框架。在韩国，根据国家能力标准，一个人不一定要经历小学、中学和大学学习才能获得证书，只要他们想学习某些技能，就可以获得某种资格，比如医生，我觉得那样才是真正对教育体系产生结构性影响。

答：那种实践或政策在澳大利亚已经存在 20 多年了。你以前接受的教育可以获得承认，也可以不通过接受整个教育过程获得正式认证。已经参加了工作的学习者如果需要新的技能，也不必从头开始，只需再获得一个证书。他们可以报名只参加一个单元的学习，以前接受的教育也可以获得承认。

问：那就是澳大利亚资格框架的作用，是吗？

答：资格框架只是基准，如何获得资格可以很灵活，至少职业教育就是如此。高等教育可能没那么灵活，但职业教育可以。你可以通过先前学习认定、基于工作的学习或基于课堂的学习来获得。还有很多学徒制学习，在澳大利亚，你可以通过许多不同的方式获得资格。这不是直到 2009 年才有的变化，在 20 世纪 90 年代早期就已经有了。

孟庆涛　译

索　引

后　记

本书为教育部教育规划与战略研究理事会委托的课题研究成果。教育部发展规划司周天明处长对本研究的实施给予了悉心指导。国家教育发展研究中心高书国研究员和中国教育学会游森副秘书长对本书提出了宝贵的修改意见。本书由政策分析、政策文件翻译以及相关专家访谈三大部分构成。王燕负责课题的研究设计，邀集作者、译者与访谈专家，实施访谈并修改研究报告。张智、陈贵宝参与了全书的策划与编写。何美、张智、李建忠、姜晓燕、聂伟、陈贵宝、孟庆涛、王纾、郭潇莹、李延成、庞文英等人完成了美国、德国、俄罗斯、韩国、印度、南非、澳大利亚、阿根廷、巴西等国家的分析报告撰写。何美、郭潇莹、李小龙、姜晓燕、童苏阳、孟庆涛、王纾、赵灵双等人参与翻译了不同国家的相关政策文件。王燕与相关同事以电话或邮件的形式访谈了美国国家教育与经济中心主席马克·塔克、德国国际合作机构职业教育主任沈禾木、俄罗斯教育科学院前任院长尼古拉·尼康德罗夫、韩国职业教育与培训研究院院长朴扬范、南非全国商业组织技能发展部主任马卡诺·莫罗杰利、印度规划委员会应用人力资源研究所所长桑托什·梅赫罗特拉、澳大利亚劳动生产局首席执行官罗宾·施里夫、澳大利亚米切尔卫生与教育政策研究所研究员彼得·努南等外国相关机构的负责人或专家。陈贵宝、郭潇莹为课题的实施提供了行政支持。全书由王燕修改定稿。在此，对以上专家与同事以及中国教育科学研究院对此项课题研究给予关注与支持的其他同事一并表示感谢。

出版人 李 东
责任编辑 王晶晶
版式设计 孙欢欢
责任校对 贾静芳
责任印制 叶小峰

图书在版编目（CIP）数据

国际教育政策与经济形势年度报告. 2015 年／王燕
主编. —北京：教育科学出版社，2017.6
（教育规划与战略研究年度报告系列）
ISBN 978-7-5191-1127-4

Ⅰ.①国…　Ⅱ.①王…　Ⅲ.①教育政策—研究报告—
世界—2015 ②世界经济形势—研究报告—2015　Ⅳ.①G51
②F113.4

中国版本图书馆 CIP 数据核字（2017）第 158952 号

教育规划与战略研究年度报告系列
国际教育政策与经济形势年度报告（2015 年）
GUOJI JIAOYU ZHENGCE YU JINGJI XINGSHI NIANDU BAOGAO (2015 NIAN)

出版发行	教育科学出版社				
社　　址	北京·朝阳区安慧北里安园甲 9 号	**市场部电话**	010-64989009
邮　　编	100101	**编辑部电话**	010-64989363
传　　真	010-64891796	网　　址	http://www.esph.com.cn
经　　销	各地新华书店		
制　　作	北京金奥都图文制作中心		
印　　刷	北京玺诚印务有限公司		
开　　本	169 毫米×239 毫米　16 开	版　　次	2017 年 6 月第 1 版
印　　张	16.25	印　　次	2017 年 6 月第 1 次印刷
字　　数	217 千	定　　价	45.00 元

如有印装质量问题，请到所购图书销售部门联系调换。